Josef Früchtl

Demokratie der Gefühle

Ein ästhetisches Plädoyer

Meiner

Bibliographische Information der Deutschen Nationalbibliothek

Die Deutsche Nationalbibliothek verzeichnet diese Publikation in der Deutschen Nationalbibliographie; detaillierte bibliographische Daten sind im Internet über ‹http://portal.dnb.de› abrufbar.

ISBN 978-3-7873-4048-4
ISBN eBook 978-3-7873-4049-1

 Satz: Jens-Sören Mann. Druck und Bindung: Stückle, Ettenheim. Gedruckt auf alterungsbeständigem Werkdruckpapier, hergestellt aus 100% chlorfrei gebleichtem Zellstoff. Printed in Germany.

Inhalt

Einleitung

Eine ästhetische Antwort auf die emotionale Wende im politischen Diskurs

Ob man die Welt aus einer ästhetischen oder aus einer politischen Perspektive wahrnimmt, ist ein Unterschied. Ein großer Unterschied sogar. Doch ist die Verbindung zwischen Ästhetik und Politik immer kennzeichnend gewesen im Kontext jener philosophisch-gesellschaftstheoretischen Denkrichtung, die im 20. Jahrhundert im Zeichen des Hegel-Marxismus ein Paradigma bietet: die Kritische Theorie der Frankfurter Schule. Zunächst gilt das für die sogenannten Gründerväter, von denen namentlich Theodor W. Adorno und Herbert Marcuse in dieser Sache viel diskutierte Vorschläge unterbreitet haben. Auch an der fundamental demokratischen, also spezifisch politischen Überzeugung der Kritischen Theorie ist nicht zu zweifeln. Die Repräsentanten der ersten Generation sind aus historischen und biographischen Gründen auf die Erfahrung und kritische Reflexion des »autoritären Staates« (Max Horkheimer) und die entsprechende Formung des »autoritären Charakters« fokussiert, auf die kulturellen und rationalitätshistorischen Bedingungen, die die Herausbildung selbständiger, im Kantischen Sinne mündiger Individuen verhindern und damit einer demokratischen Gesellschaft entgegenwirken. Mit der zweiten und dritten Generation, mit Jürgen Habermas, Albrecht Wellmer, Axel Honneth, Seyla Benhabib und Nancy Fraser, tritt die demokratische Grundorientierung aber ausgearbeitet hervor. Schwieriger steht es um das Verbindungsglied der Gefühle. Sie gelten, vor dem Hintergrund eines politisch dubiosen, irrationalistischen Kultus der Romantik, auch innerhalb der Kritischen Theorie als ideologieverdächtig und gefährlich für den demokratischen Diskurs. Dennoch sind auch sie zumindest im ästhetischen Zusammenhang legitim. Marcuses grundsätzliche und in den Studentenprotesttagen der späten 1960er Jahre aktualisierte Betonung der »Sinnlichkeit« und Adornos oft sublimer, aber doch insistierender Rekurs auf das »Somatische« liefern die entscheidenden Stichworte. Erst recht macht die nachfolgende Generation die *Chronik der Gefühle* (Alexander Kluge) und eine um die affektive und emotionale Dimension erweitere Rationalitätstheorie zu ihrem Thema.

In diesem Buch möchte ich eine Vorstellung davon geben, wie der Zusammenhang von demokratischer Politik, Gefühlen und Ästhetik unter wiederum veränderten historischen und wissenschaftlich-philosophischen Bedingungen aussehen kann. Historisch gesehen hat sich der Zusammenhang zumindest von Politik und Gefühlen am Ende des 20. und zu Beginn des 21. Jahrhunderts selbst zu einem Politikum verknotet. Das tonangebende Stichwort heißt *hate speech*. Nachdem der Ausdruck in den 1980er Jahren gebräuchlich wird, in den USA zunächst vor allem im Kontext der *campus speech codes*, breitet er sich gesamtgesellschaftlich im selben Maße aus, in dem die digitale Technologie sich als kulturprägendes Phänomen etabliert, auf der politischen Ebene ein kriegerisch-brutaler Zerfall von Nationen in Ethnien einsetzt – in Europa vor Augen geführt durch den Zerfall Jugoslawiens – und auf der politisch-kulturellen Ebene, am symbolkräftigsten mit den Flugzeugattentaten auf die *Twin Towers* in New York am 11. September 2001, sich eine schier endlose Reihe von terroristischen Anschlägen und Selbstmordattentaten in Szene setzt. In den digitalen Netzwerken der sogenannten sozialen Medien finden seither die Gefühle von Empörung, Wut, Zorn und Hass im Schutz der Anonymität massenhafte Verbreitung und formen sich vor allem unter dem alten Banner religiöser und nationalistischer Ideologien zu politischer Schlagkraft, während parallel dazu, wenn auch auf ganz unterschiedlichen Niveaus, die theoretische Reflexion einsetzt.

Neben der technologischen, staatspolitischen und politisch-kulturellen Dimension ist es die ökonomische, die der Politik der Emotionen die Schleusen öffnet. Es ist das Jahr 2010, als »der Wutbürger« in Deutschland ausdrücklich die politische Arena betritt. Der Kontext, in dem das geschieht, ist ebenso überraschend wie bezeichnend. Das Projekt »Stuttgart 21«, das den Bahnhof dieser Stadt hochgeschwindigkeitskompatibel und insofern zeitgemäß machen soll, spitzt sich nämlich politisch zu einem andauernden Protest zu, der verschiedene soziale Schichten und Generationen zusammenführt, aber doch vornehmlich getragen wird von älteren, wohlhabenden und konservativen Bürgerinnen und Bürgern. Überraschend ist nicht nur die Hartnäckigkeit des bürgerlichen Widerstands gegen die Staatsgewalt, sondern auch der Anlass. Der Protest gilt der Bewahrung eines Baudenkmals, er gilt, allgemeiner gesagt, dem Erhalt des Bestehenden gegenüber der rasenden Veränderung. Er drückt damit eine allgemein verbreitete Stimmung aus. Die ökonomisch-technisch-kulturelle Veränderung, die seit den 1990er Jahren auf den Namen »Globalisierung« hört und – teils optimistisch, teils resignativ – als alternativlos bezeichnet wird, weist nämlich eine Kehrseite auf, eben die einer anscheinend nicht still zu stellenden Veränderung, die über das Althergebrachte gefühllos hinwegrauscht. Entweder man passt sich an, oder man wird angepasst. So lautet die einfache und brutale gesellschaftstheoretische Alternative. Der Wutbürger aber weigert sich, sie so einfach hinzunehmen. Und er ist erfolgreich. Mit Donald Trump, so hat man ein paar Jahre später konstatiert, erreicht der Wutbürger sogar das Weiße Haus in Washington.[1]

Parallel zu diesen eingreifenden Veränderungen vollzieht sich in den Wissenschaften, vor allem den Geistes- und in Deutschland so genannten Kulturwissenschaften, ein *affective* oder *emotional turn*. Man ist, jedenfalls zumeist, nicht so vermessen, diese Wende mit einem Paradigmenwechsel im Thomas Kuhn'schen Sinne gleichzusetzen und somit akademisch zu adeln. Man meint damit keine fundamentale und revolutionäre Umorientierung einer Wissenschaftsform, sondern lediglich eine Ergänzung und Erweiterung bestehender Wissensperspektiven. Seit den späteren 1990er Jahren ist die Gefühlsforschung jedenfalls im deutschen Sprachraum nicht nur in Philosophie, Psychologie, Medizin, Neuro- und Kognitionswissenschaften etabliert, sondern auch in den Literatur-, Kunst-, Film- und Medienwissenschaften.[2]

Die jüngste Verknotung von Politik und Gefühlen einerseits und die Akzeptanz der Gefühle als Forschungsgegenstand andererseits erleichtern es, die spezifische Frage nach dem Zusammenhang von Gefühlen und Politik unter *demokratischen* Bedingungen zu stellen und sie zudem mit einer *ästhetischen* Perspektive zu verbinden. Welche Rolle also spielen Gefühle (faktisch und normativ) in einer demokratischen Lebensform? Und welche Rolle kommt den von Kunst und populärer Kultur angeleiteten Erfahrungen dabei zu?

Werfen wir zunächst einen kurzen Blick auf die Engführung von Demokratie und Diskurs. Die Idee der Demokratie – als Resultat einer historischen Entwicklung innerhalb der europäischen und nordatlantischen Kultur – ist gewiss vielschichtig, aber sie gründet wesentlich auf dem Konzept von Selbstbestimmung. Freie und gleiche politische Subjekte haben demnach die institutionell garantierte Möglichkeit, den Prozess der Beratung (*deliberation*) und Gesetzgebung zu gestalten. Diese Idee ist, zwar nicht intrinsisch, aber doch dominant, verbunden mit einem Konzept von Vernunft und rationalem Diskurs, das dazu tendiert, Affekte und Gefühle auszuschließen. Denn der Beratungs- und Gesetzgebungsprozess soll verständlicherweise von guten Argumenten bestimmt werden und nicht von rhetorischen Tricks, psychologischer Manipulation oder gar kruder Gewalt.

Aber die Idee einer rationalen Debatte in Sachen der Politik sieht sich zumindest drei grundsätzlichen Einwänden gegenüber. Erstens dem naheliegenden Verweis auf die faktischen Umstände, die unübersehbar zeigen, dass Gefühle nie, jedenfalls nie vollständig, aus politischen Debatten ausgeschlossen werden können. Zweitens einer kulturhistorischen Analyse, in Nietzsches Terminologie einer Genealogie des abendländischen Denkens, die den Verdacht ausformuliert, dass das andauernde Betonen der Vernunft seinerseits als eine Leidenschaft und damit auch als etwas Irrationales verstanden werden kann; dass sich, mit anderen Worten, in unserer Vernunftkultur eine »irrationale Leidenschaft für leidenschaftslose Rationalität« verbirgt.[3] Und schließlich lässt sich mit verschiedenen philosophischen und psychologischen, heutzutage auch neurowissenschaftlichen Einwänden seriös bezweifeln, dass Vernunft und Gefühle einander grundsätzlich ausschließen. Es ist vielmehr plausibel, dass die Ausschlussthese im Großen und Ganzen einem prämodernen Denkmodell entspricht, das Mitte des 18. Jahrhunderts abgelöst wird und im Rahmen verschiedener philosophischer und wissenschaftlicher Theorien die spezifische Rationalität von Gefühlen herausarbeitet.[4]

Ausgehend von diesen grundsätzlichen Erwägungen kann die entscheidende Frage somit nicht sein, *ob*, sondern *in welchem Ausmaß* und *in welchem Sinn* Gefühle eine Rolle im demokratischen Streit spielen und spielen sollen. Und auf diese Frage – so meine erste These – gibt es vier zentrale Antworten. Sie lassen sich unter die akademischen Stichworte »Präsentation«, »Moderation«, »Kompensation« und »Transformation« bringen. Im politischen Zusammenhang verlangen Gefühle – erstens – nach einer zeitgemäßen Form der Darstellung, nach – zweitens – Milderung und Mäßigung, nach einem – drittens und eng damit verbundenen – balancierenden Ausgleich und – viertens – nach einer sinnvollen Umwandlung. Diese vierfache Reaktion – so meine zusätzliche These – lässt sich entweder unter Mithilfe von ästhetischen Erfahrungen oder sogar in ausgezeichneter Weise durch sie erreichen.

Was ein Gefühl »ist«, wissen wir demnach, erstens, oft erst durch ein Kunstwerk. Es ist »Mutter unserer Gefühle« (Wassily Kandinsky), indem es ein Gefühl zur Welt bringt, ihm Gestalt verleiht und einen Namen gibt. Mit Hegel gesprochen, gibt das Kunstwerk uns eine »Vorstellung«, eine Repräsentation von dem, was ein Gefühl beinhaltet, die sich aber nicht auf etwas Vorgegebenes bezieht, sondern dieses Etwas erst »gibt«, ihm also Präsenz verleiht. Erneut lässt sich dies mit einer Namensgebung vergleichen; das Kunstwerk stellt uns dann ein Gefühl vor, wie man eine Person in einen sozialen Zusammenhang einführt.[5] Der mildernde Effekt, zweitens, gehört zur Kunst, weil sie Gefühle nie bloß unmittelbar, ungestaltet zum Ausdruck bringt. Gewiss ist die Kunst der Moderne von Rimbaud über Kafka und Beckett zu Heiner Müller gekennzeichnet, passenderweise müsste man sagen: gezeichnet, durch das Abstoßende, Widerwärtige, auch Ekel Erregende, aber schon indem sie das Somatisch-Affektive gestaltet, tritt es einem im wörtlichen Sinn als Gegenstand gegenüber und verliert dadurch von seiner Macht. Hässliche Kunst ist ein Widerspruch in sich; sie ist in ihrer gestaltgebenden Form immer zu schön, um wirklich, ungefiltert hässlich zu sein. Die Funktion der Kompensation von Emotionen, drittens, ist in der Kunst nicht zentral. Für diese Funktion sind vielmehr schlichtweg andere Emotionen und darüber hinaus soziale Institutionen zuständig. Scham lässt sich demnach gut durch Stolz ausbalancieren, und umgekehrt; Furcht lässt sich nicht begreifen ohne Hoffnung, und umgekehrt. Unterstützt wird diese emotionale Ausbalancierung durch eine bestimmte Lebensform, eine Art von Intersubjektivität, die sich konkretisiert in Beziehungen der Freundschaft, Liebe und Solidarität. Ein soziales Netzwerk dieser Art ist in der Lage, Gefühle wie Angst, Aggression, Neid und Scham in ihren demokratiegefährdenden Effekten auszugleichen. Transformation ist demgegenüber, viertens, wieder eine ausgezeichnete Leistung der Kunst. Ein uraltes Bild dafür ist Pegasus, das geflügelte Pferd aus der griechischen Mythologie und Sinnbild der Dichtung, dem in einer Variante nachgesagt wird, es sei aus dem Blut der Medusa entsprungen, als Perseus ihr das grässliche Haupt abschlug. Eine romantisch-moderne Ausdrucksweise für die Verwandlung, die ästhetisch statthat, kommt dagegen aus Hollywood: »Take your broken heart and make it into art.«[6]

Meine Überlegungen konzentrieren sich auf drei Teile. Am Anfang steht, ausgehend von Protesten im Jahr 2015 an der Universität, an der ich zuletzt gearbeitet habe, der Universität von Amsterdam, eine teilnehmend-beobachtende Analyse politischer Gefühle. Systematisch orientiert sie sich an dem Gegensatzpaar von Zorn und Scham, denn Zorn, Wut und Empörung, manchmal auch Hass, sind die motivationalen Startbedingungen für Protest, Scham dagegen heißt, im passiven Sinn, von den Anderen in einer Bloßstellung gesehen zu werden, oder im aktiven, vor allem im politischen Sinn, den Anderen in einer Bloßstellung zu exponieren; »Schäm dich!« oder »schämt euch!« hält man den Menschen dann entgegen. Speziell interessant ist gegenwärtig die Verquickung der gegensätzlichen Gefühle von Zorn und Scham in der Haltung der Unverschämtheit, die sich für eine moderne demokratische Gesellschaft als hoch ambivalent erweist, als ebenso notwendig wie gefährlich.

Zweitens gebe ich einen ausgebreiteten Überblick über den gegenwärtigen Stand der philosophischen Diskussion zum Zusammenhang zwischen Demokratie und Gefühlen, stets mit Blick auf die mediatisierende Rolle der Ästhetik, und stelle dementsprechend vier Modelle heraus: das kognitivistisch-narrativistische Modell, das in einer aristotelisch-stoischen Variante gegenwärtig von Martha Nussbaum vorgestellt wird; das Empathiemodell der schottischen Aufklärung, namentlich von David Hume und Adam Smith; das spinozistische Affektivitätsmodell, das unter postmarxistischem Vorzeichen von Gilles Deleuze repräsentiert wird; und schließlich das hegelianische Freiheitsmodell. Die Rolle, die der Ästhetik in diesen Modellen zugewiesen wird, ist unterschiedlich – und unterschiedlich überzeugend.

Drittens unterbreite ich daher einen eigenen theoretischen und spezifisch ästhetisch-philosophischen Vorschlag, basierend auf Immanuel Kants und John Deweys Analyse der ästhetischen Erfahrung, eine philosophische Verbindung, die sich – nur auf den ersten Blick überraschend – in das Konzept einer erweiterten Rationalität einfügen lässt, wie es auch auf Seiten der Kritischen Theorie entworfen worden ist, und zwar von Horkheimer, Adorno und Marcuse bis zu Habermas und der nachfolgenden Generation; Kritische Theorie ist Kritik einer absolutistisch überzogenen, szientistisch eingeengten und relativistisch aufgelösten Rationalität im emanzipatorischen, das heißt hier radikal-demokratischen Interesse. Es geht am Ende um eine Ästhetik, die im intellektuellen Diskurs und in der politischen Praxis interveniert. Sie ist als Wissensmodell, als eine »symbolische Form« (Ernst Cassirer) eine kulturell formative Kraft. Sie kann daher gar nicht anders, als Streit zu provozieren. Aber das ist genau das, was auch in der Theorie allgemein stattfinden muss. Als Theoretiker oder Theoretikerin hat man eine hypothetische Einstellung zu dem, was der Fall ist. Unsere Theorien sind nur bis auf Weiteres gültig; sie sind nicht für die Ewigkeit gemeint. In der Ästhetik, der Philosophie der Kunst und der Kunstkritik, eigentlich für das ganze weite Feld der altmodisch so genannten Geisteswissenschaften, ist die mit unterschiedlicher Akzentuierung von Gadamer, Habermas und Rorty erneuerte hymnische Einsicht Hölderlins bestens am Platz, dass »ein Gespräch wir sind und hören voneinander«. Oder, um es weniger freundlich auszudrücken: dass wir streiten müssen, kämpfen mit den zivilisierten Waffen von Argumenten, von Behauptungen, die in einem weiten Sinn von Rationalität mitgeteilt, also gemeinschaftlich geteilt und daher auch kritisiert werden können.

I. Historisch-phänomenologische Analyse politischer Gefühle

1. Empörung, Wut, Zorn

Protest in Amsterdam

Üblicherweise beginnt alles mit *Ärger*, jedenfalls wenn es um Politik geht. Es ist ein Gefühl, das aufkommt, weil etwas oder jemand einen stört, belästigt, plagt, nervt. Es gibt dann ein Hindernis für das, was man gewöhnlich tut. Ärger an sich deutet nicht auf ein wirkliches Problem, eines, das sofort gelöst werden müsste oder nur unter erheblichem Aufwand gelöst werden könnte. Ärger ist wie eine Fliege, die einem um den Kopf surrt, über das Kinn krabbelt und die Nase kitzelt. Man versucht, sie zu verjagen, ein, zwei, mehrere Male. Und schließlich lässt man es, entweder weil man zu sehr mit anderen Dingen beschäftigt ist oder zu müde oder vollkommen entspannt, »gelassen« im Deutsch-Heidegger'schen Sinn. Oder man reagiert verärgert, ungehalten, selbst etwas wütend und versucht, »dieses Miststück« zu fangen, zu erschlagen oder gar zu erschießen. Berühmte Beispiele aus unserer Werbe-, Comic- und Filmkultur sind das HB-Männchen (»Halt, wer wird denn gleich in die Luft geh'n! Greife lieber zu HB. Dann geht alles wie von selbst«), von den ausgehenden 1950er Jahren bis in die 1980er eine der bekanntesten und erfolgreichsten Zeichentrickfiguren in der deutschen Werbegeschichte; die Zigarette gilt hier (noch) als Beruhigungs- und Problemlösungsmittel. Als spaßige Zwischenoption darf man die berühmte Eröffnungssequenz von Sergio Leones *Spiel mir das Lied vom Tod* ansehen. Einer der Revolvermänner – dargestellt von Jack Elam in seinem unrasiertesten und verknittertsten Gesicht – fängt eine Fliege im Pistolenlauf und horcht dann geradezu zärtlich nach ihrem verzweifelten Brummen.

Ärger kann sich also in Ungehaltenheit und Wut transformieren. Das lästige Gefühl von Ärger bläst sich dann selber auf. Ungehaltenheit, Wut und schließlich auch Zorn können nicht stillsitzen. Sie müssen gegen ihre Ursache angehen; sie müssen handeln. Geschieht dies nicht, schlucken – wie man zutreffend sagt – die Menschen ihre Wut hinunter, transformieren sie eine psychische in eine physische Tatsache und werden früher oder später krank.

Auf dem Terrain, das man im Deutschen immer noch »Bildungspolitik« nennt, im Englischen *Higher Education*, lässt sich so eine Entwicklung – vom Ärger zum Zorn – seit Mitte der 1990er Jahre beobachten. Das ist im Übrigen auch die Zeit, in der im intellektuellen Diskurs der Begriff der Postmoderne langsam verschwindet. Zu dieser Zeit hat sich der Begriff des Neoliberalismus, ursprünglich der Name einer ökonomischen Theorie, die in den 1960er Jahren an der University of Chicago ausgearbeitet wird, erfolgreich im politischen Diskurs etabliert als Kernbegriff für die Deregulierung von Marktverhältnissen und die Privatisierung staatlicher Einrichtungen wie etwa dem Schul- und Hochschulsystem, dem öffentlichen Verkehr, der Energieversorgung, dem Wohnungsbau- und Mietsektor, der medizinischen Versorgung und der Polizei. Was unter dem Regime von General Pinochet und seinen »Chicago Boys« in den 1970er Jahren in Chile begonnen hat, wird von Ronald Reagan und Margret Thatcher, den Bannerträgern des Konservatismus in den 1980er Jahren, übernommen und schließlich an strebsame Sozialdemokraten wie Tony Blair und Gerhard Schröder (»der Genosse der Bosse«) in den 1990er Jahren weitergereicht. Zu dieser Zeit beginnt der Neoliberalismus – nun bereits ein Kampfbegriff[7] – die europäischen Universitäten in seinem Sinn zu formieren. 1999 unterschreiben die europäischen Repräsentanten der Bildungspolitik die sogenannte Bologna-Erklärung in der Absicht, einen vereinheitlichten europäischen Bildungssektor zu schaffen. Wesentliche Elemente sind das zweiphasige Graduierungssystem (BA und MA), das European Credit Transfer System (ECTS) und ein auf den Arbeitsmarkt ausgerichtetes Studium.

In den Niederlanden entscheidet die Regierung – auch hier geführt von einem Sozialdemokraten, Wim Kok – bereits ein paar Jahre vorher, 1995, öffentlichen Institutionen wie Universitäten, Schulen und Krankenhäusern die Verantwortung für ihre Immobilien zu übergeben. Diese Entscheidung hat dann einschneidende Konsequenzen. Als die Universität von Amsterdam (UvA) das Projekt vorstellt, sich städteplanerisch um vier »Zentren« (Campus) herum zu reorganisieren, ist der erste Schritt in einen langsam anwachsenden Schuldenabgrund getan. Um es mit ein paar Zahlen zu resümieren: 2008 – dem Jahr des Bankrotts von Lehman Brothers – nimmt die UvA ein Darlehen von 55 Millionen Euro auf. Zum ersten Mal in ihrer langen Geschichte seit 1632, dem viel beredeten Goldenen Zeitalter, wird diese Universität zum Nettoschuldner. 2011 ist die Nettoschuld bereits auf 136 Millionen Euro angewachsen, 2018 erwartet man eine Schuldenlast von 400 oder sogar 576 Millionen Euro.[8] Diese Entwicklung geht einher mit einer Veränderung der Verwaltungsstrukturen, nun Management genannt, die sich bei den Angestellten im zentralen Verwaltungsgebäude – dem *Maagdenhuis* (Haus der Jungfrauen), so genannt, weil es einst ein Waisenhaus für katholische Mädchen war – im Jahr 2015 folgendermaßen dokumentiert: Es gibt 21 Angestellte für Immobilienmanagement, 13 für den Bereich Finanzen, 8 für den Bereich Kommunikation (sprich Werbung) und schließlich 7 für Lehre und Forschung, also für jenen Bereich, der den Kern der Universität ausmachen sollte. An der UvA ist er zusammengeschrumpft auf ein Siebtel des gesamten Umfangs.

Diese ökonomische Entwicklung bringt eine drastische Veränderung der akademischen Arbeit mit sich, eine Veränderung, die in kleinen Schritten einsetzt und daher schwer als das zu identifizieren ist, was es tatsächlich ist: die Ausrichtung akademischen Lebens in Begriffen quantifizierbarer ökonomischer Effizienz, Profitabilität und Transparenz (deren Kehrseite Kontrolle heißt). Jeder einzelne dieser kleinen Schritte ist für die, die dieser Entwicklung kritisch gegenüberstehen, nur ärgerlich und erscheint nicht offensichtlich als gefährlich, aber die Summe führt zu einem »moralischen Schock«.[9]

Dieser Schock stellt sich ein, als im Herbst 2014 – nur zwei Jahre nach der letzten Restrukturierung der Ausbildungsgänge der Fakultät der Geisteswissenschaften – ein neuer Plan aufkommt. Als Ursache werden dieses Mal die Finanzen angegeben. Zunächst ist zu hören, dass die geisteswissenschaftliche Fakultät etwa 300.000 Euro einsparen müsse. Nicht dramatisch, jedenfalls vorerst. Aber schnell wächst die Summe an auf drei, dann acht und schließlich zwölf Millionen. Niemand weiß Genaues. Und niemand kann erklären, wieso es binnen eines Jahres – im letzten Jahresbericht ist noch von einer finanziell gesunden Fakultät die Rede – zu einem solchen Schuldenberg hat kommen können. Der Dekan der Fakultät kündigt eine »*efficiency-battle*« an, deren Kern schlicht darin besteht, dass knapp hundert (wissenschaftliche und nicht-wissenschaftliche) Mitarbeiter und Mitarbeiterinnen – auch solche mit festen Verträgen – entlassen werden sollen. Denn unter dem Stichwort »Restrukturierung« ist ebendies möglich: die Schließung von Instituten und die Entlassung festangestellter Dozenten.

Dies ist der Moment, als die politisch aufgeladenen Emotionen explodieren. Die ersten Briefe und Petitionen zirkulieren, und als eine große Gruppe aktiver Studenten und Studentinnen eine »Night of Protest« organisiert, kann man erleben, wie all die Frustration und all der Ärger, der sich – auch bei vielen Dozenten – angestaut hat, losbricht. Wenig später besetzen die Studenten das Verwaltungsgebäude der Fakultät. Und dann macht das Rektorat der Universität seinen ersten großen Fehler, denn es will durch Gerichtsbeschluss festlegen, dass jeder Besetzer für jeden Tag der Besetzung eine Summe von 100.000 Euro bezahlen müsse. In diesem Moment schießt die Solidarisierung vor allem von Seiten der Dozenten nach oben, denn so eine Summe Geld zu fordern (wiewohl das Präsidium diese Summe bei einer früheren, kleineren Besetzung schon einmal gefordert hat und daher leichtgläubig davon ausgeht, dass, was einmal geschehen ist, immer wieder geschehen dürfe), ist äußerst unverhältnismäßig. Das Fakultätsgebäude wird schließlich durch die Polizei geräumt, aber die Reaktion der Protestgruppen kommt prompt: Sie besetzen nach einer großen Demonstration das Verwaltungsgebäude der Universität, das *Maagdenhuis*. Für etwa sechs Wochen wird dieses Gebäude daraufhin umfunktioniert zum zentralen Ort des Protests. Vorlesungen, Workshops, künstlerische Aktivitäten, Saturday-Night-Sessions und immer wieder Vollversammlungen reihen sich aneinander. Das vormals dezent Ehrfurcht gebietende Gebäude ist zum Anschauungsbeispiel einer *open university* im besten demokratischen Sinn geworden.

Zorn ist eine treibende Kraft des Handelns. Er speist das Handeln mit Energie, hält es aufrecht und stellt ihm ein Ziel vor Augen. Er ist, literarisch-physikalisch ausgedrückt, »für alles Lebendige ..., was für die Mühle das Wasser und der elektrische Strom für das Rad sind«.[10] Er richtet sich gegen etwas oder jemanden (der dieses Etwas, eine Institution oder ein Unternehmen, repräsentiert). Er ist umso stärker, je größer die moralisch-psychologische Verletzung ist, aus der er hervorgeht. Je stärker er ist, desto obsessiver, unangenehmer und zerstörerischer kann er allerdings auftreten. Auch im Allgemeinen weiß man beim Zorn nie so genau, woran man bei ihm ist. In der alltagssprachlichen Beschreibung und Metaphorik »packt« er einen wie eine starke Gewalt und »bricht aus« wie ein Vulkan. Physiologisch zeigt er sich nicht nur in der Körperhaltung, sondern im offenen Visier des Gesichts, das rot anläuft und die angeschwollene Stirnader hervortreten lässt. Am Ende »verraucht« er womöglich wie ein Feuer. So erscheint er als menschliche Naturgewalt oder als ein Beleg für »das Tier in uns«, das Animalische der Emotion, nüchtern gesehen als ein Affekt, der Physisches und Psychisches, Leib und Seele gleichermaßen betrifft.[11]

Ein Paradebeispiel für die eruptive Naturgewalt des Zorns oder der Wut kann man etwa in schauspielerischen Leistungen John Goodmans bewundern, der filmischen Verkörperung eines immer nur vorläufig in sich ruhenden Kolosses. In *The Big Lebowski* (1998) hat er einen großen Auftritt, wenn er als Walter Sobchak mit einem Baseball-Schläger einen roten Sportwagen demoliert, weil er fälschlicherweise annimmt, er gehöre einem jungen Kerl, von dem er, zusammen mit seinem Freund und Bowling-Kumpel Jeff Lebowski, genannt »the Dude«, wiederum fälschlicherweise annimmt, er habe das Lösegeld von 1 Million Dollar gestohlen, das die beiden Bowling-Brüder eigentlich im Zuge einer – vorgetäuschten – Entführung übergeben sollten, aber dann lieber für sich behalten wollten. Da der junge Mann sich in den Augen von Walt nicht als kooperativ erweist, entlädt sich der aufgestaute Zorn in einer Strafaktion am Auto, das allerdings, wie sich zu spät herausstellt, einem Nachbarn gehört. In der HBO-Fernsehserie *Treme* (2010 bis 2013), die das Leben einer Gruppe von Einwohnern von New Orleans, vor allem Musikern und Mardi-Gras-Indians, nach dem verheerenden Hurrikan im Jahr 2005 verfolgt, spielt Goodman einen College-Professor, der sich eines Nachts dazu entschließt, dem Vorbild seiner Tochter zu folgen und das Internet als Kommunikationsmöglichkeit zu nutzen. Seine politische Wutbotschaft, gerichtet an George W. Bush und all jene, die meinen, man solle New Orleans, diesen Sündenpfuhl, am besten gar nicht mehr aufbauen, endet mit dem – mittlerweile in bestimmten Kreisen legendären – Ausruf: »Fuck you, you fucking fucks!«[12] Der ausgestreckte Zeigefinger erfüllt dabei die ihm zugedachte Funktion: Er zeigt in die Kamera, auf all die *fucking fucks* aus streng gescheitelter Politik und Meinungsmache, um ihnen klarzumachen, dass sie die Letzten sind, die das Sagen haben sollten.

Unübersehbar hat der Zorn unberechenbare und daher gefährliche, sozial unverträgliche und moralisch dubiose Qualitäten. Man begegnet ihm insofern mit Achtung im Sinne von »Vorsicht«. Darüber hinaus steht er aber im abendländischen Wertekanon für ein Gefühl, dem man Achtung auch im Sinne von »Wertschätzung« entgegenbringt. Das beginnt schon mit dem ersten Dokument der europäischen Literatur und einem der berühmtesten Helden unserer Kultur: »Sing den Zorn des Achill«, lautet die erste Zeile von Homers *Illias* (in der klassischen deutschen Übersetzung von Johann Heinrich Voß). Genauer besehen ist »Zorn« oder »Groll« sogar das erste Wort in dieser ersten Zeile des Epos, das bis in unsere Tage die kollektive Imagination mit Bildern und Geschichten beliefert, wenn auch zumeist für den vereinfachten *Fantasy*-Gebrauch. (Wolfgang Petersens *Troja* aus dem Jahr 2004, mit Brad Pitt als Achill, fällt unter die Kategorie »mythologie- und daher fantasyfreies antikes Kriegsspektakel mit gutaussehenden jungen Schauspielerinnen und Schauspielern«.) »*Menin aeide*«, so heißt es also wörtlich, »den Zorn singe, Göttin, des Peleussohns Achilles, den unheilbringenden Zorn …«

Von zentraler Bedeutung für das antike Verständnis des Zorns, nach der maßgeblichen Interpretation von Aristoteles und mit Achill als Inkarnation dieser Emotion, ist zum einen die gekränkte Ehre, die »Geringachtung« (*oligorio*) durch Andere, die der »Überlegenheit«, die man sich selbst zuerkennt, entgegenwirkt, zum anderen die aufkeimende Lust, die mit der Aussicht auf Rache verbunden ist. Es sind dies Zuschreibungen von Macht: Zorn steht hier, und das heißt in großflächiger Verallgemeinerung: von der Antike bis in die Neuzeit, allein Gestalten mit Macht zu: Göttern, Heroen (und Heroinen), Herrschern und Herrscherinnen (die racherasende Medea ist eine Königin). Sklaven, Bauern und Menschen, die nichts Außergewöhnliches (*arete*) vorzuweisen haben, können nicht geringgeachtet werden und verfügen zudem nicht über die Mittel, sich zu rächen, da sie nicht als Gegenmacht auftreten können. In den Worten von Aristoteles: Man glaubt, »Anspruch darauf zu haben, von denen geehrt zu werden, die geringer sind an Herkunft, Macht, Tugend, ja überhaupt daran, woran man selbst in großem Maße überlegen ist«.[13]

Nicht mehr von Zorn, sondern von Hass ist dagegen, aus der modernen, feministischen Sicht von Christa Wolf, Kassandra getrieben, die trojanische Königstochter und Seherin, der niemand glaubt. Der Hass hört bei ihr auf den Namen »Achill«, »Achill das Vieh«, der seine Feinde in ungekannter Brutalität tötet und schändet. Die Erzählerin, die Kassandra die Worte leiht, möchte den Namen dieses Mannes aus dem Gedächtnis aller Menschen tilgen, stattdessen brennt sie ihn mit jeder Zeile unvermeidlich immer tiefer in die Köpfe der Leserinnen und Leser ein. »Wenn nichts mich überlebte als mein Haß. Wenn aus meinem Grab der Haß erwüchse, ein Baum aus Haß, der flüsterte: Achill das Vieh. Wenn sie ihn fällten, wüchse er erneut. Wenn sie ihn niederhielten, übernähme jeder Grashalm diese Botschaft: Achill das Vieh, Achill das Vieh.«[14]

Die jüdisch-christliche Tradition bringt dem Zorn ebenfalls, wenn auch in relativierter und manchmal paradox zugespitzter Form, eine gewisse Wertschätzung entgegen. Der im Alten Testament, bei Paulus und Luther dramatisierte »Zorn Gottes« und der seit dem 4. Jahrhundert n. Chr. aktenkundige menschliche Zorn als Todsünde stehen sich hier gegenüber. Vor allem Thomas von Aquin rechtfertigt Mitte des 13. Jahrhunderts den Zorn, sofern er ein gewisses Maß nicht überschreitet; maßlos und ungezügelt, gilt er als Sünde. Er kann sogar zu einem »heiligen Zorn« werden, wenn er auf ein Unrecht reagiert, das anderen angetan worden ist und wenn Gott selbst verunehrt worden ist. Dann treibt Jesus die Händler aus dem Tempel. (Und diejenigen, die darin ein politisches

Vorbild sehen, prophezeien, dass in Amsterdam und anderen Universitätsstädten dieser Welt der nächste stürmische Protest kommen wird, der die neoliberalen Händler wütend aus dem säkularen Tempel der Wissenschaft vertreibt.) Die jüdisch-christliche Tradition verkoppelt den Zorn demnach nicht vorrangig mit beleidigter Ehre und rächender Gewalt, sondern mit Recht, Gerechtigkeit und Strafe. Es sind, auch wenn die entsprechende Argumentation problematisch bleibt, ethische Prinzipien, die hier den Zorn und die Gewalt, die absolute Macht Gottes begrenzen; eine Gegenmacht, wie in der Welt Homers, ist innerhalb des Monotheismus nicht vorstellbar. Die göttliche Allmacht setzt dabei zugleich, wiederum im Unterschied zur griechischen Antike, einen Zorn der Ohnmacht frei, den Zorn derjenigen, die keinerlei Macht haben und durch den allmächtigen Gott Kompensation ersehnen. Gott wird zur Instanz der Vergeltung jeglicher Ungerechtigkeit. Zugleich deutet sich hier bereits an, was im Zeitalter der Moderne seit dem späten 18. Jahrhundert dann entscheidend wird: die Wut einer zwar politisch zur Herrschaft gelangten, aber doch von übermächtigen Gesellschaftsstrukturen in Ohnmacht gehaltenen, weil in ihren Lebensmöglichkeiten eingeengten Subjektivität.[15] Die demokratisierte Wut erscheint im öffentlichen Raum.

Auch in der Philosophie ist Zorn schließlich ein anerkannter Begriff, denn im Unterschied zu anderen aggressiven Affekten, also Affekten, die Aktivität und Gewalt befördern, etwa Hass, Neid und Eifersucht, drückt Zorn sich in einer moralischen Sprache aus. Er reagiert, wie in der Religion des Judentums und des Christentums, auf Ungerechtigkeit. Auch insofern, nicht nur theologisch, ist die Rede vom »gerechten« Zorn angebracht. Er reagiert darauf, dass einem selbst oder anderen ein (der eigenen Überzeugung nach) gerechtfertigter Anspruch versagt wird. Dementsprechend kommt er auf, wenn jemand gegen eine Norm verstößt, die für einen selber hoch bedeutsam und geradezu identitätssichernd ist. Im Unterschied zum Hass ist Zorn dabei nicht exzessiv und schließt keine Feindschaft ein. Wiewohl nicht klar ist, ob er, wie ein Gefühl generell, konstitutiv ist für Moral, kann man gewiss sagen, dass ein Gefühl als Indikator wirkt: Ist es nicht vorhanden, hat die Sache, die entsprechende Norm, keine subjektive Relevanz.[16] Das heißt nicht, dass eine Norm, der man keine Relevanz zuerkennt, nicht gerechtfertigt sein kann. In den Nachrichten zu lesen, dass jemand eine Bank ausgeraubt hat, mag kein merkliches Gefühl in einem hervorrufen, dennoch kann man der Überzeugung sein, dass die Norm: »Du sollst nicht stehlen!« im Prinzip richtig ist. Der Bankraub hat in dem Moment lediglich keine lebenspraktische, das eigene Handeln wirklich leitende Bedeutung für den distanzierten Zeitgenossen. Hätte er eine solche Bedeutung, würde man mit einer merklichen Gefühlsäußerung reagieren und zornig werden (auf die Missachtung von Eigentum), sich empören (über asoziale Kriminelle) oder sich schämen (weil der kriminelle Akt durch ein hehres politisches Ideal legitimiert worden ist, das damit kriminalisiert worden ist).

Wenn Empörung, Wut und Zorn menschliches und speziell politisches Handeln in *dominanter* Weise bestimmen, laufen sie letztlich ins Leere und erweisen sich als kontraproduktiv. Der ewige Wüterich wird irgendwann als tragikomisches Klischee wahrgenommen, die Empörung des Kapitalismuskritikers als Ritual, der »Zorn der Straße« als politisch gelenkte populistische Strategie, auf die sich René Girards kulturanthropologische Theorie insofern anwenden lässt, als der Zorn hier gesellschaftlich und politisch durch die Erfindung einer Sündenbock-Rolle in eine Richtung gelenkt wird, die die bestehende gesellschaftlich-kulturelle Ordnung bestätigt, statt sie zu verändern; der Zorn wird auf eine bestimmte Person oder Gruppe (»die Juden«, »die Muslime«, »die Elite«) gelenkt und somit ordnungsstabilisierend abgeführt.[17]

Empörung, Wut und Zorn haben ihre Stärke vielmehr darin, anstoßende und treibende Gefühle in der Dynamik des Handelns zu sein. Um produktiv wirken zu können, müssen sie sich aber in eine spannungsreiche Verbindung mit anderen Gefühlen, moralischen Werten oder strategischen Prinzipien setzen.

Was die Verbindung mit Strategie betrifft, ist die Rache des Odysseus ein klassisches Vorbild. Nachdem er aus seinen langen Irrfahrten nach dem Trojanischen Krieg endlich zurückgekehrt ist in sein Haus, wo seine Gemahlin auf ihn wartet, und er dort eine Horde von Freiern vorfindet, gibt er seinem zornigen Impuls nicht sofort nach, sondern wartet, wie schwer es ihm auch fällt, einen günstigen Zeitpunkt ab – aus heutiger cinematischer Sicht würde man sagen: den finalen Tarantino-Zeitpunkt –, in dem sich die Rache entlädt. Es ist instrumentelle Vernunft, die ihn leitet. Er schiebt die Realisierung seiner aggressiven Gefühle auf, unterdrückt sie für eine gewisse Zeit, um sie schließlich fokussiert auszuleben.

Eine andere Manier, mit ihnen umzugehen, ist dagegen, traditionell aristotelisch und christlich gesprochen, die Mäßigung oder besser der Ausgleich, die Kompensation. Unter den Gefühlen, Werten und Haltungen, die den Zorn kompensieren und ausbalancieren können, lässt sich etwa das Mitgefühl anführen (»Der Andere ist auch nur ein Mensch«), der Humor (der bekanntlich »trotzdem lacht«), der Stolz oder die Selbstachtung (»Was juckt es die Eiche, wenn sich ein Wildschwein an ihr reibt?«) oder die Achtung allgemein. Was Letztere betrifft, scheint es angebracht, einer mehrfachen Unterscheidung zu folgen und Achtung im Sinne eines akuten Gefühls (das uns »überfällt« und daher nicht von unserem Willen kontrolliert werden kann), einer Disposition zu diesem akuten Gefühl und einer habitualisierten Einstellung, einer Haltung zu begreifen, die sich zum einen als Höflichkeit, als neutrale Einstellung äußert (die selbst diejenigen umfasst, die man verachtet), zum anderen als universalisierte moralische Gesinnung.[18] Im Zusammenhang der Politik, dem ritualisierten, aber auch heftigen Streit um das kollektive gute Leben, wird die Achtung öffentlich auf eine Probe gestellt, die sie meistens besteht, mitunter aber auch nicht. Dann muss man sich gegebenenfalls rüde verbale und manchmal auch symbolisch-körperliche Attacken gefallen lassen, die, eben weil sie eine symbolische Bedeutung haben, nicht in schlichte körperliche, gar tödliche Gewalt münden, sondern diese einfrieden; dann trifft den ehemaligen deutschen Außenminister Joschka Fischer während eines Parteitags zum Krieg rund um das zerfallende Jugoslawien ein roter Farbbeutel, den ein Kriegsgegner auf ihn geworfen hat, da er den Politiker der eigenen Partei als mitverantwortlich für diesen Krieg erachtet. »It's politics, not personal«, wäre die Formel dazu, analog zu der aus der Geschäftswelt bekannten Redeweise: »It's business, not personal«, mit der ein Unternehmer nach vielen Jahren gemeinsamer Geschäfte den Vertrag mit einem befreundeten Unternehmer aufkündigt, für den diese Entscheidung einschneidende Konsequenzen hat.

Kompensation bzw. Ausbalancierung ist aber, wie gesagt, nur eine Möglichkeit, mit Gefühlen im öffentlich-politischen Raum umzugehen. Eine andere ist ihre *Transformation*. In diesem Falle treten die ästhetischen Elemente im Umgang mit Emotionen erheblich stärker in den Vordergrund.

Eine Transformation beginnt häufig unscheinbar, die Veränderung des kruden Zornausbruchs wird dann im ersten Moment gar nicht bemerkt. Der oben zitierte, mit Youtube in die Welt geschleuderte Ausruf: »Fuck you, you fucking fucks!«, klingt zunächst nur wie ein üblicher US-amerikanischer Fluch, aber er hat, wie ein Kollege des wütend fluchenden College-Professors anerkennend feststellt, zugleich eine literarische Note: »Fuck is a command, fuck is an adjective, fuck is a noun.« Und das Ganze in schulgerechter Alliteration. Der Zorn hat sich hier also vom puren Affekt in eine ästhetische Exklamation transformiert. Er braucht Sprache, Stimme, Mimik und Gestik, all jene Bestandteile, die er auch in nicht-ästhetischer Form nötig hat, wenn er sich ausdrücken will, bevor er sich womöglich und dann womöglich verheerend in einer praktischen Handlung ausdrückt. Aber er braucht all dies in einer bestimmten, eben ästhetischen Weise. Die Kunstform, die ihm diesbezüglich politisch am besten entspricht, ist das Kabarett, in der US-amerikanischen Kultur die *Stand-up-Comedy* (man denke an Lewis Black) und die *Late-Night-Show*. In Deutschland hat bis 2014, dem Jahr seiner Verabschiedung von der Bühne, Georg Schramm dem Wutbürger, lange bevor es dieses Wort gab, ein Denkmal gesetzt mit der von ihm schauspielerisch verkörperten Figur des Rentners und Weltkriegsveteranen, der seine Prothese am rechten, stets angewinkelten Arm unter einem schwarzen Handschuh versteckt, und in scharfzüngigen, aber immer genau informierten Tiraden, in gerade noch gezügelter altpreußischer Korrektheit, die kleinen und großen Unverschämtheiten aus Politik, Wirtschaft und Gesellschaft kommentiert.

Konzentriert man sich speziell auf politische Aktionen, kann man feststellen, dass sie vor allem auf drei Ebenen Gebrauch machen von ästhetischen Ausdrucksformen: auf der Ebene der Sprache (Rhetorik), der Bilder und der körperlichen Vergegenwärtigung. Als bei der »Night of Protest« in Amsterdam, organisiert von Studierenden der Geisteswissenschaften, eine Studentin ihre kurze Rede mit den Worten beendet: »I am human. I am *humanities*«, hat der Protest seinen ersten Slogan. Poster nehmen ihn auf, eines davon mit einem Selbstportrait Van Goghs von 1889, seinem hager eingefallenen Gesicht, dem brennenden Orange des Barts und der Haare, leuchtend kontrastiert von Absinthgrün und Türkis, darunter in großen Lettern: »I am human.« Ein Bildnis von Humanität soll die Manager der *Humanities* der Universität von Amsterdam daran erinnern, dass alteuropäische Kultur sich nicht in der schnöden Anzahl von Studierenden, Studienabschlüssen, Promotionen und Publikationen verrechnen und zu Geld machen lässt. Selbstverständlich findet der Kampf um die politische Öffentlichkeit heute wesentlich in den digitalen Medien statt. Auf Twitter werden neue Informationen, Lesehinweise, Aufrufe verbreitet, zwischendurch auch Klatsch (der eine effektive politische Waffe sein kann), und manchmal gehen den Agierenden die Nerven und Emotionen durch. Das lässt sich im verbalen Handgemenge nur schwer vermeiden. Aber wenn es gut geht, fängt die gemeinschaftliche Intelligenz ihre Ausreißer schnell wieder ein. Der *amor intellectualis* zum Stammtisch und zu den Fan-Kurven der Fußballstadien bleibt sublim. Tweets, die rhetorisch-politisch funktionieren, verbreiten ihre Botschaft mit Hilfe einer bereits zum populären Kulturgut gewordenen anderen Botschaft. Das Spiel von De- und Rekontextualisierung ist dabei fast immer mit Witz verknüpft. Nachdem das Rektorat (niederländisch: das *College van Bestuur,* CvB*)* nach Wochen des Protests endlich einen entgegenkommenden Schritt tut und einen Zehn-Punkte-Brief zur weiteren, dieses Mal – laut Ankündigung – konstruktiven Diskussion vorlegt, taucht auf Twitter sogleich der Kommentar auf: »The #CvB proposal seems like a huge step for them, but it's a small step for humanity (#houstonwestillhaveaproblem)«, in Anspielung an das berühmte Zitat des ersten (wirklichen) Mannes auf dem Mond 1969 (»That's one small step for (a) man, one giant leap for mankind«). Und da die Protestbewegung skeptisch ist über die wirklichen Absichten des Rektorats, schickt man ihm per Tweet eine Warnung zu, die auf einen Song von Sting Bezug nimmt, der seinerseits auf einen Slogan der Überwachungsgesellschaft anspielt (»Big Brother is watching you!«) und ihn für ein zartes, aber zwielichtiges Liebeslied nutzt: »#CvB Every word you say, every game you play, we'll be watching you.« Als das Rektorat der Universität schließlich das Maagdenhuis, das zentrale Verwaltungsgebäude, durch die entsprechende Spezialeinheit der

Polizei räumen lässt, obwohl zunächst zugesagt worden ist, dass die Protestgruppen nach einem letzten Wochenende mit einem Wissenschaftsfestival das Gebäude freiwillig (und besensauber) verlassen können würden, ist das wiederum ein großer Fehler des Managements. Nun entziehen nämlich auch die Mitbestimmungsgremien der Universität ihrer Leitung das Vertrauen. Die Rektorin muss abtreten.

Wie meistens bei Protestbewegungen – oder im größeren Stil Demokratiebewegungen – lässt sich also ein Ausbruch von Kreativität auf dem weiten Feld der populären Kultur beobachten. Und was noch wichtiger ist: Diese Kreativität ist Ausdruck und zugleich rückwirkend Aufbaumedium von positiver Motivation. Diese Motivation zieht ihre Energie nicht aus einer Anti-Haltung und bleibt daher auch nicht, wie schon Hegel gelehrt hat, negativ an ihren Antipoden gekettet. Wenn diejenigen, die eine protestierende Gruppe formen, sich selbst stilisieren als Kämpfer gegen den Rest der Welt, philosophisch formuliert: als Kämpfer gegen eine Gesellschaft im Bann negativer Totalität, ist eine große Portion Humor, Gelassenheit oder – eine zwiespältige Option – intellektueller Narzissmus nötig, um nicht dauerfrustriert zu werden. Politisches Handeln mündet dann entweder in Gewalt oder bescheidet sich damit, eine Flaschenpost zu senden. Theodor W. Adorno steht für die zweite, die gewaltfreie, verzweifelnd hoffende Option. Die Kunst sieht er dementsprechend als versprengte Botschaft, als eine im Kunstbetrieb umherirrende Untote. Aber Hanns Eisler hat ihn, einer Anekdote zufolge, bereits flapsig darauf aufmerksam gemacht, was denn in dieser Flaschenpost schon anderes zu lesen sein solle als: »Mir ist so mies«.[19] Die politischen Aktionen rund um das Maagdenhuis in Amsterdam erzählen, wie zahlreiche andere Aktionen der letzten Jahrzehnte, eine andere Geschichte, eine, die einem Kollegen und Freund Adornos näher steht, nämlich Herbert Marcuse.[20] Es sind demnach auch und vor allem *ästhetische* Erfahrungen, die, in Anspielung an einen Song der Rolling Stones, dazu motivieren, dass die »poor boys« – und inzwischen auch *girls* und alles, was *queer* hinzukommt – weitermachen, *keep on rollin'*, mit ihrem »fighting in the street«. Manchmal geschieht es dann, dass man, The Police im Hinterkopf, kaum glauben kann, was man sieht: die Flaschenpost von Millionen anderer (»seems I'm not alone at being alone«), angespült in den Städten dieser Welt, um sich zu einer Demonstration der Stärke zu formen und sich wie das Meer wieder zurückzuziehen. »Message in a Bottle« ist eine zeitgemäße Antwort auf Adorno.

2. Demokratie für unverschämte Bürger

Für eine Analyse politischer Gefühle bieten sich, wie dargestellt, zumal in unseren Tagen Zorn, Wut und Empörung als aussagekräftige Repräsentanten an. Ihre Bedeutung steigert sich noch, zieht man das entgegengesetzte Gefühl der Scham hinzu. Eine solche Gegenüberstellung ist gewiss zunächst einmal schlicht binär, aber sie hat immerhin einen klärenden Effekt. Denn so wie sich über den Zorn und seine Verwandten sagen lässt, dass sie zentrifugal, aktivierend, aggressiv, nach außen gerichtet sind, lässt sich umgekehrt über die Scham sagen, dass sie zentripetal, passiv, privatisierend ist.

Es gibt aber noch einen Grund, um sich in einer Analyse politischer Gefühle auf Zorn und Scham zu konzentrieren, und das ist der Umstand, dass die beiden Gefühle in der Haltung der Unverschämtheit eine zeitgemäße verdichtende Ausformung erhalten haben. Auf diesen Punkt möchte ich nun eingehen, um zu zeigen, dass die Haltung der Unverschämtheit, mit der wir es heute zu tun haben, in der Tat ein *modernes* Phänomen ist; dass sie erst in der Moderne und ihrer *ästhetisch-visuellen Kultur der Selbstdarstellung* möglich ist.

Unverschämtheit: eine erste Annäherung

Unverschämtheit ist ein soziales Verhalten. Es kann sich in einer Handlung oder in einer Äußerung zeigen. Die typische Reaktion lautet: »Es ist eine Unverschämtheit, das zu tun« oder »das zu sagen«. Und mit »das« meinen wir etwas Schamloses, Freches, Dreistes. »Dann besaß er noch die Unverschämtheit,« – der ältere Herr, der sich hier echauffiert, zögert, weiter zu reden, der deutschen Literatur mächtig, fährt er aber fort – »den Schwäbischen

Gruß, das Götz-Zitat auszusprechen, ›Leck mich (am Arsch)!‹«[21] Im Englischen steht dafür das berühmte f...-Wort. Der historische Hintergrund für das Götz-Zitat ist eine Schmach-Geste aus dem Mittelalter, die man dem vorüberziehenden Feind, oft von der Burgmauer herab, entgegenbrachte: Man zeigte ihm den nackten Hintern. Heutzutage kann man sie manchmal bei Fußballfans oder Demonstranten gegenüber der Polizei beobachten. Schleudert einem jemand besagten Ausspruch entgegen, ist die Reaktion darauf in der Regel konsterniert – man fühlt sich vor den Kopf gestoßen – und ratlos, aber auch erzürnt und, in der Steigerungsform, wütend. Der Unverschämte – aber ebenso der Schamlose – tut etwas, wofür er sich schämen müsste, ohne sich zu schämen. Der alltägliche Sprachgebrauch lässt allerdings wertende Abstufungen zu. Dreist nennen wir jemanden, der anmaßend, aber auch keck ist. Und frech nennen wir nicht nur jemanden, der sich ungezogen verhält, sondern auch übermütig, vorlaut, ja sogar kühn und verwegen. Das sind durchaus zugestandene, ja positive Charaktereigenschaften. Entsprechend variiert die Bandbreite der emotionalen Reaktionen von Ärger, Wut, Empörung und Zorn einerseits zu Scham andererseits. Entsprechend changiert auch der Ausdruck »Wutbürger« zwischen einer anerkennenden und abwertenden Bedeutung; man kann ihn respektvoll und diffamierend gebrauchen. In seiner respektvollen Bedeutung spielt er (im Deutschen) hinüber zum »Mutbürger«[22], der sich von der geballten polizeilichen Staatsmacht nicht schrecken lässt. Wut, Mut und Unverschämtheit erscheinen so als politisch-demokratische Tugenden. Unverschämtheit im Reden und Handeln erscheint dann demokratisch nicht allein als akzeptabel, sondern sogar als notwendig.

Orientieren wir uns zu Beginn am unverschämten Charakter in seiner deutlich negativen Ausprägung. Die gegenwärtige philosophische Diskussion erlaubt es, diesbezüglich auf ein forsch zupackendes, aber zugleich auch bescheidenes Buch zurückzugreifen, auf Aaron James' *Assholes. A Theory.*[23] Man sollte sich kurz daran erinnern, dass zur Vorgeschichte dieses Büchleins zwei weitere gehören, zum einen *On Bullshit* (2005) von Harry Frankfurt, in dem der angesehene Philosoph *bullshit*, den Blödsinn, den man sich alltäglich, politisch und auch philosophisch anhören muss, als etwas beschreibt, das dem *fake* und *bluff* nahesteht. Das andere Buch ist

The No Asshole Rule (2007) von Robert Sutton, ein Bestseller, in dem der Stanford-Professor für Management Science beschreibt, in welcher Weise das Schikanieren von Mitarbeitern und Mitarbeiterinnen – meist praktiziert durch Männer, die ihre Macht missbrauchen – Arbeitsmoral und Produktivität verschlechtert.[24] Auf dieser Linie schildert James einen Charakter, den wir alle gut kennen. Meistens ist er männlich; an einer Warteschlange spaziert er erhobenen, man möchte sagen königlichen Hauptes vorbei; Diskussionen unterbricht er in selbstherrlicher Geste; er überfährt mit seinem chromglänzenden Fahrrad beinahe einen Fußgänger, der bei Grün die Straße überqueren möchte; und wenn man ihm erzürnt nachruft, zeigt er einem cool den ausgestreckten Mittelfinger; auf der Autobahn wechselt er wie ein wild gewordener Rennfahrer die Spur, drängt sich in Lücken und bedient sich ungeduldig der Lichthupe. Diesen Typus gibt es aber auch, um ein naheliegendes Missverständnis zu vermeiden, in der Sphäre jenseits des Alltags, dort, wo unter anderem die Kunst regiert. »Viele halten Sie – Pardon! – für ein Arschloch,« sagt etwa eine Journalistin zu dem berühmten deutschen Theaterregisseur Claus Peymann, dessen Antwort aber nur lautet: »Das würde ich sofort bestätigen.« Nicht nur haben er und die nicht minder berühmten Schauspieler Bernhard Minetti oder Traugott Buhre sich auf den Proben immer wieder angeschrien – es geht in der Kunst schließlich um »etwas Existenzielles« –, sondern »gerade jungen Schauspielern gegenüber« ist Peymann eingestandenermaßen »oft aggressiv«.[25] Der Schriftsteller Thomas Bernhard, zu dessen wenigen Freunden Peymann sich zählen durfte, tritt ebenfalls durch einen ausgeprägten Drang nach Geltung und zudem noch Geld hervor. Seine zum Teil schamlosen Tricks gegenüber dem Verleger des Suhrkamp Verlags, Siegfried Unseld, sind dokumentiert, auch wenn sich die jahrelange Alimentierung für den Verlag letztlich ausgezahlt hat. Es ist, als habe Bernhard versucht, die Selbstbeschreibung eines anderen österreichischen Autors, Heimito von Doderer, einzulösen: »Der Schriftsteller ist ein ekelhafter Kerl.«[26]

Was diese Menschen zu einem Typus vereint und zu einem theoretisch interessanten Objekt macht, ist laut James eine Verbindung dreier Eigenschaften: Man erlaubt sich, erstens, spezielle Vorteile, ist aber, zweitens, immun gegen Kritik, und zwar deshalb, weil man, drittens, glaubt, einen Anspruch auf diese Vorteile zu haben. Man ist also anmaßend aus Überzeugung, das heißt, man glaubt, gute – soziale oder moralische – Gründe für diese Anmaßung zu haben. Schon Aristoteles definiert Unverschämtheit in diesem Sinn: Wir empfinden keine Scham gegenüber Menschen, »die wir gänzlich verachten«.[27] Für James ist der zentrale Begriff der der Anerkennung. Der Typus von Mensch, den wir ein *asshole* oder einen Idioten oder einen Blödmann nennen, in meinem halbabstrakten Sprachgebrauch: das unverschämte Ich, ist nicht in der Lage, andere anzuerkennen, das heißt, sie als ihm gleichgestellt anzusehen. Er ist zumindest der selbsternannte Erste unter Gleichen (wie im Falle von Peymann und Minetti oder Peymann und Buhre). In diesem Sinne ist er nicht in der Lage, andere überhaupt zu sehen. Scham heißt, von den anderen – in einer Bloßstellung – gesehen zu werden; es gibt keine Scham ohne (zumindest vorgestellte) Zuschauer. Unverschämtheit heißt, die anderen, die einen sehen, bewusst nicht zu sehen und auszublenden.

Auf diese beiden Punkte – Scham und Gesehenwerden, Scham und Gleichheit – werde ich im Folgenden ausführlicher eingehen. Und ich möchte das tun, indem ich einige Bedeutungsebenen im Konzept der Unverschämtheit unterscheide.

Soziale und moralische Unverschämtheit

Unverschämtheit heißt, die anderen, die einen sehen und deshalb in der Öffentlichkeit bloßstellen könnten, bewusst nicht zu sehen, nicht zu beachten, zu missachten. Dasselbe gilt für Schamlosigkeit. Scham ist insofern gebunden an das moralisch-praktische Prinzip der Anerkennung. Dennoch kann man abwägend sagen, dass der Unverschämte in einen eher sozialen, der Schamlose dagegen in einen eher moralischen Zusammenhang gehört. Schamlos oder eine »Schande« nennen wir etwa jene Schicht der Reichen, die sich unverhältnismäßig weiter bereichert, unverhältnismäßig, weil sie all das Geld, das diese Menschen besitzen, »nicht in tausend Leben ausgeben könnten« und weil sie zu einer Welt beitragen, in der die reichsten acht Menschen – in Zahlen: 8 – mehr als die untere Hälfte der Weltbevölkerung, also 3,6 Milliarden Menschen, besitzen.[28] Schamlos ist, *dass* man sich maßlos bereichert, unverschämt, *wie* man dies tut. Schamlos sind Menschen, die Smartphone-Fotos und Filmchen verletzter, sterbender, toter Menschen via Internet in »Car Crash Compilations« freigeben für die *likes* und *dislikes*. Schamlos ist ein Verhalten, das basale moralische Maßstäbe unterbietet, unverschämt ist, dies auch noch *öffentlich* zu tun. Der Unverschämte zeigt allen, dass sein schlechtes Handeln kein schlechtes Gewissen kennt. Warum, so fragt er sich selbstbewusst, sollte ich mich in einer Warteschlange anstellen, wenn Warten etwas für die Masse (im abwertenden soziologischen Sinn des Wortes), für *loser* und *underdogs*, ist, ich aber eine Herrscherperson bin, ein Chef? Ich bin nicht wie die vielen anderen. Ich bin etwas Besseres. Schämen würde der Unverschämte wie jeder andere Mensch sich nur vor seinesgleichen, also vor Menschen, die er anerkennt und deren Urteil er schätzt.

Mit anderen Worten: Wer sich nicht schämt, kann oder will sich nicht vorstellen, wie die anderen ihn sehen, das heißt wahrnehmen und wertschätzen. Ihm fehlt daher jene Außenperspektive, die ihn lehren könnte, wo seine Grenzen liegen. Insofern kann Scham, moralisch gesehen, ein lehrreiches Gefühl sein. Erst wer gelernt hat, sich mit den Augen von Anderen zu sehen, kann sich ja, wie wir spätestens seit George H. Mead wissen[29], deren Erwartungen zu eigen machen und in seinem Verhalten danach ausrichten.

Psychologisch und philosophisch besteht generell weitgehend Konsens darüber, dass Scham nur auf der Basis von intersubjektiven und sozialen Beziehungen entsteht.[30] In der Philosophie ist vornehmlich Sartres entsprechende Analyse aus *Das Sein und das Nichts* (1943) berühmt geworden. Schon Hegel hat in den Jahren, die er als junger Dozent in Jena verbringt und mit seiner *Phänomenologie des Geistes* (1807) abschließt, die Theorie eines Kampfes der Subjekte um wechselseitige Anerkennung erarbeitet. Sartre bezieht sich darauf, dreht sie aber in ihrem Effekt um: Indem zwei Subjekte sich (als gegenseitig sich anerkennend) anerkennen, legen sie nicht (nur) die Grundlage zu wirklicher Freiheit, sondern (zugleich) zu Unfreiheit. In dem Augenblick, in dem ich sehe, dass ein anderes Subjekt mich ansieht, begreife ich, dass es mit mir tut, was ich mit ihm tue oder vorher schon getan habe: Dieses Subjekt macht mich in derselben Weise zum Objekt, wie ich es zum Objekt mache. In dieser Objektivierung aber kommt einem Freiheit abhanden, die Freiheit, anders zu sein als dasjenige, worauf man als Objekt festgelegt wird. Schamsituationen beschreibt Sartre dabei als spezifische Anlässe der Dramatisierung dieser phänomenologisch-ontologischen Situation des Erblicktwerdens. Denn in der Scham bringt mich der ertappende Blick des Anderen in eine Zwangslage, aus der ich nicht entrinnen kann. Ich bin sozusagen nur noch ein nacktes Faktum, abgeschnitten von meinen Möglichkeiten. Insofern steht die Scham just bei Sartre nicht nur für eine soziale und moralische, sondern für eine ontologische Reaktion.[31]

In einem engeren, nämlich moralischen, aber nach wie vor sozialen Rahmen verortet John Rawls das Phänomen. Scham definiert er als »Empfindung verletzter Selbstachtung«, und Selbstachtung erscheint ihm als das »vielleicht wichtigste Grundgut«. Denn ohne Selbstachtung »scheint nichts der Mühe wert« und »man versinkt in Teilnahmslosigkeit und Zynismus«.[32] Scham ist ein Gefühl, das diesen passivierenden und isolierenden Effekt verletzter Selbstachtung zum Ausdruck bringt. Die asoziale Tendenz ist kennzeichnend für dieses Gefühl. Insofern muss man sagen, dass Scham ein notwendiges Gefühl im negativen Sinne ist, eines, das man als Beschämungshandeln vermeiden muss, wenn man – moralisch – den Anderen in seiner Selbstachtung nicht kränken will, wenn man – sozial – an teilnehmenden Mitmenschen interessiert ist, und wenn man schließlich – politisch – an partizipierenden Mitbürgern interessiert ist. Das Gefühl der Scham ist eine Mauer für das Mitfühlen (*compassion*)[33], ganz allgemein für das Sein mit Anderen. Es isoliert, ja vernichtet den Weltbezug; man schlägt die Augen nieder, weicht dem Blick des Anderen aus, ja man möchte, wie man sagt, am liebsten im Boden versinken (*you want the ground to swallow you up*), also sich selbst ver- und begraben, unsichtbar werden, sich überhaupt dem Kontakt mit anderen entziehen, was wiederum den negativen Effekt mit sich führt, dass man das Beschämende nicht mitteilen, nicht mit anderen teilen kann.[34] Scham gehört zu den am meisten privaten und privatisierenden Gefühlen.

Die soziale und moralische Bedeutungsebene bildet den unumgänglichen Hintergrund für jene Bedeutungsebene, die in meiner Darstellung zentral steht: die kulturelle und kulturkritische. Denn auf dieser Ebene wird einsichtig, warum Unverschämtheit im heutigen gesellschaftlichen und daran anschließenden politischen Selbstverständnis einen so auffälligen Status erlangt hat. Hier wird einsichtig, warum Unverschämtheit ein unvermeidbar modernes Problem geworden ist; warum Unverschämtheit notwendig zur Moderne gehört.

Mit der kulturellen Bedeutungsebene meine ich nicht primär den Sachverhalt, dass der Begriff der Kultur im deskriptiven Sinn, verstanden als Lebensform, im Plural auftritt, während das im normativen Sinn (etwa in dem Ausruf: »Dieser Mensch hat keine Kultur!«) nicht möglich ist. Im deskriptiven Sinn gibt es also viele Kulturen, die sich in ihren Wertüberzeugungen unterscheiden. Und das gilt natürlich auch für die Einstellung hinsichtlich der Scham: Sie unterscheidet sich je nach historischer Epoche und geografischer Region.[35] Mit der kulturellen Bedeutungsebene meine ich vielmehr einen soziologischen und kulturgeschichtlichen Sachverhalt, und der Theoretiker, der in diesem Kontext als erster zu nennen ist, ist Georg Simmel.

Wie andere auch beschreibt Simmel die Moderne als eine hoch ambivalente Epoche. Er untersucht diese Ambivalenz unter anderem in zwei unterschiedlichen Formen des Individualismus, nämlich des von ihm so genannten »quantitativen« und »qualitativen« Individualismus. Der quantitative Individualismus bildet sich demnach analog zum Ideal der Gleichheit nach und nach mit dem Christentum, der Aufklärung des 18. Jahrhunderts und dem ethischen Sozialismus des 19. Jahrhunderts heraus. Der qualitative Individualismus und das ihm in gewisser Weise entsprechende Ideal der Freiheit kennt Vorläufer in der aristokratisch verfassten griechischen Antike, tritt exemplarisch hervor in den Persönlichkeitsdarstellungen bei Shakespeare und Rembrandt und entwickelt sich schließlich vollständig von Goethe und der Romantik bis zu Nietzsche: Der Einzelne in seiner Besonderheit, Unvergleichlichkeit, Außergewöhnlichkeit, Genialität tritt hervor. Die Moderne ist aus Simmels Sicht dann jene Epoche, in der das Streben nach qualitativem Individualismus zu einem allgemeinen Problem wird auf der Basis eines realisierten quantitativen Individualismus. Nachdem rechtsstaatlich und demokratisch, vor dem Gesetz und als Wähler, alle gleich geworden sind, entsteht sowohl die allgemeine Möglichkeit als auch die spezifische Notwendigkeit zur Unterscheidung. Und die moderne Realisierung des Widerspruchs zwischen quantitativem und qualitativem Individualismus konzentriert sich im Phänomen der Visualisierung: Man muss in der Öffentlichkeit als Individuum *erscheinen*.

Simmel ist sich also bewusst, dass im Rahmen einer politisch egalitär ausgerichteten Gesellschaft der Differenzierungsaufwand für die Einzelnen zunimmt. Und diese Differenzierung kann innerhalb dieses Rahmens für die Masse der Einzelnen nur auf der Ebene der Wahrnehmung, im altgriechischen Sinn der *aisthesis*, also der ästhetischen Erscheinung, erreicht werden. Die Moderne, die aus dem Kampf um fundamentale Rechte des Einzelnen hervorgegangen ist, bedingt nun einen Kampf um verfeinerte Anerkennung, der primär auf einer ästhetisch-visuellen Ebene ausgetragen wird. Diese Ebene erlaubt uneingeschränkte Differenzierung im Modus der Selbstdarstellung. In seiner nach wie vor beispielhaften Studie über »Die Großstädte und das Geistesleben« (1903) beschreibt Simmel dementsprechend all die »Extravaganzen des Apartseins, der Kaprice, des Pretiösentums«, denen die Menschen der Moderne, die Bewohner der Metropolen, huldigen.[36]

Walter Benjamin hat dieser Theorie der Moderne eine dezidiert marxistisch-politische und filmästhetische Wendung gegeben in seinem Mitte der 1930er Jahre verfassten berühmten Aufsatz »Das Kunstwerk im Zeitalter seiner technischen Reproduzierbarkeit«.[37] Benjamin stellt hier die These vor, dass die Aura der Kunstwerke, ihre Erscheinung von Einmaligkeit und Unnahbarkeit, verfällt, wenn sie technisch reproduziert werden. Während die Aura der Kunst von ihrem »Kultwert« zehrt, ihrer Herkunft aus dem magischen und religiösen Ritual, entsteht mit der technischen Reproduzierbarkeit eine Kunst, die einen »Ausstellungswert« hat. Die moderne Kunst will den Menschen nicht in jeder Hinsicht unnahbar gegenüberstehen, sondern sichtbar sein, das heißt auf Augenhöhe stehen mit den Rezipienten. Der Film ist für Benjamin das zeitgemäße Medium für diese demokratische bis kommunistische Egalisierung. Hier verändert sich das Verhältnis des Publikums zum Werk von betrachtender Passivität zu partizipierender Aktivität, denn jede und jeder aus dem Publikum kann, so Benjamin, einen »Anspruch« vorbringen, »gefilmt zu werden«, also selber zum Darsteller, sei es auch nur zu einem Statisten zu werden. Diese Behauptung muss man sicherlich in den Kontext der 1920er Jahre zurückversetzen, in dem Benjamin sich wie viele andere Intellektuelle zunächst allgemein ein kämpferisch-erwartungsfrohes Bild von der Sowjetunion malt und speziell die Filme jener Zeit im Blick hat, in denen es, wiederum im sowjetischen Kino, aber auch bei Fritz Lang und King Vidor, darum geht, die proletarischen Massen und ihre alltäglichen Helden und Heldinnen in Szene zu setzen. Aber es ist offensichtlich, dass diese Kunst- und Filmtheorie auch einen prognostischen Zug aufweist. Die Moderne erfüllt das politische Programm der Durchsetzung von Freiheit und Gleichheit, indem sie eine Kultur oder *Alltagsästhetik der Selbstdarstellung*, der Ausstellung seiner selbst, der Selbstinszenierung etabliert.

Und wo die Selbstdarstellung Triumphe feiert, ist die Unverschämtheit nicht fern. Zur-Schau-Stellung oder Bloßstellung des Anderen ist der Kern des Beschämens; bloßgestellt oder gegen den eigenen Willen zur Schau gestellt zu werden, ist umgekehrt der Kern des sich Schämens.[38] Sich in einer peinlichen[39], beschämenden oder sozial ärgerlichen Situation freiwillig zur Schau zu stellen, sich dann den Blicken der anderen bewusst darzubieten, sich auszustellen wie eine Schaufensterfigur heißt demgegenüber, den Stellenwert der Scham und den Mechanismus des Beschämens umzudrehen. Die *eigene Zur-Schau-Stellung* wird zum *Kern der Unverschämtheit.*

Von hier aus ist es nur ein Schritt zur scharfen Kulturkritik. In einer Gesellschaft, in der die Einzelnen sich massenhaft darin gefallen, sich selbst auszustellen, muss diese Obsession zur Paradoxie werden, zur Illusion einer Masse von Individualisten. »Bei vielen Menschen«, so konstatiert entsprechend Theodor W. Adorno, »ist es bereits eine Unverschämtheit, wenn sie Ich sagen.« Adorno hat diesen Aphorismus 1944 in seinen *Minima Moralia* niedergeschrieben und Mitte der 1960er Jahre in einer Auseinandersetzung mit Rolf Hochhuth wiederholt. Ein Beispiel liefern ihm Zeitgenossen, US-amerikanische Spießbürger (*babbitts*), die über ein großes Kunstwerk zu urteilen meinen mit dem Satz: »I like it.«[40] Ein AllerweltsStatement, das wie eine Beleidigung des Kunstwerks in seiner begrifflichen Unerschöpflichkeit wirkt.

Wie immer man diese Unverschämtheit kulturkritisch und gesellschaftstheoretisch werten mag, eher negativ mit Adorno oder eher positiv mit Benjamin und Simmel, sie ist in jedem Fall konstitutiv modern. Die exzessive Lust an der Visualisierung, die durch die digitalen Medien unserer Zeit möglich geworden ist, von den Video- und Youtube-Filmchen bis zu den Selfies, und die produktive Lust an der Interaktivität des Mediums Internet können vor diesem Hintergrund keineswegs überraschen. Sie gehören zur spezifischen, mit Simmel *doppelpoligen Individualitätskultur der Moderne*. Selbstverständlich lassen sich dabei historische Verschiebungen beobachten. So beschreibt die Soziologie seit der Mitte des 20. Jahrhunderts eine zweifache Erosion der Kultur, die man seit dem 19. Jahrhundert eine »bürgerliche« genannt hat, zunächst seit den 1970er Jahren durch die gesellschaftspolitisch linken Protestbewegungen, im Verein mit Rock- und Popmusik, sodann seit den 1980er Jahren durch eine kulturelle Proletarisierung oder besser Proletisierung, die sich vor unser aller Augen und Ohren in den Soap Operas, Talk- und Castingshows, dem Reality-TV und der Event-Kultur der privaten Fernseh- und Radiosender vollzieht.[41] Und es gehört zu den Eigenheiten der neuen Proleten-Kultur, dass sich auch die Intellektuellen zu einem großen Teil in ihr wiedererkennen.

Unverschämtheit ist aber nicht bloß konstitutiv modern. Sie ist – mein diesbezüglich abschließender Punkt – wenigstens zum Teil auch eine demokratische Tugend.

Politisch-demokratische Unverschämtheit

Rhetorische Beschämungsstrategien gehören bekanntlich auch zur parlamentarischen und zivilgesellschaftlichen Demokratie. Für einen Minister, der das eine Mal selbstgerecht auftrumpfend und das andere Mal feige wegduckend agiert, muss man sich, so sagen einige, schämen.[42] Polizisten, die auf friedliche Demonstranten einschlagen, ruft man ein: »Schämt euch! Schande über euch!« entgegen. Im breiten öffentlichen Diskurs erfüllen vor allem die Boulevardpresse und seit einiger Zeit die sogenannten sozialen Medien die Funktion der individuellen Schuldzuweisung und Beschämung. Dann brechen *shit storm* und *hate speech* über einen herein.[43] Aber auch breitere gesellschaftspolitische Kampagnen nutzen die Beschämungsstrategie: Ein Film, der zeigt, wie Männer mit stumpfen Waffen Robben, diese zutraulichen Tiere, vor allem – so der geschickt gewählte Ausdruck – »Robbenbabies« erschlagen; oder einer, der zeigt, wie Delphine, diese intelligenten und kommunikationsfreudigen Tiere – und jeder, der in den 1960er oder 1990er Jahren Kind war und die bekannte US-amerikanische Fernsehserie und die Kinofilme verfolgt hat, kennt *Flipper*, unseren »besten Freund« – sich in den Treibnetzen von Thunfisch-Jägern verfangen und verenden, stellt diese Jäger und die Profit- und Luxusinteressen, die sie bedienen, an den Pranger. Die Durchsetzung eines *Fair-Trade*-Zertifikats auf inzwischen zahlreichen Waren, von Kaffee bis Kleidung, ist Resultat derselben Strategie.

Verschiebt man die Aufmerksamkeit von der empirischen auf die normative Ebene, kann man mit Rawls und Nussbaum noch einmal daran erinnern, dass Selbstachtung eine notwendige Bedingung für die Partizipation am sozialen und politischen Leben ist und dass Scham, die Erfahrung eines Verlustes an Selbstachtung, daher gefährlich ist für demokratisch-partizipative Gesellschaftsformen sowie für das sozial und moralisch relevante Mitfühlen (*compassion*) überhaupt.

Und diese Gefahr besteht nicht nur auf der individuellen, sondern auch auf der kollektiven Ebene. Demokratie braucht Bürgerinnen und Bürger, die sich sehr wohl schämen können, aber nicht in Grund und Boden schämen für ihre Traditionen. Es gibt Anlässe und Gründe, für die man sich als Kollektiv schämen muss. Die verstörenden Bilder von Demütigungs- und Folterszenen aus dem Militärgefängnis von Bagdad, Abu Ghuraib, sind das jüngste Memento für die USA. In der jüngeren deutschen Geschichte kennen wir den Sachverhalt nur allzu gut unter dem Titel »Schuld und Scham angesichts der Verbrechen des Nationalsozialismus«. Auch die gesellschaftspolitische Entwicklung nach der Wiedervereinigung der beiden deutschen Staaten zeigt überdeutliche Spuren von ostdeutscher Abwertungserfahrung, Scham, Enttäuschung und Wut – einer Abwertung nicht nur im sozialökonomischen, sondern auch kulturellen Sinn (es gab keine neue gemeinsame Verfassung, keine neue Fahne, keine neue Nationalhymne); Scham über all die Demutsgesten im öffentlichen Alltag des real existieren Sozialismus; Enttäuschung darüber, doch nicht die bestimmende Kraft der Politik, nicht »das Volk« zu sein, das 1989 auf den Straßen Ost-Berlins und Leipzigs seine Stimme so mächtig hören ließ; und schließlich Wut auf die neuen »Eliten«, die sich mit »nachgeholtem Widerstand« gegen die alten Eliten verbündet.[44]

Aber eine Gemeinschaft kann so wenig mit einem Übergewicht an Scham leben wie ein Einzelner mit einem Übergewicht an Selbstmissachtung. Wir müssen die individuelle und kollektive Selbstwertschätzung nicht unbedingt »Stolz« und »Nationalstolz« (»Patriotismus«) nennen. Kollektive Selbstwertschätzung gibt es zudem nicht nur auf der Ebene der Nation, sondern auf der Ebene jeder kollektiven Identitätsformung, etwa bei einer »Klasse«, einer politischen Bewegung wie der Studentenbewegung der 1960er Jahre (die »Leidenschaftlichkeit« des Protestes kam »aus der Scham! Der Empörung! Aus einem überempfindlichen Rechtsgefühl!«[45]), dem Feminismus, »Black Power« oder auf der Seite der nationalistischen Rechten. Aber Richard Rorty mahnt meiner Meinung nach zu Recht an, dass nationale Selbstwertschätzung oder Nationalstolz für ein Land dasselbe ist wie Selbstachtung für den Einzelnen: »eine notwendige Bedingung der Selbstvervollkommnung« (*self-improvement*), und das schließt ein, dass letztlich ein – mit aristotelischer Betonung – *maßvoller* »Stolz die Scham überwiegt«.[46]

Wie aber steht es, wenn man nicht Stolz als kompensierenden Gegenpol zur Scham betrachtet, sondern Unverschämtheit und Schamlosigkeit als sozial-moralisch herausfordernde Gegenspielerinnen der Scham?

Zunächst muss man auch hier im engeren politischen Kontext konstatieren, dass das Gerede über das Ende der Scham, über die Zunahme an rüdem und unzivilisiertem Verhalten eine Reaktion ist auf den zunehmenden Egalitarismus, und das heißt soziologisch: auf die zunehmende Inklusion von sozialen Gruppen in das gesellschaftlich-repräsentative Ganze, die vorher ausgeschlossen waren. Die Ängste, die sich in diesem Lamento ausdrücken, sind vor allem die vor den unteren sozialen Schichten, auf die die demokratischen Rechte im Laufe der Jahrhunderte schubweise ausgedehnt werden. Das Lamento moduliert insofern also einen nostalgischen Grundton, die Sehnsucht nach einer Zeit, in der Scham, wie man meint, über alle sozialen Unterschiede hinweg das Reglement gesichert hat.[47]

Unverschämtes Verhalten gibt aus dieser kritischen Perspektive also nicht einfach einen Grund zur Klage. Eher einen erneuten Grund zur Vorsicht bezüglich politischer Standards und standardisierter Denkformen. Die sozial Ausgeschlossenen haben oft gar keine andere Wahl, als dagegen mit grenzüberschreitenden, provozierenden und dadurch tendenziell unverschämten Protestformen vorzugehen. So inszenieren sich Aktionen zivilen Ungehorsams seit den 1960er Jahren als bewusste symbolische Verstöße gegen rechtliche Normen, symbolisch, weil im juristischen Sinn niemand einen körperlichen oder materiellen Schaden erleiden darf, aber auch, weil diese Verstöße ein bildhaft-anschauliches, auf einen tieferen Sinn verweisendes Zeichen setzen. Unverschämt in jeder Hinsicht des Wortes (anmaßend, keck, ungezogen, übermütig, kühn) war dagegen die Ohrfeige, die Beate Klarsfeld 1968 Hans Georg Kiesinger gab, dem damaligen Kanzler der Bundesrepublik Deutschland. Unverschämt war auch der Zwischenruf des Bundestagsabgeordneten Joschka Fischer während einer Parlamentsdebatte 1984: »Mit Verlaub, Herr Präsident, Sie sind ein Arschloch!« Unverschämt war 2016 das Schmähgedicht von Jan Böhmermann auf den autokratischen türkischen Präsidenten Erdogan – eine Aktion, mit der er zudem in der Folge beweisen konnte, dass Satire gesellschaftlich-politisch etwas bewirken kann, denn der Paragraph 103 des deutschen Strafgesetzbuches, der die Beleidigung eines ausländischen Staatsoberhauptes unter Strafe stellte, wurde ein Jahr später abgeschafft.

Im politischen Zusammenhang sind Akte der Unverschämtheit dabei weitaus besser als im alltäglichen Zusammenhang gefeit davor, narzisstisch zu wirken. Dennoch muss noch einmal daran erinnert werden, dass Unverschämtheit grundsätzlich mehrere, schematisch gesprochen zumindest zwei Gesichter haben kann, ein eher narzisstisches und ein emanzipatives Gesicht. Wenn Menschen sich in den sogenannten *social media* bewusst zur Schau stellen als jemand, der nicht den Mode- und Körpernormen einer Gesellschaft entspricht, die auf superschlanke Models oder auf Männerkörper aus einem Body-Building-Magazin fixiert ist, sind wir Zeugen einer Unverschämtheit, die manchmal keck und spielerisch auftritt, aber sicher auf Mut und verletztem Stolz beruht. Diese Menschen zeigen ihre Verletzbarkeit und Unvollkommenheit. »Ecce homo« im digitalen Zeitalter. Sie riskieren damit, ausgelacht und verspottet zu werden, gewinnen aber ihre Selbstachtung zurück. Künstlerinnen wie Cindy Sherman und Marina Abramović haben dieser Umpolung von öffentlicher Verachtung in Selbstachtung schon lange vorgearbeitet. Auch in diesem Fall bietet die Kunst also wieder ein Modell der Transformation von Gefühlen. Es ist hilfreich, dabei von einer Unterscheidung Gebrauch zu machen, die die englische Sprache zur Verfügung stellt: *shameless* (schamlos) ist die passende Bezeichnung für Menschen, die vor allem die negative, arrogante, anti-egalitäre Seite von Schamlosigkeit und Unverschämtheit zeigen, *unashamed* (unbeschämbar, sich nicht mehr schämend) dagegen die Bezeichnung für Menschen, die ihre Scham sozusagen durchstreichen, also ihre Scham sehr wohl noch sehen lassen, aber auch, dass sie darüber hinaus kommen (wollen).[48] Im alltäglichen wie im politischen Zusammenhang handelt es sich hier um *demonstrative Aktionen* im doppelten Sinn des Wortes: Aktionen, die etwas demonstrativ – anschaulich, auffallend – demonstrieren – zeigen – wollen.

Der unverschämte Bürger ist demnach eine ambivalente Figur. Er scheint demokratisch ebenso notwendig wie gefährlich. Er zeigt sich auf der progressiven wie auf der konservativen bis reaktionären Seite, in raffiniert provozierenden politischen Aktionen wie in grölenden Pöbeleien gegen die etablierte Politik, im demonstrativen Einfordern wie im demonstrativen Verhindern von Minderheitenrechten, im mutigen Verteidigen der Zivilgesellschaft gegenüber Autokraten wie in der Vulgarität des politisch-kulturellen Proleten. Unverschämtheit gehört offenbar zur Demokratie wie der mündige, für sich selbst sprechende und tendenziell ein loses Mundwerk gebrauchende Bürger, im Englischen geschlechtsneutral: *the citizen*.

II. Theoriemodelle

Die Thematik einer von Emotionen und Leidenschaften getragenen demokratischen Politik wird in verschiedenen Wissenschaften diskutiert, allen voran in den Sozial-, Politik- und Geschichtswissenschaften.[49] Den Anlass bieten häufig soziale Bewegungen oder Protestbewegungen, deren berühmteste in den vergangenen Jahren *Occupy Wallstreet* und die Regenschirm-Bewegung in Hongkong 2014 waren. Gegenwärtig ist es *Fridays for Future*. Ausdrücklich von einer Demokratie der Gefühle, von einer *emotional democracy*, spricht Anthony Giddens in seinem Buch *Beyond Left and Right* (1994), beschränkt den Ausdruck allerdings auf die Sphäre der Familie und persönlicher Beziehungen. Paul Hoggett und Simon Thompson nehmen den Ausdruck einige Jahre später auf und geben ihm eine breitere und grundlegendere Bedeutung, die auch für das vorliegende Buch richtungsweisend ist.[50]

In der Philosophie kann man in dieser Sache zwischen vier Theoriemodellen unterscheiden: dem kognitivistisch untermauerten Narrativitätsmodell, das in der Nachfolge von Aristoteles und der Stoa Martha Nussbaum repräsentiert; dem Empathiemodell der schottischen Aufklärung; dem Affektivitätsmodell, für das gegenwärtig in der Nachfolge Spinozas und in einer postmarxistischen Wendung Gilles Deleuze steht; und dem hegelianischen Freiheitsmodell. Nicht für jedes dieser Modelle einer emotional entspannten und passionierten Demokratie ist die Ästhetik gleichermaßen relevant.

Für das spinozistische und hegelianische Modell ist das leicht deutlich zu machen, wiewohl sie beide zweifellos offen sind für ästhetische Akzentuierungen. In der Fassung, die Deleuze der Metaphysik und Affekttheorie Spinozas gibt, liegt das deutlich vor Augen. Spinozas Philosophie selber ist wegweisend insofern, als Befreiung von den Affekten hier weder möglich noch nötig ist; es reicht, die Affekte zu transformieren. Sie können und müssen zudem auch wechselseitig kompensiert werden. Die Ästhetik tritt bei ihm dagegen allenfalls indirekt in Erscheinung, wenn es um den Erkenntniszusammenhang von Affekten und Bildern und um die politische Rolle der Imagination geht. Ganz anders ist das bei Deleuze. Er hat kein Problem damit, Kunst, Affekte, das heißt nicht begrifflich zu fassende Gefühle, und Demokratie zusammenzudenken. Die ästhetische Funktion, die er in diesem Zusammenhang betont, ist die der Präsentation. Als »Empfindungsblock« lässt die Kunst sehen (wahrnehmen), was etwas *ist*, und hat insofern ontologisch entbergende Kraft. Deleuze' Problem besteht vielmehr in zwei konzeptuellen Hypotheken, zum einen in der Art von Ontologie und Metaphysik, die er sich mit vor allem mit Spinoza auferlegt, zum anderen in einer Affektivitätstheorie, die ebenso metaphernabhängig wie konfusionsanfällig ist. Demgegenüber stellt Hegel prominent die ästhetische Funktion der Präsentation, der »Darstellung«, heraus, diskutiert im Kontext der Gefühle aber speziell die Funktion der Transformation und der Moderation. Sein interessantester Vorschlag liegt allerdings in der Verbindung von Kunst und Demokratie. Demzufolge ist ein Absolutheitsanspruch der Kunst mit einer modernen, durch Gegensätze und Begründungsanforderungen gekennzeichneten, insofern demokratischen Kultur unvereinbar. Obwohl seine berühmte These vom Ende der Kunst der Kunst in der Moderne einen zurückgestuften Rang zuspricht, ist sie zugleich eine These über den Anfang der Demokratie als moderner Lebensform.

Das kognitivistisch unterbaute Narrativitätsmodell Nussbaums sowie das Empathiemodel Humes und Smiths schließen demgegenüber ausdrücklich und mit guten Gründen die Ästhetik mit ein. So betont Nussbaum im Anschluss an Aristoteles' Katharsiskonzept von Anfang an, dass es in einem politisch geordneten guten Leben nicht auf die Reinigung *von* den Gefühlen, sondern *der* Gefühle ankomme. Transformation, Moderation und Kompensation sind daher bei ihr wichtige Mechanismen im Umgang mit Emotionen. Ihre Theorie zeigt gewiss Schwächen, etwa darin, zu schematisch zwischen »positiven« und »negativen« Gefühlen im Dienste der liberalen Demokratie zu unterscheiden, aber einer ihrer stärksten Aspekte besteht in der ausgearbeiteten These, dass Gefühle nach Erzählungen und ästhetischen Artikulationen verlangen. Der Imagination kommt dabei sowohl bei ihr wie bei Hume und Smith eine Hauptrolle zu. *Sympathy*, Mitgefühl oder Empathie ist bei den schottischen Philosophen der Aufklärung ein Gefühl, das durch Einbildungskraft entsteht, durch die Kunst geschult wird und als Vergesellschaftungsprinzip wirkt. Grundsätzlich sind Gefühle eine notwendige Bedingung moralischen Urteilens, und der Geschmack nimmt eine vermittelnde Ebene ein zwischen Gefühlen und Vernunft. Geschmack ist dabei der traditionelle Name für eine spezielle, ästhetisch ermöglichte Mitteilbarkeit der Gefühle, die sich zwischen sozialen Standards, dem *judicious spectator* als universalistischem Regulativ und unvermeidlichem Streit einpendelt. Die Stärke von Humes und vor allem Smiths Theorie der moralischen Gefühle liegt dann, moralphilosophisch gesehen, nicht darin, eine Alternative zu einem kantianischen Universalismus anzubieten, als vielmehr eine Ergänzung. Gesellschaftspolitisch und kulturtheoretisch gesehen, erleidet das Theorem des unparteiischen Betrachters unter den Bedingungen des technologischen Medienzeitalters zwar einen gewissen Bedeutungsverlust, lässt sich aber auch für eine Reaktivierung gebrauchen, durch die die »Zuschauer«, die Rezipienten und Rezipientinnen in eine mehr aktive Rolle gedrängt werden.

1. Das kognitivistische Narrativitätsmodell

Beginnen wir also mit dem Modell, das in unseren Tagen sehr erfolgreich Martha Nussbaum vorgestellt hat. Freilich muss sogleich angemerkt werden, dass es zunächst hauptsächlich unter dem Kennwort einer kognitivistischen Emotionstheorie auftritt. Gefühle beinhalten demnach stets Überzeugungen und Bewertungen. Die narrative Dimension fügt Nussbaum erst in einer selbstkritischen Erweiterung hinzu. In ausgebreiteter und anregender Form schreibt sie über den Status der Gefühle aus philosophischer Sicht und kennzeichnet ihre eigene Position dabei genauer als neostoisch.[51] Ihr diesbezüglich grundlegendes Buch *Upheavals of Thought* arbeitet sie etwas später in einer dezidiert politischen Wendung unter dem Titel *Political Emotions* aus und ergänzt es durch Studien zu Zorn und Scham.[52] Von den vier Aspekten, die für eine ästhetisch-politische Theorie der Emotionen relevant sind: Transformation, Kompensation, Moderation und Präsentation, kommt nur letzterer in ihrem Modell nicht stabil zum Tragen. Allgemein gesprochen, müssen bei Nussbaum, um Demokratie als passionierte Regierungs- und Lebensform zu konzipieren, zwei Bedingungen zusammenkommen: ästhetische Sensibilität und (soziale wie institutionelle) Kompensation der Emotionen. Nur dann gelingt nämlich auch deren Transformation.

Transformation, Moderation und Kompensation: Martha Nussbaum

Die Relevanz von Transformation und Moderation ist bei Nussbaum bereits seit ihrem Buch *The Fragility of Goodness* deutlich. Sie unterstützt dort die Interpretation, dass der berühmte Begriff der *kátharsis*, den Aristoteles gebraucht, um die Wirkung der Tragödie zu erklären, vor allem *clarification* und *clearing up* meint, also Klärung, Reinigung, Läuterung.[53] Übertragen auf die Politische Philosophie heißt das, dass demokratischer Politik nicht am besten gedient ist durch eine Reinigung *von* den Gefühlen, sondern eine Reinigung *der* Gefühle. Die Frage freilich ist, wie diese Reinigung – verstanden als Transformation und als Moderation – geschehen kann. Nussbaum gibt dazu zwei – Ethik und Politik betreffende – Bedingungen an.

Zum einen sind gute, das heißt die eigene Unvollkommenheit und Verletzbarkeit akzeptierende Lebensformen unerlässlich. In ihrer Streitschrift *Not For Profit. Why Democracy Needs the Humanities* – eine Schrift, die auch den Protesten an der Universität von Amsterdam 2015 hinsichtlich der Relevanz von Geisteswissenshaften und Bildung willkommene Argumente lieferte – greift Nussbaum zunächst auf eine These Platons zurück, die Politik und Psychologie, die Ordnung des Staates und der »Seele«, parallel setzt. Politische Balance erscheint dann als Effekt einer psychologischen Balance. Wenn sich keine innersubjektive Balance, sondern eine Dominanz von Gefühlen wie Furcht und Aggression einstellt, wird demnach auch die Sphäre der Politik von diesen Gefühlen dominiert. Und da, so das folgende Argument, eine solche Dominanz vor allem die demokratische Form von Politik bedroht, wirkt umgekehrt ein Zustand, in dem man frei ist von Furcht und Aggression, unterstützend für die Demokratie.[54]

Diese schlichte These kann sich gewiss auf empirische Evidenz und Plausibilität berufen. Aber die ebenso schlichte Frage ist, was wir denn tun sollten mit Gefühlen wie Furcht und Aggression? In ihrer Streitschrift gibt Nussbaum nur einen Hinweis, indem sie Rousseau mit der These folgt, dass es eine menschliche Tendenz zum Perfektionismus gibt, der aber nichts anderes ist als ein spiegelbildlicher Effekt der menschlichen Hilflosigkeit, die wiederum durch das anthropologische Faktum gegeben ist, dass menschliche Lebewesen zu früh geboren werden, um sich selbständig am Leben erhalten zu können. Genauer besehen gibt es eine Doppeltendenz, nämlich einerseits vollkommen werden zu wollen und andererseits all das, was an einem selber nicht vollkommen ist, wie die Psychoanalyse es später ausdrückt, auf andere zu projizieren. Der Ausweg, den Rousseau weist, ist der einer sozialen Kompensation unserer menschlichen Endlichkeit und Unvollkommenheit. Unvollkommenheit kann und sollte abgefedert werden durch die Hilfe anderer. Fühlen wir uns als endliche Subjekte erst einmal aufgefangen im Netz der Intersubjektivität, müssen wir keine Angst mehr haben angesichts unserer Endlichkeit. Selbstverständlich muss dies eine Art von Intersubjektivität sein, die sich konkretisiert in Beziehungen der Freundschaft, Liebe und Solidarität. Solch ein unterstützendes soziales Netzwerk scheint aber ausreichend, um demokratiegefährdende Gefühle wie Angst, Aggression, Neid und Scham zu kompensieren und zu balancieren.[55] Die Kompensation erfolgt also hier nicht oder nicht so sehr, wie bei Spinoza, durch ein anderes Gefühl, sondern durch soziale Verhältnisse und ethische Lebensformen. Im Falle der Angst etwa bedeutet dies, wie Nussbaum es in *Political Emotions* ausdrückt, dass dieses egozentrisch einengende, auf Selbsterhaltung bezogene Gefühl kombiniert werden muss mit dem, was von allgemeinem Belang (*general concern*) ist, sodass wir eine Abschwächung (*tempering*) der Angst erhalten.[56]

Zweitens sind für eine Reinigung der Gefühle – eng mit der ersten Bedingung verbunden – normative und institutionelle Absicherungen unerlässlich, also Gesetze und allgemein verbindliche Erziehungsformen.[57] Der Rahmen des politischen Liberalismus, der diese Absicherungen garantiert, muss also auch bei Nussbaum intakt sein. Die Herausforderung (*challenge)* ist die, mehr zu bieten, als der Liberalismus in seiner Locke'schen, Kant'schen und Rawls'schen Version zugesteht (eine gewisse Ausnahme bildet die Version bei Mills), ohne aber, wie etwa bei Rousseau, illiberal oder gar diktatorisch zu werden.[58]

Eine breite und eingehende Diskussion über die Verbindung zwischen Politik und Emotionen bietet Nussbaum in ihrem Buch über *Political Emotions*. Gefühle wie Angst, Neid und Scham nennt sie hier »Feinde des Mitgefühls« (*compassion's enemies*), wobei sie Mitgefühl definiert als »ein schmerzhaftes Gefühl gerichtet auf das ernsthafte Leiden einer anderen Kreatur« (*a painful emotion directed at the serious suffering of another creature*), also eine Emotion, die uns mit anderen verbindet, seien es Menschen oder Tiere.[59] Im Falle der Angst bedeutet dies, wie oben schon angemerkt, dass dieses Gefühl, festgelegt durch den einengenden Bezug auf den eigenen Körper oder das eigene Leben, kombiniert werden muss mit einer Sache von allgemeinem Belang, oder in der Sprache der schottischen Aufklärung des 18. Jahrhunderts: mit *sympathy*. Im Falle des Neides benötigt man als Gegenmittel (*antidote*) ein Gespür für ein gemeinsames Schicksal und für Freundschaft oder Solidarität, das die Bevorzugten und weniger Bevorzugten einer Gesellschaft zu einer Einheit mit einer gemeinsamen Aufgabe verbindet. Beispiele findet Nussbaum beim US-amerikanischen Präsidenten Franklin D. Roosevelt, in Gandhis Strategie, die sozialen Eliten seines Landes zu einem einfachen Lebensstil zu motivieren, sowie in dem städtebaulichen Akt in New York, den Central Park als Volkspark anzulegen. Gleichwohl ist im Falle von Neid evident, dass man vieles durch Gesetze und Institutionen auf den rechten Weg bringen muss, welche basale Ansprüche für alle sichern. Auch das Erziehungs- und das Wirtschaftssystem sind gefordert, die den Menschen auf unterschiedliche Weise den Eindruck vermitteln müssen, dass es konstruktive Alternativen gibt.[60] Die politische Rolle von Emotionen muss daher von juridischen, sozialen, ökonomischen und kulturellen Institutionen unterstützt werden. Zugleich muss sie begrenzt werden durch die normativen Ziele einer liberalen Gesellschaft, unter ihnen die bekannten Ziele der gleichen Achtung für Personen und die Verpflichtung zur Freiheit der Rede, des Gewissens und der Organisation. In dieser Hinsicht bleibt also, noch einmal, der Rahmen des Liberalismus intakt.

Neben dem Mitgefühl ist die Liebe – wie der Untertitel von Nussbaums Buch anzeigt – die wichtigste positive, sogar alle anderen überwölbende Emotion. In diesem Zusammenhang macht Nussbaum Gebrauch von einigen starken und strittigen Behauptungen: erstens, dass es die Liebe ist, die »Achtung für Humanität lehrt« (*what gives respect for humanity*); zweitens, dass »alle zentralen Emotionen, die eine zivilisierte Gesellschaft aufrechterhalten, ihre Wurzeln in der Liebe haben oder eine Form der Liebe sind« (*that all of the core emotions that sustain a decent society have their roots in, or are forms of, love*). Und drittens, dass Liebe bedeutet: »intensive Bindungen an Dinge außerhalb der Kontrolle unseres Willens« (*intense attachments to things outside the control of our will*).[61]

Was die erste Behauptung betrifft, erläutert Nussbaum, dass Achtung an sich nicht ausreichend (*insufficient*) ist, um zu realisieren, was sie realisieren will, nämlich ein moralisches Prinzip, es sei denn, sie wird erhalten (*nourished*) von einem imaginativen Engagement mit dem Leben anderer (*the imaginative engagement with the lives of others*). Imagination als solche ist, wie Nussbaum weiß, jedoch ihrerseits unzureichend, um moralischen Respekt zu pflegen, denn sie kann bekanntlich auch für sadistische Zwecke genutzt werden. Sadistische Charaktere finden ihre sexuelle Erregung unter anderem darin, sich das Leiden ihrer Opfer en detail vorzustellen. Was wir brauchen, ist daher nicht nur imaginative Empathie, Einfühlungsvermögen auf der Basis von Einbildungskraft, sondern Liebe. Liebe, so die Schlussfolgerung, ist wichtig für moralische Gerechtigkeit (*matters for justice*), für das Prinzip des gleichen Respekts gegenüber allen anderen.[62]

Was den universalen Anspruch der zweiten Behauptung betrifft, den Anspruch, dass zwar nicht alle, aber doch alle zentralen Emotionen, die eine anständige Gesellschaft aufrechterhalten, ihre Wurzeln in der Liebe haben oder Formen der Liebe sind, muss man konstatieren, dass Nussbaum dies in ihrem Buch nicht im Einzelnen aufzeigt. Skeptisch muss man schon dem generellen genealogischen Argument begegnen, denn die Gegebenheit, dass A (eine Emotion) in B (der Liebe) gründet wie eine Wurzel im Erdreich, impliziert nicht, dass A nicht spezifische Merkmale entwickeln kann, die sich – sogar enorm – von denen von B unterscheiden.

Die Plausibilität schließlich der Beschreibung, dass A (eine sozial zentrale Emotion) eine »Form« von B (der Liebe) sei, ist abhängig von der Definition der Liebe. Und diesbezüglich – also bezüglich der dritten Behauptung – muss Nussbaum sich mit einer hinlänglich bekannten, argumentativ unangenehmen Alternative arrangieren: Entweder definiert sie Liebe in einem sehr breiten Sinn – wie sie das mit der Kennzeichnung: »intensive Bindungen an Dinge außerhalb unserer Willenskontrolle« tut –, dann muss sie als Konsequenz akzeptieren, dass diese Definition zu vage und unspezifisch ist. Oder sie definiert Liebe in einem spezifischeren Sinn und muss dann die Konsequenz akzeptieren, dass diese Definition nicht für alle Arten von Liebe zutreffend ist. Gewiss unterscheidet Nussbaum verschiedene Arten von Liebe: die Liebe von Eltern für ihre Kinder, die Liebe oder Zuneigung von Kameraden oder Freunden, romantische, auf erotische Zweisamkeit ausgerichtete Liebe und – politisch brisant – Patriotismus als Liebe, die der eigenen Nation gilt. Aber sie insistiert darauf, dass diese verschiedenen Arten von Liebe gemeinsame Merkmale haben. So weisen sie das liebende Verhältnis selber als Zweck und nicht als bloßes Mittel aus, sind allesamt altruistisch (*altruistic*), favorisieren Wechselseitigkeit (*reciprocity*) und rechnen mit der eigenen Verletzbarkeit (*vulnerability*).[63]

Was den Patriotismus, die Liebe zum Vaterland betrifft, ist sich Nussbaum selbstverständlich der Tatsache bewusst, dass diese Art von Liebe eine Menge an Erklärung nötig hat. Wie wir in den vergangenen zweihundert Jahren nämlich schmerzhaft erfahren mussten, hat der Patriotismus ein »Janusgesicht«, kennt sehr viele Gefahren und bedarf daher kontinuierlich der kritischen Prüfung.[64] Aber die anderen von ihr genannten Arten der Liebe ziehen ebenfalls zweifelnde Fragen auf sich. Ist die zugewandte Sorge für die Kinder, die Freunde, Kameraden oder die Geliebte wirklich reiner Selbstzweck, sauber abzutrennen von jeglicher Instrumentalisierung? Was hat es dann, so kann man mit Erich Fromm nachfragen, mit jener Selbstliebe auf sich, die man nicht mit Narzissmus verwechseln darf, sondern als Affirmation des eigenen Lebens verstehen muss, die wiederum die Bedingung dafür ist, andere zu bejahen, das heißt – im ontologisch-existenzialen Sinn – zu lieben?[65] Sie ist offensichtlich nicht altruistisch und auch nicht auf Reziprozität, auf die Wiederspiegelung der eigenen Liebe durch einen Anderen angewiesen. Ist Liebe, eine weitere kritische Rückfrage, nur ein Gefühl oder nicht auch eine Form der Beziehung zwischen Menschen, eine Lebensform?[66] Und was hat es mit jenen Formen der Liebe auf sich, über die Julia Kristeva in kulturhistorischer und psychoanalytischer Weise spricht? Es erscheint als übervereinfachend, zu behaupten, dass man die Merkmale von Zweck-in-sich-selbst, Altruismus, Reziprozität und Verletzlichkeit in gleicher Weise in all jenen kulturbildenden Modellen der Liebe wiederfindet, die den okzidentalen Diskurs prägen: in Platons doppelter Thematisierung des Eros, sei es als sado-masochistisches Drama im *Phaidros*, sei es als Verlangen nach Vereinigung mit einem idealisierten Objekt im *Symposion*; im christlichen Konzept der Agape als einem Geschenk Gottes verknüpft mit dem Opfer des Körperlichen und mit dem Altruismus des »Liebe deinen Nächsten wie dich selbst«; in den mythologischen Paaren von Romeo und Julia als dem Paar der Hass-Liebe sowie Tristan und Isolde als dem Paar des Liebestodes, und in der mythologischen Figur des Don Juan oder Don Giovanni als Repräsentation der meisterhaften Liebe.[67]

Weitaus überzeugender erscheint es, diese unterschiedlichen Formen der Liebe zusammenzubinden mit Hilfe einer Typus-Definition oder einer historisch und kulturell variablen Konstellation von Merkmalen im Sinne Adornos.[68] Für den Begriff der Emotion gilt ja bereits allgemein, dass er sich nicht durch notwendige und zureichende Bedingungen definieren lässt, sondern eher einer Wittgenstein'schen »Familienähnlichkeit« gleicht. Er umfasst Stimmungen (wie Angst und Depression), unwillkürliche Affekte sowie absichtliche und bewusste Emotionen (wie Rache). Es gibt Emotionen, die einen bestimmten körperlichen Zustand umfassen (das Erschauern aus Furcht), andere dagegen (wie etwa Nostalgie) sind nicht, jedenfalls nicht in gleicher Weise, rückgebunden an Körperlichkeit. Manche Emotionen sind von kurzer Dauer (explosiv), andere (wie Eifersucht) von langer. Aber zwischen der Alternative von essentialistischer Definition und Auflösung des Definitiven in Familienähnlichkeit gibt es die dritte Option, auf Aspekten oder Dimensionen einer Sache, hier der Emotion, zu insistieren, die zwar nicht immer, aber oft oder häufig auftreten. So fühlt sich eine Emotion typischerweise auf eine bestimmte Weise an, ist mit physiologischen Veränderungen verbunden (rasendem Puls), intentional (man hat Angst vor etwas), ist verbunden mit einer bestimmten Verhaltens- oder Handlungsweise (»fight, freeze or flight«) und involviert eine kognitive Dimension (man fürchtet etwas, weil es gefährlich ist).[69] Nicht alle Emotionen zeigen diese Aspekte oder zeigen sie gleichermaßen. Sie fallen daher nicht unter den umfassenden Begriff der Emotion, wie dies bei einem Gattungs- oder logischen Klassenbegriff der Fall ist, sondern entsprechen ihm mehr oder weniger. Eben dies ist kennzeichnend für den Begriff des Typus.

Nussbaum schwankt zwischen einer essentialistischen Definition der Liebe und ihrer narrativen Auflösung in Familienähnlichkeit. Sie definiert Liebe nach wesentlichen Merkmalen wie Zweck-in-sich-selbst, Altruismus, Reziprozität und Verletzlichkeit, anerkennt aber auch Proust als maßstabsetzenden Literaten und psychologischen Theoretiker auf dem – so Theodor Fontanes berühmter Schlusssatz aus *Effie Briest* – »weiten Feld« der Liebe, auf dem die Repräsentanten der analytischen Philosophie mit dem Werkzeug der Begriffsanalyse bemitleidenswert blass aussehen.[70] Proust bietet insofern ein ausgezeichnetes Modell für die philosophische These, dass Gefühle, vor allem das Gefühl der Liebe, nach Erzählungen verlangen.

■ *Die Weltlosigkeit und Weltbestätigung der Liebe: Hannah Arendt*

Auch dies ist eine These Nussbaums und, wie mir scheint, eine sehr berechtigte. Im Kontext der Ausgangsthese, dass Liebe von Bedeutung sei für den Bereich der Politik, ist es aber unvermeidlich, zunächst der Gegenthese, wie sie prominent von Hannah Arendt vorgestellt worden ist, wenigstens kurz Aufmerksamkeit zu widmen. Ihr zufolge ist die Liebe gerade »weltlos«, sie trennt die Liebenden von der Welt als existierendem Lebenszusammenhang ab, weil sie Augen nur für das Paar haben, das sie selber sind. Es gibt für sie keine Pluralität menschlicher Wesen mehr. »Welt« ist dabei der Begriff für den Raum »zwischen« menschlichen Wesen, der sie zugleich voneinander trennt und verbindet. Es ist der Begriff für einen Zwischenraum, der Interaktivität erlaubt.[71] Das Konzept der weltentziehenden Liebe gilt nicht nur für das, was wir romantische Liebe nennen; Arendt diskutiert sie ausführlich in ihrer Studie über Rahel Varnhagen. Sie bezieht sich auf das Konzept aber auch bereits in ihrer Dissertation über den Liebesbegriff bei Augustinus. Auch Altruismus gilt hier insofern als weltlos, als er das Individuum in die Isolation vor Gott ruft. Man liebt demnach nicht wirklich den Anderen, sondern etwas im Anderen, nämlich das Faktum des Glaubens, dass alle Kinder Gottes sind.[72]

Aber auch bei Arendt wiederholt sich, was bei Nussbaum kritisch anzumerken war: Alles hängt ab vom Liebesbegriff, den man verwendet. Wie Nussbaum macht Arendt nicht nur von einer einzigen Definition von Liebe Gebrauch. Während sie einerseits kompromisslos zu konstatieren scheint, dass aufgrund der inhärenten Weltlosigkeit der Liebe alle Versuche, die Welt mittels der Liebe zu verändern oder gar zu retten, als »hoffnungslos verlogen« anmuten[73] und in politischen Kitsch münden, greift sie das Konzept der Liebe andererseits auch in einer positiven Weise auf. Liebe ist insofern ein Gefühl, das unsere Zugehörigkeit zur Welt auch stärken kann. Anders gesagt: Es gibt eine Art von Liebe, die uns hilft, uns in der Welt zuhause zu fühlen. Arendts Terminus dafür ist *amor mundi*, anfänglich auch vorgesehen als Titel für das Buch, das später als *The Human Condition* berühmt wird.[74] Die Formel, die Arendt in diesem Kontext stets erneut gebraucht, entnimmt sie wiederum Augustinus, wiewohl nicht wörtlich, sondern in der Interpretation, die Heidegger gegeben hat: *amo, volo ut sis*. Sie bedeutet: »Ich liebe dich – ich will dich, wie du bist«; oder genauer: »Ich will, dass du bist, was du bist«; kurz: »Ich will, dass du bist (dass du existierst).« In diesem Sinne ist Liebe ein Gefühl der existenziellen Affirmation. Und in diesem Sinne ist sie, wie Arendt in ihrem *Denktagebuch* emphatisch behauptet, »die höchste Form der Anerkennung«. Liebe will den Anderen nicht besitzen oder beherrschen. Vielmehr ist sie eine Emotion und eine Haltung, vielleicht sogar die exemplarische Emotion und Haltung des Sein-lassens im Heidegger'schen Sinn. So gesehen enthält sie, wie Arendt in ihrem *Denktagebuch* nicht vergisst anzumerken, ein ästhetisches, von Kant vorformuliertes Element: In ihrer existenzialen Form ist Liebe ein »interesseloses Weltinteresse«.[75]

Während das ästhetische Element bei Arendt aber nur gestreift und nicht wirklich ernst genommen wird, greift Nussbaum in ihren Büchern und Aufsätzen ausführlich darauf zurück. Ein adäquater Umgang mit Gefühlen erfordert nämlich ihr zufolge, sie ästhetisch zu artikulieren. Das ist Nussbaums kennzeichnendster und intellektuell herausforderndster Punkt. Literatur (namentlich Marcel Proust) und Musik (die Oper) spielen diesbezüglich bei ihr eine wesentliche Rolle. Nussbaums Theorie laboriert gewiss an verschiedenen Schwächen. Sie schwankt, wie oben angesprochen, zwischen essentialistischer Definition und antiessentialistischer Deskription. Sie neigt dazu, schematisch zwischen »positiven« und »negativen« Gefühlen zu unterscheiden. Als positiv für eine liberal verstandene Demokratie beschreibt sie Mitfühlen (*compassion*) und Liebe, als negativ dagegen Angst, Neid und Scham,[76] statt diesen Gefühlen einen situativen, typisierenden und konstellativen Index zu geben. Mitgefühl etwa ist nicht immer eine normative Auszeichnung, und Scham ist, gerade im kollektiven, patriotischen Sinn, ein positives Element im Zusammenspiel mit Stolz.[77] Zuletzt zeigt Nussbaum auch eine Tendenz zur moralisierenden Politikberatung.

Aber in der ästhetischen, genauer der narrativistischen Ausweitung ihrer Theorie, ist Nussbaum meines Erachtens überzeugend. In dieser Ausweitung steckt eine differenzierende Selbstkritik am Kogitivismus in der Theorie der Emotionen. Nussbaum begreift Gefühle zunächst einmal ja selber als *judgements of value*. So ist das Gefühl der Furcht, wie schon Aristoteles beschreibt, mit der Überzeugung verbunden, dass etwas bevorsteht, was einen körperlich oder psychologisch, mit Blick auf das eigene Selbstverständnis, bedroht. Aber dieses kognitive Basiselement modifiziert Nussbaum unter zumindest drei Aspekten: Gefühle sind erstens, wie wir bei Kleinkindern und Tieren beobachten und in der Musik erfahren können, nicht notwendig an das Medium der Sprache gebunden und können sogar im Medium der Musik, vielleicht der Kunst allgemein, besser ausgedrückt werden; sie sind, zweitens, sozial und kulturell variabel, und sie sind, drittens und vor allem, narrativ strukturiert: Wir können ein Gefühl nicht (vollständig) verstehen, ohne seine Geschichte zu erzählen, und eben dies gibt narrativen

Kunstwerken eine zentrale Bedeutung im Prozess menschlicher Selbstverständigung.[78] Denn die beste, das heißt genaueste, vielfältigste, berührendste und alles in allem anregendste Art von Erzählung bietet die Kunst der Literatur.

Während Nussbaum allerdings den kognitiven Charakter von Emotionen immer wieder so stark betont, dass man nicht umhinkann, sie diesbezüglich als klar geschneiderte Kognitivistin einzuschätzen, lässt sich der narrative Charakter von Emotionen genauer begreifen, wenn man als entsprechend ausgearbeitete neuere Theorie diejenige von Christiane Voss hinzuzieht. Eine Emotion setzt sich demnach, kurz gesagt, aus vier Komponenten zusammen, nämlich der intentionalen, behavioralen, sinnlichen und hedonistischen Komponente. Die intentionale Komponente wird vor allem von den kognitivistischen Theorien hervorgehoben, die behaviorale bezieht sich auf körperlichen Ausdruck und begleitende Handlungen, die sinnliche Komponente ist die körperlich-perzeptive, während die eigens benannte hedonistische sich auf das Lust-Unlust-Gefühl bezieht. Zwischen den Komponenten können sich Wechselwirkungen abspielen – nervöse Magenkrämpfe können die Überzeugung verstärken, dass einem womöglich etwas Arges bevorsteht; umgekehrt lässt sich Nervosität vor einem Auftritt durch ruhiges Atmen zurückdrängen –, aber zu einer Einheit formen sich die Komponenten erst durch – im Rückgriff auf Paul Ricoeur – ein Narrativ. Ein Gefühl zu haben heißt, eine Erfahrung zu machen, etwas, das einem (passiv) widerfährt, (aktiv) zu deuten. Die Muster, die wir für diese Deutung nötig haben, liefern uns, von der antiken Tragödie und dem Epos über die Lyrik, den Roman, das Drama und die Oper bis hin zum Film, die erzählenden Künste. Sie sind der Ort, nun mit Ronald de Sousa gesprochen, für »paradigmatische Szenarien«, mit Kant gesprochen, für »exemplarische« Gültigkeit.[79]

Für eine ästhetische Artikulation von Gefühlen spricht schließlich neben dem narrativen noch das imaginative Element. Nussbaum kann sich diesbezüglich wiederum auf Aristoteles stützen, der in seiner *Poetik* an einer berühmten Stelle sagt, dass Literatur »philosophischer« ist als die Geschichtsschreibung, da diese nur beschreibt, »was geschehen ist«, während jene beschreibt, »was geschehen könnte«.[80] Was über die bloße Angabe von Fakten hinausgeht, was interpretiert und verstanden werden muss, um (zum Beispiel in einer historischen Erklärung) eingeordnet werden zu können, bedarf der Imagination. Nussbaum verweist diesbezüglich auch auf den Bereich des Rechts. Ein Richter, der sich zum Beispiel nicht vorstellen kann, was sexuelle Belästigung für eine Frau bedeutet, kann auch einen entsprechenden Gerichtsfall nicht beurteilen, das heißt, er kann weder eine Vorstellung von der allgemeinen Regel »sexuelle Belästigung« ausbilden noch angesichts eines gegebenen Falls beurteilen, ob er unter diese Regel fällt. Mit Kant gesprochen, verfügt er weder über einen richtigen Begriff noch über Urteilskraft.[81] Die Imagination im kognitiven Zusammenhang so stark hervorzuheben, verführt Nussbaum allerdings nicht dazu, diesem Erkenntnisvermögen einen Primat zuzusprechen. Imagination kann das, was wir im umfassenden Sinn Vernunft nennen, nicht ersetzen. Eine Richterin kann sich nicht ausschließlich auf ihr Vermögen verlassen, sich empathetisch-sympathetisch und ästhetisch sensibilisiert in den Standpunkt anderer zu versetzen. Auch gibt es Fälle von juristischer Eindeutigkeit, in denen dieses Vermögen nicht nötig ist. Imaginative Kompetenz, so kann man Nussbaum verstehen, ist also weder eine hinreichende noch eine notwendige Bedingung für ein angemessenes Urteil, aber in den meisten Fällen ist sie sehr wohl eine notwendige Urteilsbedingung. Auch in diesem Kontext ist Nussbaums Position allerdings nicht eindeutig. Einmal beschreibt sie den imaginativen Aspekt des Urteils als bloß mögliche Ergänzung der kognitiven und moralischen Aspekte (»often supplement the other aspects«), ein andermal betont sie emphatisch, dass man, um im umfassenden Sinn vernünftig zu sein (»to be fully rational«), auch über Imagination und Empathie oder Sympathie verfügen muss.[82]

Um deutlicher zu machen, worin ein angemessenes Urteil besteht, welchen Status dabei die Imagination einnimmt und inwiefern beides mit ästhetisch-literarischer Erfahrung verbunden ist, geht Nussbaum in diesem Kontext auch auf Adam Smith ein, genauer gesagt, auf dessen Konzept eines vernünftig urteilenden Zuschauers (*judicious spectator*). Es ist etwas verwirrend, dass Nussbaum dieses Konzept und nicht das des unparteiischen Zuschauers (*impartial spectator*) herausstellt. Sie scheint davon auszugehen, dass beide Konzepte dasselbe bedeuten, wiewohl man dagegen Zweifel vorbringen kann, denn das Prädikat *judicious* steht bei Smith meistens im Kontext von *prudence*, also von Klugheit, Besonnenheit und Umsicht, jener *phronesis*, die von Platon, Aristoteles und der Stoa wiederum unterschiedlich ausgedeutet wird, während das Prädikat *impartial* umfassender angelegt ist.[83] Klar aber ist, dass das Konzept des *judicious spectator* für Nussbaum aus zwei Gründen interessant ist, zum einen, weil es erlaubt, Gefühle, nachdem sie einen bestimmten Filter passiert haben, in die (moralische) Vernunft zu integrieren, zum anderen, weil es ein Vorbild in der Literatur hat. Zentral ist dabei die Figur des Zuschauers, denn sie befindet sich in einer Zwischenstellung: Einerseits nimmt sie nicht aktiv teil an einem Geschehen, steht also in einer Handlungsdistanz, andererseits ist sie interessiert an diesem Geschehen und folgt ihm mit Empathie, das heißt, sie kann sich vorstellen, wie das Geschehen auf die direkt Beteiligten wirkt oder vermutlich wirken muss, dies allerdings wiederum in dem Bewusstsein, dass man in Distanz zu den Beteiligten steht, in diesem Fall in körperlicher Distanz; sich an die Stelle eines Anderen zu versetzen, heißt eben, dass man nicht selber derjenige ist, in den man sich versetzt; dass man also auch nicht wirklich dasselbe durchlebt. Aber um zu beurteilen, ob das Verhalten der Beteiligten *angemessen* ist, reicht die empathische Imagination nicht aus, sondern muss, so Nussbaum, auch bei Smith ergänzt werden durch Vernunft und Urteilskraft. Die empathische Imagination des Zuschauers muss informiert sein durch die korrekte Sicht der Dinge (über die Fakten eines Vorfalls und ihre Bedeutung für die Akteure) und sie muss das exzessive Element einer Emotion herausfiltern und so aus der Betrachtung eines Geschehens heraushalten. »If my friend is grieving for the loss of a loved one, I will share his grief, but not, it appears, its blinding and disabling excess.«[84] Zur Illustration dieser Figur des *judicious spectator* verweist Smith immer wieder auf Literatur und Drama, denn als Leserin oder Leser eines Romans und als Zuschauerin oder Zuschauer eines Theaterstücks befindet man sich in einer Situation, die mit der eines Urteilenden in moralischen Angelegenheiten bestens vergleichbar ist. Empathie, Imagination und sachliche Vernunft sind hier wie dort gefordert, zugleich aber auch Handlungs- und Erfahrungsdistanz, im einen Fall gegenüber einer Fiktion, im anderen gegenüber einer aktualen Situation und einem anderen erfahrenden Subjekt. Lesen heißt insofern, sich auf angenehme, sozusagen halbdistanzierte Weise einzuüben in eine politisch folgenreiche moralische Haltung. Nur im Falle einer Emotion, nämlich derjenigen der leidenschaftlichen erotischen Liebe, trennen sich die Einschätzungen von Smith und Nussbaum. Während für Smith diese Art von Liebe dem *judicious spectator* nicht zuträglich ist, da sie auf Irrationalität und Exklusivität pocht, da sie also weder erklärt werden kann noch will, dreht Nussbaum dieses Argument um zugunsten der Narrativitätsthese: »Precisely *because* love is more mysterious than the other passions, precisely because we cannot easily catalogue the reasons for our loves, we look to narratives for the understanding we lack.« Mit Proust gesprochen dient ein (Liebes-)Roman Lesern und Leserinnen als »Vergrößerungsglas«, um durch die Beschreibung der Gefühle anderer sich selber besser, das heißt genauer zu verstehen.[85]

Adam Smiths Konzept des *judicious* oder *impartial spectator* bietet Nussbaums neoaristotelischer und neostoischer Philosophie der Moral und der Gefühle in dieser Hinsicht eine willkommene Brücke zur Ästhetik und zur Politik als der Organisation eines kollektiven guten Lebens. Es ist das (aufmerksame, vernunft- und empathiegeleitete) Betrachten und Wahrnehmen, das die Basis legt für ästhetisches Urteilen und moralisches sowie politisches Handeln. Dieser Zusammenhang ist es wert, auch deshalb genauer untersucht zu werden, weil Hume und Smith in der Tradition der schottischen Aufklärung des 18. Jahrhunderts ein eigenes und eigenständiges Theoriemodell für die intrinsische Verbindung von Kunst, Gefühl und demokratischer Politik bereitstellen.

2. Das Empathiemodell der Aufklärung

Das 18. Jahrhundert lässt sich philosophiegeschichtlich aus einer Doppelperspektive beschreiben. Einerseits steht es in kritischer Kontinuität zu den erkenntnistheoretischen und politisch-philosophischen Innovationen des 17. Jahrhunderts, die durch Descartes, Hobbes und Locke, am Ende auch durch Spinoza eingeführt worden sind. Andererseits ist die Diskontinuität unverkennbar, die epochenbildend mit dem Leitbegriff der Aufklärung benannt ist.

Die schottische Aufklärung bietet dafür vor allem in ihren Repräsentanten David Hume und Adam Smith einschlägige Belege. Es ist namentlich Hume, geboren 1711, dem in diesem Zusammenhang ein außerordentlicher Stellenwert zukommt. Sein *Traktat über die menschliche Natur* von 1739, das geniale Werk eines jungen Mannes, räumt mit den phantastischen Begriffsspielen der – trotz Descartes – immer noch scholastisch dominierten Metaphysik auf eine Weise auf, wie vierzig Jahre später nur noch Kant. »Mit Ausnahme der *Kritik der reinen Vernunft* hat dieses Werk die moderne europäische Philosophie wie kein anderes verändert.«[86] Den dritten Band des *Traktats* hat Hume umgearbeitet und 1751 als *Untersuchung über die Prinzipien der Moral* publiziert. In seiner Moralphilosophie zeigt sich deutlich, was ihn mit der älteren Tradition der schottischen Aufklärung, mit Lord Shaftesbury (1671–1713) und Francis Hutcheson (1674–1746) verbindet, aber auch, was ihn zusammen mit ihnen vom 17. Jahrhundert, hier der Anthropologie von Hobbes, trennt. Ein zentrales verbindendes Element ist dabei die Affinität zwischen Ethik und Ästhetik, zwischen der Wertschätzung von Tugend und dem Geschmack für das Schöne, die sich beide gleichermaßen als Ausdruck von Gefühlen erweisen. Da in dieser Tradition die sozialen Tugenden als die höchsten angesehen werden, lässt sich hier erneut der interne Zusammenhang von Gefühl, ästhetischer Erfahrung und sozialer Gemeinschaft studieren.

Von der Schönheit der Tugend: David Hume

Das Diktum, das Humes Philosophie auf den Punkt zu bringen scheint, wirkt bis heute als Provokation: Vernunft ist die Sklavin der Leidenschaften und soll es sein.[87] Die Ausdrücke »Vernunft« (*reason*) und »Leidenschaften« (*passions*) sind hier zumal für deutsche Leser und Leserinnen in der nachkantischen Tradition missverständlich. Eine angemessenere und schon deshalb weniger provokativ wirkende Fassung des Diktums müsste eher lauten: Der Verstand – die bescheidene, erfahrungswissenschaftliche Vernunft – ist abhängig von den Gefühlen, denn bloße Verstandeseinsichten sind nicht handlungsmotivierend, und er *soll* überdies von den Gefühlen abhängig sein, weil er auf sich selbst gestellt keine Werte, auch keine moralischen Werte, erkennen kann; ob eine Handlung, etwa ein Diebstahl, moralisch gut oder schlecht ist, können wir nicht durch äußere Wahrnehmung und Verstandeslogik erkennen, sondern nur durch ein Werturteil, das wiederum Gefühle voraussetzt.

So also lautet die Kurzform[88] der Hume'schen Auffassung von Vernunft und Moral. Gefühle sind demnach eine notwendige Bedingung für moralisches Urteilen, denn ohne Gefühle können wir eine Handlung nicht als moralisch gut oder schlecht bewerten. Damit kann man freilich nicht den Anspruch erheben, dass Gefühle auch eine zureichende Bedingung für moralisches Urteilen seien, denn in diesem Fall müssten sie zugleich die Grundlage sein für *richtiges* moralisches Urteilen. Zu dieser Grundlage bedarf es nicht nur der Gefühle, sondern auch des Verstandes, und der vermittelnde Begriff zwischen beiden ist »Geschmack« (*taste*).

Wiewohl Hume also zwei gute Gründe dafür gibt, in welcher Hinsicht die moralische Vernunft abhängig ist von den Gefühlen, betont er in bestimmter Hinsicht auch ein umgekehrtes Abhängigkeitsverhältnis. Was zunächst die eine Seite dieses Verhältnisses betrifft – Gefühle als notwendige Bedingung moralischen Urteilens –, kann Hume unter der Voraussetzung eines teleologischen Handlungsbegriffs, also unter der Voraussetzung, dass eine Handlung eine Mittel-Zweck-Relation darstellt, darauf verweisen, dass die Vernunft bzw. der Verstand darüber informiert, welche Mittel zu welchem Zweck führen, aber nicht darüber, welche Zwecke den Vorzug genießen sollten. Diese Frage können nur die Gefühle beantworten, letztlich, so Hume im Rückgriff auf eine lange philosophische Tradition, das Gefühl der Lust oder Unlust. Beispielhaft exerziert er dies an jemandem durch, der Sport treibt. Fragt man ihn, warum er das tut, wird er wahrscheinlich antworten, dass er es der Gesundheit wegen tut. Fragt man weiter, warum er seine Gesundheit erhalten wolle, wird die Antwort wahrscheinlich sein, dass er Krankheit vermeiden wolle, denn sie sei unangenehm und schmerzhaft. Fragt man schließlich, warum er Unangenehmes und Schmerzhaftes vermeiden wolle, treibt man die Warum-Frage also ad infinitum, wird er keine weitere Begründung mehr anführen können als die, dass er wie jeder andere Mensch am Ende etwas um seiner selbst willen wolle (»on its own account«), und das seien eben angenehme Empfindungen. »The ultimate ends of human actions can never, in any case, be accounted for by reason.«[89] Was wir im weitesten Sinn des Wortes als eine Tugend oder als ein Laster ansehen, hängt dementsprechend davon ab, ob wir bei der wertenden Wahrnehmung einer Handlung durch ein Gefühl der Lust oder Unlust geleitet werden.

Andererseits macht Hume in seiner moralphilosophischen Abhandlung sehr deutlich, dass auch die Vernunftposition solide Argumente auf ihrer Seite hat. Er neigt daher zu der Vermutung, »that reason and sentiment occur in almost all moral determinations and conclusions«, wobei »sentiment« sowohl körperliche Gefühle (*feelings*) oder Empfindungen (*sensations*) als auch Gedanken, Meinungen und Urteile umfasst.[90] In beinahe allen moralischen Beurteilungen, so kann man übersetzen, treten analysierend-schlussfolgernder Verstand und affektiv grundierte Überzeugung zusammen auf. Mit Hilfe des Verstandes analysieren wir bei moralischen Überlegungen die Umstände einer Handlung und die Situation der beteiligten Personen, wir vergleichen sie mit früheren oder ähnlichen Handlungen und ziehen entsprechende Konsequenzen, aber der wertende Akt verläuft nicht so, dass vom Bekannten auf ein Unbekanntes, von den bestehenden Teilen und ihren Beziehungen zueinander auf ein Ganzes geschlossen wird, sondern umgekehrt so, dass das Ganze schlagartig evident wird, »obvious to the eye.«[91]

Der Streit um Wertstandards

Der Kontext, in dem Hume diese Argumentation vorstellt, ist dezidiert ästhetisch. Denn die Behauptung, dass die Vernunft, wie auch das Gefühl (*sentiment*), zwar notwendig, aber nicht zureichend ist für moralisches Urteilen, belegt Hume im ersten Appendix seiner moralphilosophischen Schrift durch mehrere Argumente, von denen dasjenige am überzeugendsten erscheint, das eine starke Analogie zwischen moralischem und ästhetischem Urteilen herausstellt. In beiden Fällen hat man es demnach mit komplexen Objekten zu tun, mit Verhältnissen von Proportion, Relation und der Position von Teilen in einem Ganzen. Hume verweist auf die Architektur von Andrea Palladio oder von Charles Perrault, der unter anderem an der Erbauung des Schlosses in Versailles beteiligt war (und in der berühmten *Querelle des anciens et des modernes* an der Wende vom 17. zum 18. Jahrhundert zum Befürworter des Modernismus wurde). Auch die Reden Ciceros dienen ihm als Beispiel. Die Schönheit dieser Architektur oder dieser Reden zu beurteilen, gelingt allerdings nicht, wenn man mit Hilfe des Verstandes sich auf die Proportionen und Relationen der Elemente konzentriert. Vielmehr muss einem intellektuell das Ganze präsent sein. Das ästhetische wie analog das moralische Urteil ist, anders gesagt, ein Evidenzurteil. Evident ist, was sich zeigt und was man unmittelbar einsieht. So drückt es später die Phänomenologie in der Nachfolge Husserls aus. In der Evidenz kommt etwas direkt, ohne die Zwischenglieder des Schlussfolgerns, zur Präsenz. Man nimmt etwas wahr, wie es – für die Wahrnehmung, nicht für die Erklärung – ist. Zentral ist die allein am Wahrnehmbaren ausgerichtete Wahrnehmung. Der Geschmack (*taste*), so fasst Hume zusammen, »gives the sentiment of beauty and deformity, vice and virtue«, während der Verstand (*reason*) »conveys the knowledge of truth and falsehood«; der eine ist ein kreatives (»raises a new creation«), der andere ein entdeckendes Vermögen (»discovers objects«); der eine wirkt durch den Bezug auf Lust und Unlust handlungsmotivierend, der andere (»being cool and disengaged«) nicht.[92]

Es ist die Analogie zwischen moralischem und ästhetischem Urteil, die Humes Essay »Of the Standard of Taste« von 1757 zusätzliche Relevanz verleiht. Auf dem Gebiet der Ästhetik ist dem Essay, wie man zunächst ja konstatieren muss, kein großer Einfluss beschieden. Humes Zeitgenossen, Adam Smith, Burke und Kant, reagieren darauf, aber dann bleibt er bis in unsere Gegenwart nahezu vergessen, zumindest erweist er sich nicht als inspirierend für kreative Fortschreibungen. Das hat gewiss damit zu tun, dass der Essay in seiner Knappheit im Wesentlichen für das stehen muss, was man ausgreifend Humes Ästhetik nennen kann. Essays wie »Of Tragedy«, »Of the Delicacy of Taste and Passion« und einige andere wären hinzuzufügen. Sie können selbstverständlich nicht annähernd das systematische Gewicht derjenigen Schriften erreichen, die mit dem *Traktat*, der moralphilosophischen Abhandlung und der *Geschichte Englands* vorliegen.[93] Darüber hinaus versucht der Essay seiner Form nach, ganz im Sinne des 18. Jahrhunderts, die Mitte zu halten zwischen strenger, hoch spezialisierter Philosophie und dem leichten Konversationston des geselligen bürgerlich-aristokratischen Lebens. Es ist nicht seine Absicht, ein neues System zu begründen, sondern den zwingenden Charakter guter Gründe in zwangloser Manier zu gebrauchen, um neue Gedanken, interessante Diskussionen und anregende Gespräche zu ermöglichen. Inhaltlich hat der randständige Status schließlich damit zu tun, dass Hume seine Ansichten zu Schönheit und Kunst allesamt von seinen Vorgängern übernimmt, von seinen schottischen Kollegen Shaftesbury und Hutcheson, von Joseph Addison, dem Essayisten und Mitbegründer der literarisch-moralischen Wochenschrift *Tatler* (1709) und der Tageszeitung *The Spectator* (1711), und vor allem von Jean-Baptiste Dubos, der 1719 seine *Réflexions critiques sur la poésie et sur la painture* vorlegt, ein Buch, das das Europäische Denken über die Künste für die nächsten fünfzig Jahre dominiert[94] und heute, wie Humes Essay, nur noch ideengeschichtlich interessant erscheint.

Hume versucht in dem Essay zu zeigen, dass es im Bereich des Ästhetischen einen Maßstab (*standard*) gibt, der es erlaubt, zwischen gut und schlecht, angemessen und nicht angemessen zu unterscheiden. Seine Ausgangsposition ist dabei insofern anregend – und Kant wird sie später auf seine Weise ausführen –, als er in die Position des Subjektivismus eine wichtige Unterscheidung einführt. Ontologisch nämlich, wenn es also um das Sein der Werte geht, stellt Hume sich ganz auf die Seite des Subjektivismus, den er in dem obigen Zitat unter dem leitenden Begriff der Erfindung (*creation*) vorstellt, während Entdeckung (*discovery*) dem verstandesgeleiteten Objektivismus zugehört. So wiederholt er im Essay über den Geschmack die entsprechende These, dass jedes Gefühl recht hat, denn es bezieht sich nicht auf ein Außen, etwas außerhalb seiner selbst, wie das wahre Aussagen tun müssen. Zu seinen Gefühlen hat jedes einzelne Subjekt einen privilegierten Zugang.

Doch dem ontologischen entspricht kein erkenntnistheoretischer Subjektivismus. Schönheit und Tugend existieren lediglich in der Betrachtungsweise derjenigen, die Objekte (Dinge oder Charaktere) betrachten, aber das heißt nicht, dass ein ästhetisches oder moralisches Werturteil lediglich von subjektiver Geltung sei. Wie später Kant in der *Kritik der* Urteilskraft argumentiert Hume vielmehr als Intersubjektivist. Man sollte demnach in ästhetischen Angelegenheiten nicht nur auf seine eigenen Gefühle vertrauen, sondern durchaus den Anspruch erheben, auf die Gefühle anderer mehr oder weniger überzeugend einwirken zu können.[95] Das Evidenzurteil eines Subjekts ist von dem eines anderen Subjekts nicht durch eine Kluft getrennt wie eine (bloße) Meinung von einer anderen. Es wird vielmehr eingespeist in einen argumentativen Meinungsaustausch, dessen Ziel es wiederum ist, die Wahrnehmung des ästhetischen Objekts auf Seiten des Gesprächspartners zu verändern: »Ah, jetzt sehe ich, was du meinst!« Ästhetische Urteile sind immer auch Wahrnehmungsurteile, und in diesen übernehmen indexikalische oder deiktische Ausdrücke (wie »dies«, »hier« und »jetzt«) sowie Prädikatoren (wie »rot«, »dreckig« oder »schweben«) eine Begründungsfunktion, indem sie exemplarisch eingeführt werden[96]: Was »schweben« bedeutet, kann man sich gewiss durch eine Definition klarmachen wie: »sich in der Luft im Gleichgewicht halten, ohne zu Boden zu sinken«, aber Evidenz erhält es, wenn man es sieht. Wie im Verhältnis zwischen Gefühl und Verstand (*reason*), gilt auch im Verhältnis von Evidenz und Argumentation, dass keine Seite für sich genommen hinreichend ist, um Erkenntnis zustande zu bringen, sondern dass dazu beide Seiten notwendig sind.

Hume zählt fünf Bedingungen auf, um im weitesten Sinn überzeugend auf die ästhetischen Gefühle anderer einwirken zu können.[97] Es sind Konstitutionsbedingungen ästhetischer Subjektivität. Solange sie nicht erfüllt sind, bleibt es im Bereich der Ästhetik unrettbar bei dem alten Gemeinspruch, dass man über Geschmack nicht streiten könne. Um ein geeignetes Gefühl für Schönheit zu haben (»the proper sentiment of beauty«), bedarf das wahrnehmend-erfahrende Subjekt demnach, erstens, einer Feinheit der Einbildungskraft (»delicacy of imagination«) oder Sensibilität (»sensibility«). Hume veranschaulicht dies durch jene Anekdote aus *Don Quichote*, nach der zwei Mitglieder aus der Weinkennerfamilie des Sancho Panza, als sie einmal einen Wein beurteilen sollten, diesen als hervorragend bezeichneten, der eine allerdings hinzufügte, dass da ein leichter Ledergeschmack, der andere, dass da ein leichter Eisengeschmack zu bemerken sei. In der Tat fand sich später auf dem Boden des Weinfasses ein alter Schlüssel an einem Lederband.

Hume benutzt die Analogie zum Sinnengeschmack, um auch für den ästhetischen, überhaupt den »geistigen« Geschmack (»mental taste«) Sensibilität als erste Bedingung zu fordern, eine Forderung, die ihn sogar zu einer (letztlich allerdings ungeklärten) Korrektur seines ontologischen Subjektivismus zwingt, denn es sind doch Eigenschaften (»qualities«) in den Gegenständen, die solche ästhetischen Empfindungen (»feelings«) hervorrufen.

Als weitere Bedingung führt Hume die Übung (»practice«) oder Erfahrung (»experience«) an, den unleugbaren Tatbestand, dass ein Urteil in einer Sache – und zwar nicht nur einer ästhetischen Sache – umso sicherer wird, je mehr praktische Erfahrung hinter dem Urteil steht. Je mehr Romane jemand gelesen, je mehr Gemälde er oder sie betrachtet hat, desto mehr ist ihr Urteil erfahrungsgesichert. Als interessierter Amateur ist man dann gerne bereit, dieses Urteil als das einer belesenen, gebildeten, erfahrenen Person zu akzeptieren oder wenigstens zur Kenntnis zu nehmen. Die dritte Bedingung, nämlich Vergleiche ziehen zu können, ist eine Implikation der praktischen Erfahrung. Man kann ein Werk, allgemeiner ein einzelnes Objekt, nur begutachten, indem man es mit anderen vergleicht, das heißt, indem man es in eine vielfache Beziehung setzt zu den vielen anderen Objekten, mit denen man vertraut ist. Sensibilität der Wahrnehmung, praktische und komparative Erfahrung, also die ersten drei Bedingungen ästhetischer Subjektivität, helfen allerdings nicht, wenn sie, viertens, durch Vorurteile geleitet werden. Auch in diesem Kontext wird deutlich, dass Hume der falschen epistemologischen Schlussfolgerung aus seinem ontologischen Subjektivismus entgegenwirken will. Denn nichts soll Gegenstand der Betrachtung werden als das Objekt selber (»the very object«), und dies gelingt nur, um es in moderner Terminologie zu reformulieren, durch eine Dezentrierung der Subjektivität und ihrer sedimentierten Ideologien. Um ein Kunstwerk zu verstehen (angemessen aufzufassen), muss man sich in seine Perspektive versetzen (»placing himself in that point of view which the performance supposes«). Dieser radikale Perspektivenwechsel ist konstitutiv für ästhetische Subjektivität, ja für alle Formen des intellektuellen Urteilens. Deshalb fügt Hume als letzte Bedingung die des gesunden Verstandes (»good sense«) hinzu, denn diesem obliegt es, den Einfluss des Vorurteils auf allen Ebenen des Denkens zu überwachen (»to check«). In dieser Hinsicht gewinnt die Vernunft (»reason«) wieder an Bedeutung, die Klarheit des Vorstellens (»clearness of conception«), die Genauigkeit des Unterscheidens (»exactness of distinction«), so dass Hume am Ende behaupten kann, dass einen richtigen Geschmack zu haben, heiße, auch einen gesunden Verstand (»sound understanding«) zu besitzen.

Hume ist sich bewusst, dass diese Bedingungen ästhetischer Subjektivität, die Bedingungen dafür, ein angemessenes ästhetisches Urteil fällen zu können, nur bei wenigen Menschen verwirklicht sind. Der wahre Maßstab für Geschmack und Schönheit (»the true standard of taste and beauty«) ist daher das vereinte Urteil (»joint verdict«) all jener, die tatsächlich über die Bedingungen ästhetischer Subjektivität verfügen. Es sind dies jene Menschen, die über Sensibilität, praktische und vergleichende Erfahrung, Vorurteilsfreiheit und gesunden Verstand verfügen. Sie bilden den Typus der wahren Kunstkritik (»criticism«). Der Maßstab in Sachen der Ästhetik ist also das intersubjektive Resultat qualifizierter Subjekte. Er obliegt – hier wie in anderen Zusammenhängen – Experten, jenem Kreis von Menschen, die sich ihre Expertise durch erfahrungsbasierte Kenntnis erworben haben. Zweifellos ist er relativ zu diesem Kreis, aber Hume betont, dass er nicht nur möglich, sondern auch notwendig ist. Möglich ist er nicht nur, weil wir zum einen von allen, die dem Expertenkreis angehören möchten, mit guten Gründen fordern können, dass sie sich den angegebenen Bedingungen unterstellen, und zum anderen empirisch darauf verweisen können, dass der Wertstandard sich sogar über Zeiten und Kulturen hinweg einspielen kann; Michelangelo gilt nicht nur seinen Zeitgenossen als genialer Künstler, und an Mozarts Musik erfreuen sich Japaner im 21. Jahrhundert ebenso wie die Wiener im ausgehenden 18. Jahrhundert. Möglich ist der Wertstandard auch, wie Hume schließlich als Anthropologe – und weitaus weniger überzeugend – meint, weil die allgemeinen Leitsätze des Geschmacks (»the general principles of tast«) der menschlichen Natur entsprechend einheitlich sind (»are uniform in human nature«).[98] Notwendig aber ist er, weil es ohne ihn, ohne eine allgemein leitende Konvention, kein Verständnis einer Sache und kein wechselseitiges Verständigen geben kann. Streit in ästhetischen Dingen setzt zwingend voraus, dass es gemeinsam geteilte Wertstandards gibt, wie auch immer sie im Einzelnen aussehen mögen.[99] Die Wertstandards selber aber kommen durch nichts anderes zustande als durch den Streit selber. Mit diesem Zirkel – man kann ihn im Anschluss an Habermas den Zirkel der Moderne nennen[100] – müssen die Streitenden, die Kinder der Moderne überhaupt, lernen umzugehen.

Sympathie und gerechter Zuschauer

Die Bedingungen ästhetischer Subjektivität, so scheint es, sind mehr oder weniger auch Bedingungen moralischer Subjektivität. Für ein richtiges moralisches Urteil benötigen wir gewiss Sensibilität der Wahrnehmung und Vorurteilslosigkeit; darüber hinaus ist es immerhin förderlich, über Erfahrung und Vergleiche und schließlich auch über so etwas wie gesunden Menschenverstand zu verfügen. Gleichwohl gibt es ein Element, das Hume für die Moral und die Natur des Menschen als zentral erachtet, im Rahmen seiner ästhetischen Überlegungen aber nicht erwähnt: das Element der Sympathie. Was Ethik und Ästhetik bei Hume miteinander verbindet und voneinander trennt, lässt sich diesbezüglich noch einmal verdeutlichen.

Anzugeben, wie Hume Sympathie (*sympathy*) definiert und ob er dies vom *Traktat über die menschliche Natur* bis zur moralphilosophischen Abhandlung konsistent tut, erscheint schwieriger, als man von einem an Klarheit interessierten Autor erwarten könnte. Als wesentliches Kennzeichen aber darf man ihre emotional kommunikative Kompetenz herausstellen. Sympathie ermöglicht und reguliert als »easy communication of sentiments« die Mitteilung von Gefühlen und Werturteilen in sozialen und moralischen Zusammenhängen.[101] Sie meint Mitgefühl, ein Gefühl, das durch Mitteilung, durch Teilung mit Anderen, entsteht. Ontologisch ausgedrückt, besteht das Mitgefühl im Sein mit Anderen; es *ist* Sein mit Anderen. Ideengeschichtlich verweist diese Konzeption auf die noch bei Shaftesbury wirksame antike und neuplatonische Metaphysik und Kosmologie, nach der Naturphänomene und Planeten untereinander in einem sich kontinuierlich verbindenden Zusammenhang bestehen. Auch bei Hume weist die menschliche Natur trotz aller Mannigfaltigkeit und Unterschiedlichkeit einen universalen Maßstab auf, aber er führt ihn in der bekannten empiristischen und ansatzweise naturalistischen Grundhaltung zurück auf psychologische und sozialphilosophische Beobachtungen und Erkenntnisse. Für das Prinzip der Sympathie bedeutet dies, dass Hume es als die soziale Ausformung des bei ihm grundlegenden psychologischen Assoziationsprinzips begreift. Er dehnt es letztlich aus zu einem Vergesellschaftungsprinzip.[102]

Und hier kommt, über das Mittelglied der Einbildungskraft, die Ästhetik wieder ins Spiel. Denn das Mitgefühl ist, genauer gesagt, imaginiertes Sein mit Anderen. Assoziieren wir Hume zufolge Vorstellungen, Gedanken oder Ideen, indem wir sie anordnen nach dem Prinzip der Ähnlichkeit (eine Vorstellung gleicht einer anderen), der zufälligen Begegnung (eine Vorstellung trifft auf eine andere) oder der Kausalität (eine Vorstellung ist Ursache einer anderen), so übernimmt im Falle der Sympathie die Imagination die konstitutive Funktion. Sympathie ist »nothing but a lively idea converted into an impression«.[103] Von Anfang an ist im *Traktat* die Unterscheidung zwischen zwei Formen der Perzeption (Wahrnehmung, Fühlen, Denken) leitend, zwischen *idea* (Idee, Vorstellung) und *impression* (unmittelbarer Sinneseindruck). Mit ihr verbindet Hume die plausible These, dass die Idee eine gegenüber dem unmittelbaren Eindruck schwächere Form der Perzeption ist. Um einer Idee die Kraft eines unmittelbaren Eindrucks zu verleihen, bedarf es des Vermögens der Imagination, das im Deutschen die Kraft des Einbildens und Vorstellens wörtlich zum Ausdruck bringt. Die Verwandlung (*conversion*) von einer bloßen zu einer lebhaften (*lively*) Idee bzw. in einen starken Eindruck ist die Leistung der Einbildungskraft. Das aber heißt: Mitgefühl ist, wie in der Folge auch bei Adam Smith, eine Leistung der Einbildungskraft. Sie ist in psychologischer und neurowissenschaftlicher Terminologie vor allem eine »high level empathy«, nicht lediglich eine »low level empathy or mirroring«.[104] Sie ist nicht bloß eine körperlich-spontane Reaktion in der Art, wie Zuschauerinnen und Zuschauer in unwillkürlichen körperlichen Bewegungen auf die eines Seiltänzers reagieren, als müssten sie selbst auf dem Seil die Balance halten, also eine Art von Mimikry; sie ist auch nicht bloß emotionale Ansteckung nach dem Muster eines »ansteckenden« Lachens oder Hustens; sondern sie ist auch und vor allem eine kognitiv gesehen höherstufige Leistung der Imagination. Für Hume ist *sympathy*, Mitgefühl oder – wie man heutzutage bevorzugt sagt – Empathie kein reiner Prozess des Erkennens der »mentalen Zustände« einer anderen Person, sondern ein Nachempfinden von deren Gefühlen. Sie ist direkte, evidenzbasierte Wahrnehmung der Zustände des Anderen, vor allem der Gefühle, die sich durch Imagination entfaltet, das heißt an Detailliertheit und Ausdruckskraft, mit einem Wort: an Lebendigkeit gewinnt.

Der Bereich der Kunst, vor allem der Tragödie und der Rhetorik, bietet anschauliche und herausfordernde Vorbilder für diese epistemische Konversion. Denn eine Tragödie oder eine öffentliche Rede zeigen uns Handlungen und Charaktere, die unbehagliche und beunruhigende Gefühle (*uneasiness*) hervorrufen. Hume verweist auf Othellos Eifersucht oder die von Cicero gegeißelten Grausamkeiten des Gaius Verres, des römischen Statthalters der Provinz Sizilien zur Zeit des Sklavenaufstands des Spartacus. Gefühle dieser Art können erst dann Sympathie und sogar Vergnügen bewirken, wenn sie nach gewissen ästhetischen oder rhetorischen Darstellungsregeln transformiert (*converted, transformed*) worden sind.[105] Die Kunst verfährt mit Gefühlen also nach eigenen, spezifischen Regeln, die nicht ohne weiteres auf moralische Zusammenhänge übertragbar sind. Aber sie ist ein exponierter Bereich der Transformation von Gefühlen sowie der imaginativen Verlebendigung und motivationalen Aufladung jener Idee, jenes ideellen Gefühls, das man Mitgefühl, *sympathy* oder Empathie nennt.

Bezüglich des universalen Anspruchs des Mitgefühls führt Hume des Weiteren eine folgenreiche Konzeption ein. In alltagspraktisch-moralischer Hinsicht ist nämlich offenkundig, dass das Mitgefühl sich nicht auf alle Menschen gleichermaßen richtet, sondern Abwandlungen (*modifications*) aufweist. Menschen haben aus verständlichen sozialpsychologischen und kulturellen Gründen mehr Mitgefühl mit denen, die ihnen nahestehen, als mit fernstehenden, mit Freunden zunächst einmal mehr als mit Fremden, mit Landsleuten mehr als mit Ausländern. Dennoch wertschätzen sie bestimmte moralische Eigenschaften unabhängig davon, »in China wie in England«, und diese Perspektive nennt Hume – allerdings nur einmal – die des vernünftigen, urteilsfähigen oder »gerechten Betrachters« (*judicious spectator*).[106]

Mit dieser Konzeption versucht Hume einen klassischen Streit in der Philosophie zu entschärfen. Der Position des philosophischen Altruismus, die für ihn durch Shaftesbury und Hutcheson lebendig ist, steht demnach die des philosophischen Egoismus gegenüber, die eindringlich durch Hobbes repräsentiert ist, religiös aber auch durch die calvinistisch-christliche Doktrin, dass die Menschennatur verderbt und auf das Gute nur gerichtet sei, weil es ein belohnendes oder strafendes Leben nach dem Tod gebe. Hume lässt beiden Positionen ein gewisses Recht, indem er sie auf verschiedene Wirkbereiche verteilt. Im Bereich von Primärgruppen, dem Nahbereich von Familie, Verwandtschaft, Freunden und Nachbarschaft, ist der Altruismus im Recht; hier zeigt sich der Mensch von Anfang an als ein soziales, nicht primär am Egoismus ausgerichtetes Wesen. Im Bereich großer Sozialverbände und der damit gegebenen Sphäre der Öffentlichkeit ist demgegenüber der Egoismus im Recht, denn hier basiert das Motiv des Einzelnen, die öffentliche Moral zu akzeptieren, auf dem Wissen, dass es ihm, etwa in der Möglichkeit eines geregelten Warentauschs, Vorteile bringt. Freilich verändert Hume mit seiner moralphilosophischen Abhandlung die Akzentsetzung, indem er an die psychologisch interessante Motivationsthese die soziologisch interessante und philosophisch an die Stoa angelehnte These anschließt, dass es zu den Auswirkungen der erweiterten sozialen Kontakte gehört, die altruistischen Verhaltensweisen aus der Erfahrung der Primärgruppe auszuweiten. Die Achtung vor dem Gesetz, die sich die Menschen im erweiterten Sozialbereich um des eigenen Vorteils willen auferlegen, wird dann im Laufe der Zeit so natürlich, dass man ihren Pflichtcharakter vergisst. Hume rechnet mit einer »sekundären Moralisierung der Rechtsordnung«, die durch Erziehung, also Gewöhnung und Habitualisierung, zustande kommt. Er baut auf eine »nachholende Fundierung des Rechts durch eine nach und nach eingewöhnte Tugend der Gerechtigkeit«.[107] Die Fundierung des Rechts und universalistischer Normen wird in dem Sinne nachgeholt, dass sie nicht aus Rechtfertigungen, sondern aus Gewöhnung besteht. Handlungsnormen gelten demnach in einem ersten Schritt, weil sie mit Strafandrohung und anderen unerwünschten Konsequenzen verknüpft sind, in einem zweiten Schritt aber, weil sie verinnerlicht und zu einem Habitus geworden sind.

Auch in diesem Zusammenhang übernimmt die Ästhetik eine wichtige, nämlich modellierende Funktion. Denn das Modell für eine gelingende Internalisierung der Moral liefert die Verfeinerung der guten Sitten, wie sie in höfisch-aristokratischen und bildungsbürgerlichen Kreisen der Aufklärung gepflegt wird.[108] Das Schickliche und Lustvolle, Pflicht und Neigung stehen sich hier nicht mehr gegenüber. Ästhetik und Ethik, das Schöne und die Tugend sieht Hume von Anfang insofern als analog zueinander, als ihre wertschätzende Wahrnehmung evident ist. Diese Evidenz gilt umso mehr, wenn beide Bereiche in den ›schönen Sitten‹ verschmelzen. Dann gipfelt die Internalisierung in einer Ästhetisierung der Moral.

Freilich muss man am Ende konstatieren, dass dieses Internalisierungskonzept nicht unberechtigt sowohl begründungslogische als auch ideologiekritische Zweifel auf sich zieht. Humes Argumentation für den philosophischen Altruismus im Namen der *sympathy* muss zugestehen, dass auch die egoistische Gegenposition gute Argumente auf ihrer Seite hat, ja dass der Altruismus nicht interesselos auftreten kann, sondern sich als »aufgeklärter Egoismus« begreifen muss, der weiß, dass er nicht mönchisch rein von aller Selbstliebe sein kann.[109] Auch muss Hume sich dem Einwand stellen, dass seine Argumentation für einen universalen, unparteiischen Standpunkt im Namen des *judicious spectator* einem »Zirkelschluss« folgt, wenn einerseits die Rechtsordnung, die auferlegte Achtung vor dem Gesetz, die Tugend der Gerechtigkeit in einem Gewöhnungsprozess hervorbringen soll, andererseits sie diese Tugend aber schon voraussetzen muss.[110] Für diese Voraussetzung kann Hume nur auf die Primärgruppen von Familie, Freunden und Nachbarn verweisen, innerhalb deren die Tugend der Gerechtigkeit ihre keimhafte Ausformung erhält, um dann auf die Allgemeinheit ausgedehnt zu werden. Die ästhetische Internalisierung schließlich lässt sich in der Tradition von Max Weber, Norbert Elias und Michel Foucault als Subjektivierung im Modus von Disziplinierung begreifen, als eine Form von Herrschaft, die die Beherrschten durch Selbstbeherrschung zu Subjekten macht. Im Sinne von Althussers Ideologiekonzept gesprochen, unterstellt sich das Subjekt von alleine der Herrschaft, ohne politischen Zwang.[111] Die ästhetische Verfeinerung dieser Disziplinierung zu dem, was man guten Geschmack, Takt und Stil nennt, wäre dann ein besonders erfolgreiches Mittel, um Herrschaft auszuüben.

Es bleibt also Vorsicht geboten gegenüber Versuchen, den Stellenwert der Gefühle und des Ästhetischen moralphilosophisch zu überdehnen. Dennoch ist Hume hilfreich dafür, bestimmte Aspekte im Verhältnis zwischen Gefühl, Moral (gesellschaftliches Zusammenleben) und Ästhetik herauszustellen: Gefühle als notwendige Bedingung moralischen Urteilens; Geschmack als vermittelnde Ebene zwischen Gefühl und Vernunft; die Analogie zwischen ästhetischem und moralischem Werturteil hinsichtlich der Evidenz; Intersubjektivität als Basis der Mitteilbarkeit von Gefühlen; der ästhetische Maßstab als Resultat des intersubjektiv gewonnenen Urteils qualifizierter Subjekte; der damit eröffnete begründungslogische Zirkel der Moderne im Streit; *sympathy*, Mitgefühl oder Empathie als ein Gefühl, das durch Einbildungskraft entsteht, durch die Kunst geschult wird und als Vergesellschaftungsprinzip wirkt; schließlich die Idee des *judicious spectator* als universalistisches Regulativ.

Die Rüstung ablegen: emotionale Teilnahme bei Adam Smith

Im Jahr 1759, zwei Jahre nach dem Erscheinen von Humes kleiner Schrift über den Maßstab des Geschmacks, erscheint *Die Theorie der ethischen Gefühle*, das Buch, das Adam Smith, den jungen Professor für Philosophie an der Universität Glasgow und engen Freund des etwas älteren Hume, rasch einen Namen verschafft. Das erste Kapitel trägt den Titel »Über Sympathie«. Das erste Kapitel des Buches, das Smith später, 1776, berühmt macht, *Über den Wohlstand der Nationen*, trägt den Titel »Über Arbeitsteilung«. Der einfache Schluss, den man mit David D. Raphael, dem Mitherausgeber der Glasgow Edition der *Theory of Moral Sentiments*, daraus ziehen kann, lautet: Wie nationaler Wohlstand auf Arbeitsteilung gründet, gründen ethische Gefühle auf Sympathie.[112] Der Vergleich der beiden Bücher liegt aber noch aus einem anderen Grund nahe. Die Rezeptionsgeschichte sieht für das Verhältnis, in dem beide zueinander stehen, grundsätzlich nämlich drei Möglichkeiten vor: Es gibt, erstens, einen schlichten Widerspruch zwischen beiden

Positionen; Smith gibt, zweitens, seine Theorie der Moral heimlich zugunsten des amoralischen, allzeit seinen Nutzen maximierenden *homo oeconomicus* auf; oder die Theorie der Moral ist, drittens, die Voraussetzung für die Theorie der Ökonomie: ökonomisch-liberale Politik funktioniert nicht ohne moralische Basis, ohne Tugenden wie etwa die von Ehrlichkeit und Verlässlichkeit.[113]

Auf einer Linie mit seinem Lehrer Hutcheson und seinem Freund Hume vertritt Smith die Überzeugung, dass Ethik nicht auf einer verstandesmäßig klar analysierenden Vernunft, sondern auf Gefühlen beruht. Einen originalen Beitrag hat er in diesem Zusammenhang allerdings unter zwei Schlüsselbegriffen zu bieten: dem der Sympathie und dem des unparteiischen Zuschauers. Sein Konzept der Sympathie ist umfassend und systematisch angelegt[114], und wiewohl er mit Hume die methodische Spannung zwischen einem psychologisch-soziologischen und moralphilosophischen Ansatz teilt, bemüht er sich weitaus stärker um die philosophische Herausarbeitung eines moralischen Maßstabs, den er mit dem unparteiischen Zuschauer benennt.

Psychologisch-soziologisch sind zunächst die Beschreibungen, die Smith dem Problem der Unzugänglichkeit fremder Gefühle widmet. Da wir, wie Smith unwiderleglich konstatieren kann, »keine unmittelbare Erfahrung von den Gefühlen anderer Menschen besitzen«, können wir uns nur auf die Weise eine Vorstellung oder ein Bild (»idea«) davon machen, wie sie von einer bestimmten Situation bewegt (»affected«) werden, genauer: bewegt werden mögen, und dementsprechend Sympathie, emotionale Teilnahme ausbilden, dass wir uns vorzustellen suchen, »was wir selbst wohl in der gleichen Lage fühlen würden« (»what we ourselves should feel in the like situation«). Diese Vorstellung, so kann Smith verdeutlichen, gelingt nur durch unsere Einbildungskraft (»it is by the imagination only«), denn das, was wir durch unsere Sinne wahrnehmen, was wir aus der Distanz sehen und hören, kann uns nicht über uns selbst hinaustragen (»carry us beyond our own person«). Wir sehen, dass jemandem ein Zahn gezogen wird, wir hören einen langgezogenen Schrei, wir sehen und hören aber nicht den Schmerz. Erst indem wir ihn uns vorstellen, vollziehen wir eine Wendung von unserer Außenperspektive zur Innenperspektive des Anderen, von der Beobachtung zur Teilnahme. Durch Einbildungskraft oder Imagination versetzen wir uns selbst in den Anderen, genauer: in die Situation, in der er sich befindet (»we place ourselves in his situation«).[115]

Obwohl Smith also von Anfang an deutlich zugunsten eines höherstufigen Empathiemodells argumentiert, führt er an derselben Stelle auch Beispiele an, in denen Empathie als spontane, unmittelbare und körperliche Reaktion erscheint: Wenn wir sehen, dass jemand dabei ist, einen Schlag auf den Arm einer anderen Person auszuführen, ziehen wir »naturally« unseren eigenen Arm zurück; die Menschen, die einem Seiltänzer zusehen, führen rudimentär mit ihrem eigenen Körper balancierende Bewegungen aus. In beiden Fällen muss man sich nicht bewusst vorstellen, wie es ist, einen Schlag auf den Arm zu bekommen oder auf einem Seil über dem Boden zu balancieren; man reagiert quasi natürlich.

Wiederum ein spezieller Fall scheint ästhetische Empathie zu sein. So bezieht Smith sich in einem Essay über die Nachahmung in den Künsten auf die Vokalmusik als Beispiel für eine doppelte Imitation von Gefühlen. Wie ein Vokalist oder ein Opernsänger die Gefühle der Person imitieren muss, deren Situation in einem Lied dargestellt ist, sagen wir die Situation eines melancholischen Liebhabers, müssen sich die Zuhörer und Zuschauer ihrerseits diese dargestellten Gefühle imitierend aneignen.[116] Das Publikum im Vortrags- oder Opernsaal hört und sieht einen Sänger oder eine Sängerin und achtet dabei auf deren Stimmmodulation und solistische Variation eines musikalischen Themas, aber auch auf ihre Körperhaltungen, Mimik, Gesten und Bewegungen. Hören und Sehen sind auch hier verbunden mit unmittelbarer Nachahmung, zugleich aber auch mit der imaginär ausgestalteten Vorstellung des Gefühls, der melancholischen Liebe, die besungen wird. Um ein berühmtes populäres Beispiel unserer Zeit aufzugreifen: Wer Joe Cocker dabei zuhört und dann auch noch zusieht – ich denke vor allem an Männer, die in der westlichen Welt nach dem Zweiten Weltkrieg aufgewachsen sind –, wie er mit seiner heiseren, vom Whiskey zusätzlich aufgerauten Stimme »With a Little Help From My Friend« intoniert, seinen Oberkörper nach hinten streckt, spastisch mit den Armen zuckt, erschöpft sein »I need somebody to love« aushaucht und auf die wiederholte Frage des Chors: »Could it be anybody?« mit einem irgendwie noch melodiösen, aber tierischen Schrei antwortet; wer also Zeuge einer solchen Präsentation wird, kann nicht anders, als die Musik und das Gefühl einer verzweifelten männlichen Einsamkeit in den eigenen Gliedern zu spüren. Körperliche Mimikry und Imagination fließen ineinander. In Situationen wie in dieser gibt es nicht nur Handelnde und Wahrnehmende, Sänger und Publikum, sondern die Handelnden, die singenden Akteure sind ihrerseits Wahrnehmende, die versuchen, ein wirkliches Gefühl mimetisch-nachahmend und insofern künstlich auf die Bühne zu bringen. In so einem Fall – es ist verallgemeinert der Fall der Kunst –, gilt in einem weitaus intensiveren Maß als bereits im Fall der unmittelbaren körperlichen Reaktion, dass das, was wir sehen und hören, und nicht erst das, was wir uns vorstellen, uns über das eigene Selbst hinaustragen kann. Bereits die Sinne, nicht erst die Imagination, führen sowohl auf der niedrigstufigen als auch der ästhetisch höherstufigen Ebene zu emotionaler Teilnahme. In jedem Fall aber ist deutlich, woran Smith in seiner Theorie des sympathetischen oder empathischen Verstehens interessiert ist, nämlich zu betonen, wie es sich *anfühlt*, in der Haut eines Anderen zu stecken. Man hat die Theorien in der Nachfolge Shaftesburys, die das Gefühl als zentral für moralisches Urteilen ausweisen, unter dem Etikett des *sentimentalism* zusammengefasst. An dieser Stelle aber darf man in der Tat sagen, dass »sentimentalism has never gotten a more sophisticated exposition than Smith gave it«.[117]

Smith fügt noch eine weitere Differenzierung hinzu. Das Moment, welches Sympathie, Mitgefühl, das Gefühl von Zugehörigkeit und Solidarität auslöst – er nennt es mehrfach »fellow-feeling«, eine schwer zu übersetzende Vokabel, die bis heute für einen typisch englischen Charakterzug steht[118] –, dieses Moment ist nämlich nicht so sehr der Ausdruck, das expressive Verhalten des Anderen, sondern die Situation, in der er oder sie sich befindet. Sympathie entspringt nicht so sehr (»so much«) aus dem Anblick eines Gefühlsausdrucks, »als vielmehr aus dem Anblick der Situation«, die normalerweise den entsprechenden Gefühlsausdruck hervorruft. Es kann nämlich vorkommen, dass jemand, obwohl ihm oder ihr Übles zustößt, keinen Schmerz zeigt (vielleicht aus einer falsch, nämlich martialisch verstandenen stoischen Tugend der Selbstbeherrschung). Oder es kann, wie Smith das obige Zitat erläutert, umgekehrt vorkommen, dass jemand Übles tut, ohne einen entsprechenden Gefühlsausdruck zu zeigen. »Wir erröten für die Schamlosigkeit und Rohheit eines anderen, obwohl er selbst scheinbar kein Gefühl für die Unschicklichkeit (*impropriety*) seines Betragens hat.«[119] Sympathie ist also primär situations-, nicht expressionsbezogen, und das impliziert die Frage, wann wir eine Situation richtig oder angemessen beurteilen. Die Antwort darauf erfolgt zunächst, wie gesehen, mit dem Verweis auf die Imagination. Sympathie zu haben, setzt einen imaginären Situations- und Perspektivenwechsel voraus; sie ist darin gegründet (»founded«).[120] Imagination ist insofern fundamentaler als Sympathie. Sie ist das fundamentale kognitive Vermögen für Sympathie. Die vollständige Antwort aber erfolgt mit der Figur des unparteiischen Betrachters.

Auch diese Figur führt Smith zunächst psychologisch und vor allem soziologisch ein. Denn es ist die Gesellschaft (»society«), die als Spiegel (»mirror«) für das einzelne Subjekt funktioniert. Wir können uns selber, unsere Gefühle und Motive, nicht anders als aus einer gewissen Distanz beurteilen (»at a certain distance from us«), und das heißt, dass wir uns bemühen müssen (»by endeavouring«), uns mit den Augen anderer Menschen (»the eyes of other people«) zu sehen bzw. so zu sehen, wie andere Menschen uns wahrscheinlich sehen (»as other people are likely to view«). Das aber heißt in einem nächsten Schritt, dass wir uns bemühen, unser Betragen so zu prüfen, dass wir uns vorstellen (»imagine«), ein fairer und unparteiischer Betrachter (»fair and impartial spectator«) würde es prüfen.[121] Während der erste Schritt erfordert, sich selbst in zwei Personen aufzuteilen (»I divide myself, as it were, into two persons«), eine beurteilende und eine beurteilte Person, den Betrachter (»spectator«) und den Handelnden (»agent«)[122], erfordert der zweite Schritt eine Qualifizierung des Betrachters.

Mit dem letzten Schritt vollzieht Smith eine Wendung von der psychologisch-soziologischen zur moralphilosophischen Ebene und verändert damit den Stellenwert der argumentativen Anforderungen. Es ist eine Sache, das Argument stark zu machen, dass Selbsterkenntnis sich nur über den Spiegel der Anderen vollziehen kann, eine These, die später von Hegel und Mead erfolgreich ausgearbeitet wird; das Selbst als interaktiv-soziales Produkt. Es ist eine andere Sache, das Argument zu entwickeln, dass das Selbst trotz seiner sozialen Genese als moralische Instanz auftreten kann. Auf der einen Seite ist es abhängig, übernimmt es, was die Anderen tun und sagen, auf der anderen aber nicht. Die Figur oder Idee des unparteiischen Betrachters löst diesen Konflikt. Denn nun geht es nicht mehr darum, sich selbst nur mit den Augen der empirisch wirklichen Zuschauer zu sehen, sondern mit denen eines idealen Zuschauers, einer idealisierten Instanz also. Für den sympathetischen Prozess ist kontrafaktisches Beurteilen ausschlaggebend.[123] Nun ist es möglich, sich dem Druck der sozialen Gemeinschaft im Namen einer idealen Gemeinschaft zu entziehen und das eigene Selbst, moralisch gesprochen das Gewissen, den Erwartungen der existierenden Anderen entgegenzusetzen.

Auf dieser Folie ist es einsichtig, weshalb Smith der Tugend oder herausragenden Fähigkeit der Selbstbeherrschung (»self-command«), die in der stoischen Philosophie kultiviert worden ist, neben derjenigen der Sensibilität einen fundamentalen Wert zuerkennt. Harmonie (»harmony«) kann es zwischen den Menschen nur geben, wenn sie in der Lage sind, beide Fähigkeiten auszubilden: viel für die Anderen und wenig für sich selbst zu fühlen (»to feel much for others and little for ourselves«).[124] Mangel an Sympathie, Mitgefühl oder Empathie sagt insofern auch etwas über die Gesellschaft, die die dafür nötigen Tugenden mangelhaft ausbildet und Smiths moralisch fundamentale Disposition unter *hard-core* kapitalistischen Vorzeichen umkehrt: wenig für die Anderen fühlt, aber viel für sich selbst. Sympathie im Sinne der Empathie setzt also nicht nur Imagination, sondern auch Unparteilichkeit voraus, denn eine sensible, genaue und umfassende Wahrnehmung der Situation des Anderen kann nur gelingen, wenn man sich von vorneherein unparteilich aufstellt und sich selbst zurücknimmt, Unparteilichkeit also als Prinzip und Selbstbeherrschung als Basistugend unterschreibt. Mit einem solchermaßen ausgewogenen Konzept kann Smith auch vor einem Einwand geschützt werden, der in der Diskussion um den moralphilosophischen Wert der Empathiekonzeption gegen ihre psychologische Überforderung argumentiert. Mit einem Freund mitzufühlen, so heißt es dann, dessen Kind ertrunken ist, darf nicht so aufgefasst werden, dass man das ganze schreckliche Leid nachfühle oder nachzufühlen habe, das der Freund gerade durchmacht. Denn das führt nur zu einem bis zum Elend verzweifelten und damit selbstzerstörerischen Mitleiden (»empathetic distress«). In der buddhistischen Literatur spricht man diesbezüglich vom Unterschied zwischen rückhaltloser, bis zur Selbsterschöpfung getriebener Empathie (»sentimental compassion«) und sich zurückhaltender Empathie (»great compassion«)[125], in Smiths Worten einem durch Unparteilichkeit beherrschten und insofern sich selbst beherrschenden Mitgefühl.

Smith benennt auch einen Aspekt der idealisierten Perspektivenübernahme, der eine zwiespältige Bedeutung aufweist. Wenn man sich nämlich vorstellt, wie man sich selber fühlen würde, wäre man nur Betrachter der Situation, in der man sich als Teilnehmer befindet; wenn man versucht, sich beim Handeln von außen zu sehen, wird man ebenso versuchen, den Grad der eigenen Leidenschaftlichkeit so weit zu senken, dass die realen und imaginierten Zuschauer in der Lage sind, mit einem mitzugehen (»lowering his passions to that pitch, in which the spectators are capable of going along with him«). Man muss die Schärfe (»sharpness«), in der man sich zunächst affiziert fühlt, abflachen oder glätten (»flatten«).[126] Eine Bedingung dafür, dass Menschen sich zueinander sympathetisch verhalten und das soziale Verhältnis nicht zerbricht, ist die Assimilierung der Gefühlslagen. Dementsprechend ist der Mann von Geschmack, *the man of taste*, wie Smith in der Ausdrucksweise des 18. Jahrhunderts sagt, derjenige, der sein Gefühl auf dasjenige anderer abzustimmen und einzustellen weiß; der nicht auf seinen subjektiven Perspektiven, Vorlieben und Neigungen besteht, sondern in der Lage ist, sie auf ein allgemeines oder zumindest allgemeineres Niveau zu heben.[127] Gesellschaftlich gesehen, sind demnach nur die Gefühle akzeptabel, die Verallgemeinerbarkeit zulassen, und dafür gibt es drei Optionen: Selektion, Mediation und Transformation. Die erste Option selektiert jene Gefühle, die keine Verallgemeinerung zulassen, und schließt sie aus dem Sozialverband aus; die zweite lässt nur entschärfte Gefühle zu; die dritte schließlich verlangt eine andere Form, die ebenfalls entschärfend sein kann, aber nicht muss. Die erste Option ist klar repressiv, die zweite im wörtlichen Sinn gemäßigt repressiv, die dritte nicht oder am wenigsten repressiv. Sowohl die zweite als auch die dritte Option führen zu einer Veränderung des Gefühls, das eine Mal allerdings quantitativ: es verringert sich die Intensität, das heißt der Grad einer Empfindung, das andere Mal qualitativ: die Eigenschaften fließen in einen anderen, etwa einen ästhetischen Kontext ein. Als Element eines Epos, einer Tragödie, einer Oper oder eines guten Popsongs wirken exzessive Gefühle wie Verzweiflung oder Rache nicht weniger ergreifend und schockierend als in der profan-brutalen Wirklichkeit, ja oft sogar ergreifender. Sie müssen nichts an Intensität einbüßen, aber gewinnen an Verallgemeinerbarkeit. Denn nun kann sich ein Publikum darauf in verobjektivierter Form beziehen. Das Kunstwerk steht als Exemplar eines Gefühls vor Augen, auf das man sich gemeinsam aus der Distanz eines Betrachters und zugleich in emotionaler Involviertheit beziehen kann. Es ist allerdings nicht die Transformation von Gefühlen, die es Smith angetan hat, sondern ihre Mediation, und diese hat sicherlich auch im ästhetischen Kontext einen Platz. Hegel gehört später zu denen, die im Namen eines nunmehr deutschen Idealismus ein Plädoyer für diese Art von Kunst halten. Für Smith ist das Maßvolle und Mittlere zwischen den Extremen aber bedeutsam vor allem im Kontext des gesellschaftlichen Zusammenlebens.

Zusammenfassend lässt sich sagen, dass die Instanz des unparteiischen Betrachters als verinnerlichte, die Imagination anleitende Idealisierung bei Smith die Perspektive des Universalismus in die Moralphilosophie einführt. Der unparteiische Betrachter ist als »ideal man within the breast«[128] das internalisierte Ideal einer perspektivenlosen Perspektive, die abstrakt als paradox erscheint, konkret aber die jeweils möglichst umfassende Übernahme der Perspektive der handelnden Person meint. In einem Brief spricht Smith emphatisch sogar von »the representative of mankind, and substitute of the Deity«.[129]

Freilich drängt sich gegenüber Smith ähnlich wie gegenüber Hume der Generaleinwand auf, dass es ihm letztlich nicht gelingt, die Spannung zwischen Kontextualismus und Universalismus, sozialer Entstehung und Selbständigkeit des Gewissens, Deskription und Normativität, horizontaler und vertikaler Ebene, psychologisch-soziologischer und moralphilosophischer Herangehensweise aufzulösen.[130] Die Stärke von Smiths Theorie der moralischen Gefühle liegt dann nicht darin, eine Alternative zu einem moralphilosophisch gut begründeten Universalismus anzubieten, als vielmehr eine »Ergänzung«. Ernst Tugendhat übernimmt Smiths Perspektive in diesem Sinne und hält Kantianern wie Utilitaristen entgegen, dass sie »die Menschen in ihrem Verhältnis zueinander wie in ihren Rüstungen eingeschlossene Ritter« sehen. Die Moral besteht dann nur darin, dass keiner den anderen schädigen soll (Kants »negative Pflichten«) und dass jeder sich bei Bedarf um den anderen kümmern soll (»positive Pflichten«). Erwarten wir aber nicht, so Tugendhats rhetorische Frage, »dass wir unser Visier öffnen« und auch »aufeinander *eingehen*« sollen. Was aber heißt das anderes als emotionales oder, wie Tugendhat vorzugsweise sagt, »affektives Teilnehmen«? Er reformuliert seine Perspektive auch mit Blick auf Habermas. »Für das kommunikative Handeln im Sinn von Habermas ist ›Verständigung‹ grundlegend. Aber das ist nur eine wechselseitige Verständigung *über*, nämlich über die Interessen der Betroffenen, während die Kommunikation, die Smith im Auge hat, eine Kommunikation *mit* den anderen ist, und das ist eine Kommunikation, die nur als affektive mit den Affekten der anderen möglich ist.« Tugendhat verschärft in einer gewissen polemischen Absicht den Unterschied zwischen »kommunizieren über« und »kommunizieren mit«. Selbstverständlich ist für Habermas klar, dass Subjekte nicht über etwas kommunizieren können, ohne das miteinander zu tun. Aber es sind eben, wie man wiederum vereinfachend sagen kann, vor allem Subjekte und nicht Menschen, rational diskutierende und nicht auch affektiv und emotional sich ausdrückende Lebewesen. Auf diese Kritik komme ich im letzten Kapitel zurück, dort gestützt auf die Psychoanalyse, den Feminismus und eine darauf aufbauende politische Theorie, aber auch auf Habermas selber. Für den Moment ziehe ich mit Tugendhat die Schlussfolgerung: Dem moralischen Universalismus zufolge soll man sich so verhalten, »wie es aus der Perspektive eines Beliebigen gewollt wird; und was ein jeder von den anderen will, ist eben nicht nur, dass er nicht geschädigt … und dass ihm bei Bedarf geholfen wird, sondern ebenso, dass man ihm sensibel begegnet und sich seinerseits so gibt (selbstbeherrscht), dass man ihm sensibel begegnen kann«.[131]

Tugendhats Wiedereinführung von Adam Smith in die moralphilosophische Diskussion ist in der jüngsten Vergangenheit eine Ausnahme geblieben. Das ist erstaunlich, auch deshalb, weil zur gleichen Zeit die Ethik der Sorge (*care ethics*), wie sie Anfang der

1980er Jahre durch Carol Gilligan berühmt geworden ist, die Rolle der Gefühle und vor allem der Empathie herausstellt. Immerhin wird Smith und Hume im Rahmen der eher psychologischen als philosophischen Diskussion um den Stellenwert der Empathie für Erkenntnis und Verstehen, für die Moral und auch für die Ästhetik wieder eine gewisse Bedeutung zuerkannt.[132] Ihr Bedeutungsverlust hat zum einen damit zu tun, dass speziell das Theorem des unparteiischen Betrachters unter den gesellschaftlichen und medialen Bedingungen unserer Zeit altmodisch und naiv erscheint. Die »Gesellschaft des Spektakels«, wie Guy Debord sie 1967 getauft hat, lässt demnach die politische Dimension des Handelns hinter dem allumfassenden Schein von Werbung und Propaganda verschwinden und verwandelt die Staatsbürger in konsumfixierte Zuschauer. Mit der Technologie des Fernsehens und des Internets erreicht diese Gesellschaft den Zustand einer vollständig mediatisierten Welt, in der auch die Bilder des Leidens, die tagtäglich aus aller Welt auf dem Fernseh-, Computer- oder Smartphone-Bildschirm erscheinen, schwer zu durchschauenden Manipulationstechniken unterliegen. Ein Konzept, wie es Bertolt Brecht und Antonin Artaud für das Theater entwickelt haben, um den Zuschauer von seiner passiven in eine mehr aktive Rolle zu drängen, scheint dementsprechend unter gesamtgesellschaftlichen Bedingungen illusorisch. Gleichwohl ermöglichen die neuen technologischen Medien auch eine Reaktivierung der Rezipienten[133] und damit potentiell auch eine Rehabilitierung jener Aufklärungsphilosophie, für die namentlich Hume und Adam Smith stehen.

Ein zweiter Grund für den Bedeutungsverlust der beiden Philosophen besteht darin, dass ihr sozialpsychologisches und moralphilosophisches Anliegen in anderen Theorietraditionen unter anderen systematischen Vorzeichen aufgenommen worden ist. Nussbaum kann, wie gesehen, Smith gut einfügen in ihre von Aristoteles und mehr noch der Stoa geprägte Emotionstheorie. Edmund Husserl, Edith Stein und Max Scheler, Letzterer mit seinem Buch *Wesen und Formen der Sympathie* (1923), greifen das Anliegen der Empathie auf, kritisch namentlich gegenüber Theodor Lipps' Konzept der »Einfühlung«, verändern seine Bedeutung aber im Rahmen der Phänomenologie, so wie auch die philosophische Hermeneutik dies tut, indem sie von Friedrich Schleiermacher über Wilhelm

Dilthey bis zu Hans-Georg Gadamer das geistes- und sozialwissenschaftliche »Verstehen« gegenüber dem naturwissenschaftlichen »Erklären« betont. Schließlich nimmt ironischerweise die Naturwissenschaft selber an der Wende zum 21. Jahrhundert die Herausforderung an und argumentiert unter dem neuen Namen der Neurowissenschaft auf experimenteller Basis für den Vorrang der Affekte gegenüber der Rationalität. In diesem Rahmen erhält als Gegenpol zum Kognitivismus eine affektivistische Emotionstheorie neues argumentatives Gewicht, wie sie philosophisch zuerst bei Spinoza und in unserer Zeit bei Deleuze ausgearbeitet worden ist.

3. Das Affektivitätsmodell

Metaphysik, Politik und Affekte: Spinoza

Spinozas Aktualität zu Beginn des 21. Jahrhunderts erscheint als verwunderlich. Eine Philosophie, die den Systemgedanken so schulmäßig durchführt, nach dem Vorbild einer geometrischen Abhandlung (»ordine geometrico demonstrata«), ihre Thesen und Argumente in strenger Notwendigkeit herleitet, beinahe so, als folge alles aus den Prämissen und Definitionen des ersten Kapitels, und universal gültige Aussagen über das erstellt, was uns frei und glücklich machen kann, wirkt wie ein erratischer Block aus der Vergangenheit in Zeiten, die die postmetaphysische, postmoderne und post-postmoderne Kritik hinter sich gebracht haben und in denen alle Wissenschaften unter dem Vorzeichen stehen, dass ihre Resultate fallibel sind, Zeiten, in denen die skeptische Haltung gegenüber der Erkenntnisgewissheit zum guten Ton gehört und Vernunft sich erlaubt, nur im Plural aufzutreten. Anschlussfähig erscheint demgegenüber jene Seite an Spinozas Philosophie, die man ontologischen Naturalismus nennt, also die These, dass alles Seiende auf eine kausal bestimmte Natur zurückgeführt und dasjenige, das darüber hinausweist, jegliche »Transzendenz«, ausgeschlossen werden kann. Von Spinoza aus öffnet sich hier eine Tür hin zu den Naturwissenschaften und der analytisch operierenden Philosophie. Anregend ist er vor allem für das Problem, wie eine determinierte, nach naturwissenschaftlicher Gesetzmäßigkeit wirkende Natur mit der Freiheit des Handelns zu vereinbaren sei; wie also die Einheit der beiden Bereiche im Sinne des Monismus und ihr Unterschied im Sinne des Dualismus gleichermaßen zu denken seien. Donald Davidson und Peter Strawson bieten entsprechende Denkmodelle durchaus im Geiste Spinozas an.[134]

Aber die eigentliche Reaktualisierung erfolgt über die politische Interpretation, und Gilles Deleuze gehört diesbezüglich zur Avantgarde. 1968 veröffentlicht er zeitgleich mit seinem – nach traditionellen Maßstäben – philosophischen Hauptwerk *Differenz und Wiederholung* (*Différence et répétition*) als exegetisch erläuternde Studie *Spinoza und das Problem des Ausdrucks in der Philosophie* (*Spinoza et le problème de l'expression*). Drei Jahre vorher hat Louis Althusser zusammen mit Etienne Balibar, Jacques Rancière und anderen das für die Marx-Rezeption folgenreiche Buch *Das Kapital lesen* (*Lire le Capital*) vorgelegt, in dem der Weg von Hegel zu Marx zuerst zurückführen muss zu Spinoza. Wie fast immer in der französischen Philosophie nach dem Zweiten Weltkrieg ist, wenn man Hegel nennt, Sartre gemeint. Spinoza bietet hier eine willkommene Gegenposition zum Humanismus und später Marxismus, wie Sartre ihn auf der Folie des Existentialismus entwickelt hat. Denn Spinoza bietet mit seiner Metaphysik, der zufolge es nur eine Substanz gibt, dasjenige, das allem, was ist (der »Natur«), zugrunde liegt und daher identisch ist mit Gott (»Deus sive natura«), und der zufolge alle individuellen Objekte »Modi« der Substanz sind, eine Alternative einerseits zu allen Theorien in der Nachfolge von Descartes, die das Subjekt des Ich-denke zum Fundament aller Gewissheit erklären, andererseits zu einem Strukturdenken, das, wie der Strukturalismus, dem man Althusser selber vorschnell zurechnet, bestrebt ist, linguistische, soziale, psychologische oder andere Beziehungen streng zu formalisieren. Nach dem Vorbild der sich unendlich entfaltenden Substanz Spinozas meint Struktur demgegenüber eine nicht abzuschließende und sich in Unterschieden ausdrückende Form. Metaphysik und Politik lassen sich in dieser Perspektive nicht voneinander trennen. Balibar hat dies später in seiner Monographie *Spinoza et la politique* (1985) bekräftigt, nicht so ungestüm allerdings wie etwa zur gleichen Zeit Antonio Negri in *Die wilde Anomalie. Baruch Spinozas Entwurf einer freien Gesellschaft* (im italienischen Original zurückhaltender: *L'anomalia selvaggia. Saggio su potere e potenza in Baruch Spinoza*, 1981). Der Begriff der Macht tritt damit ins Zentrum der Philosophie Spinozas, Macht verstanden in einem ontologischen und allgemeinen Sinn als Wirkfähigkeit: Wer Macht hat, kann etwas (kausal) bewirken. Für die Politik bedeutet dies, dass sie nicht oder nicht so sehr einen Organisationsraum von Ordnung und Rechten darstellt, zum einen also ein festes, implizit eingrenzendes Beziehungsgefüge und zum anderen gesellschaftliche, durch eine normgebende Instanz (allgemein durch den Staat) legitimierte Regelungen, sondern vielmehr einen Aktionsraum von Mächten und Kräften.

Metaphysik als politische Philosophie kreist demnach zum einen um den Begriff der Macht, zum anderen – und das ist im Kontext des vorliegenden Buches interessanter – um die politische Bedeutung der Affekte. Affekte definiert Spinoza am Anfang des dritten Teils seines Hauptwerks, der *Ethik*, als Einwirkungen auf den Körper, »von denen die Wirkmacht des Körpers vermehrt oder vermindert, gefördert oder gehemmt wird«, zugleich aber auch als die mit diesen Einwirkungen verknüpften »Ideen« oder Vorstellungen.[135] Wird ein Körper von etwas affiziert, entstehen zugleich gewisse Vorstellungen, die diese Affektion und damit die Veränderung des Körpers betreffen, die Förderung oder Hemmung seiner Wirkmacht (*potentia agendi*). In seiner Körperlichkeit reagiert der Mensch darauf mit bestimmten Verhaltensformen, als denkendes Wesen formt er entsprechende Ideen oder Vorstellungen aus, die mehr oder weniger wahr oder angemessen sein können. Diese Doppelreaktion wird bei Spinoza allerdings zusammengehalten vom Streben nach Selbsterhaltung, dem *conatus*, den er wiederum ontologisch, nicht nur anthropologisch versteht: Jedes Ding, nicht nur jeder Mensch, »strebt in seinem Sein zu beharren« (»in suo esse perseverare conatur«), und die Selbsterhaltung meint das Selbst als »Wesenheit«, als dasjenige, was aus seiner »Natur«, man kann auch betonen: was aus *seiner* Natur »notwendig folgt.«[136] Alles was ist, ist in seinem Sein determiniert und daher notwendig bestrebt, dieses Sein zu erhalten. Was wir einerseits Körper, andererseits Geist nennen, ist, woran Spinoza in einem vorhergehenden Lehrsatz erinnert, metaphysisch gesehen ein und dasselbe, nämlich Ausdruck oder »Attribut« der einen Substanz namens Gott oder Natur. Es ist Descartes' Kardinalfehler, Attribute als Substanzen zu begreifen und dadurch Körper und Geist, *res extensa* und *res cogitans*, einander gegenüber zu stellen und dann nur durch eine dritte Substanz, Gott, zusammenführen zu können. Dagegen ermöglicht Spinozas Einheitsthese eine neue Sicht auf das Phänomen der Macht und der Affekte. Die Affekte sind es nämlich, die den Wert eines Dinges oder einer Idee anzeigen, und ihr Maßstab ist (Vermehrung oder Verminderung von) Wirkungsmacht auf der Grundlage der Selbsterhaltung.

In diesem systematischen Rahmen benennt Spinoza drei Grundaffekte: Freude (*laetitia*), Trauer (*tristitia*) und – zwischen beiden neutral – Begierde (*cupiditas*), und leitet alle anderen Affekte, die er in einer Liste aufführt, davon ab, von »Abneigung« über »Bewunderung« und »Demut« bis zu »Wollust« und »Zorn«. Die Koppelung der grundlegenden Elemente bleibt allerdings einfach: Man liebt, was einem als Ursache von Freude oder Lust erscheint, hasst, was einem als Ursache von Trauer oder Schmerz erscheint. Freude will man erreichen, Trauer vermeiden, denn die eine fördert, die andere hemmt die eigene Wirkungsmacht. Ob man etwas liebt oder hasst, bewundert oder geringschätzt, verehrt oder verspottet, hängt von der Einordnung der Ursache ab, davon, welche Verbindung man zieht zwischen einem Objekt, das man zum ersten Mal wahrnimmt, und den Objekten, die man bereits kennt. Was als Liebe auf den ersten Blick oder als spontane Antipathie erscheint, ist in Wirklichkeit das Resultat einer sekundenschnellen Kombination von vorhergegangenen Erfahrungen mit Objekten, die eine »Ähnlichkeit« aufweisen mit dem gegenwärtigen Objekt. Spinoza kann daher auch erklären, weshalb wir bestimmte Phänomene, seien es Dinge oder Menschen, »hassen und zugleich lieben« können, dann nämlich, wenn ein Phänomen, das Trauer auslöst, Ähnlichkeit hat mit einem anderen Phänomen, das Freude hervorruft.[137]

Spinozas Affekttheorie enthält also gewiss Erklärungen, die auch auf dem heutigen, durch Psychoanalyse und Neurowissenschaft ausgebauten Stand der Erkenntnis sehr plausibel sind. Dennoch ist sie wegen ihrer metaphysisch-systematischen und klassifikatorischen Struktur nicht schlichtweg aktualisierbar. Im Zusammenhang von Demokratie und Kunst sind immerhin drei Aspekte relevant.

Zum einen die Mischung aus anthropologischem Realismus und stoisch-ethischem Ideal. Affekte oder Leidenschaften sind demnach keine Fehler, die man (in realistischer Weise) ausmerzen kann oder (in ethisch-idealistischer Weise) ausmerzen muss. Befreiung von den Affekten ist weder möglich noch nötig. Es reicht vielmehr, sie zu kultivieren, das heißt nach der jeweils angemessenen Maßgabe der Vernunft zu verändern. Adäquate Ideen oder höherstufige Erkenntnis auszubilden ist dem Menschen nämlich trotz seiner unhintergehbaren Affektivität sehr wohl möglich. Man muss sich nur dessen bewusst bleiben, dass auch die adäquate Erkenntnis nicht restlos frei von Affektivität sein kann, dass sie, psychoanalytisch gesagt, ihrerseits eine affektive Besetzung erhält. »Kultivierung«, im Kontext des vorliegenden Buches: Transformation, »Kontrolle und realistische Einschätzung« der Affekte ist das philosophische Ziel der *Ethik* Spinozas.[138] Philosophiehistorisch bietet ihm die Stoa dafür die Vorlage, was speziell die Transformation von Affekten betrifft, bietet Hegels dialektische Methode die passende Verallgemeinerung. So können wir das Unglück und die bis zur Krankhaftigkeit gesteigerten Zustände der (erotischen) Liebe, die daher rühren, dass wir nie sicher sein können, das Objekt der Liebe zu besitzen, und die daher auch den Hass aufkeimen lassen, nur überwinden, indem wir Affekt und Vernunft paaren und der Liebe eine intellektuelle Form bzw. der Vernunft eine affektive Form geben. Die Liebe zu Gott, *amor intellectualis Dei*, ist Spinozas Formel dafür, »aufheben« – bewahren, zerstören, auf eine höhere Stufe stellen – Hegels Formel.[139] Politisch gesprochen, heißt dies, dass Affekte und Vernunft – bei Spinoza nicht anders als bei Hume und Adam Smith – einander nötig haben, denn ohne die »Hilfe« der Affekte sind die rechtlichen und moralischen Normen einer Gesellschaft »kraftlos und leicht aufzuweichen« und ohne die Hilfe der Vernunft, ohne Einsicht, können wir uns von der unangemessenen Macht der Affekte nicht befreien.[140]

Affekte können und müssen also *transformiert* werden. Sie können, zweitens, aber auch reziprok *kompensiert* werden. Spinoza ist die erste philosophische Adresse, wenn es um die Ausformulierung des kontradiktorischen und kompensatorischen Zusammenhangs von Gefühlen geht. »Es gibt keine Hoffnung ohne Angst, aber auch keine Angst ohne Hoffnung.«[141] So lautet eine seiner berühmten

Definitionen. Wen die Angst begleitet, eine Krankheit in sich zu tragen, den begleitet auch die Hoffnung, er möge doch gesund sein. Und was für ein Individuum zutrifft, so legt Spinoza durchaus nahe, trifft auch kollektiv zu. Einer Politik der Angst begegnet man insofern angemessen mit einer Politik der Hoffnung, das manipulative Schüren von Angst vor »den Fremden«, »den Juden«, »dem Islam«, »dem Virus aus China« usw. usf. kontert man am besten mit einem Narrativ der Hoffnung: »I have a dream«, »L'imagination au pouvoir!«/»Die Phantasie an die Macht!«, »Yes We Can«.

Die Ästhetik ist bei Spinoza schließlich, drittens, eine Leerstelle. Seiner Philosophie dient die Geometrie als Vorbild, nicht die Literatur oder die Kunst allgemein. Schriftstellern traut Spinoza in der Regel nicht zu, einen »klaren Begriff« von einer Sache, zum Beispiel von der Liebe zu haben.[142] Die Ästhetik tritt bei Spinoza nur indirekt in Erscheinung, wenn es um den Erkenntniszusammenhang von Affekten und Bildern und um die politische Rolle der Imagination geht. Affekte sind körperliche Zustände, deren Ursachen wir uns auf eine bestimmte, und zwar zunächst einmal unzuverlässige Weise erklären. Wir bilden zunächst, mit Spinoza gesprochen, »inadäquate Ideen«, und wir tun dies mit Hilfe eines bildlichen und assoziativen Begreifens, der *imaginatio*. Wiewohl diese Erkenntnisstufe unzuverlässig ist, ist sie doch auch unverzichtbar, denn sie bietet eine erste Ebene von Denkregeln und erinnerten Wahrnehmungen, die sich in der Folge bewähren können. Auch in politisch-psychologischer Hinsicht ist diese Auffassung lehrreich, denn politische Kritik muss – im Zeitalter technologisch produzierter und manipulierter Bilder mehr denn je – auch als Kritik der Bilder, der kollektiven Imaginationen und der damit verknüpften Affekte vollzogen werden. Schließlich bietet Spinoza diesbezüglich auch auf der Ebene der Moralphilosophie einen Beitrag zur andauernden Diskussion zwischen der Position, die auf universellen moralischen Prinzipien beharrt, und der gegenübergestellten Position, die das partikulare Selbstverständnis einer Lebensform betont. Da Imagination auf Erfahrung beruht, beruht sie auf partikularen Gegebenheiten, auf Wahrnehmungen und Vorstellungen, Erinnerungen und Erwartungen. Sie bildet, wie wir heute sagen, ein »Narrativ« aus, das offen ist für Neuinterpretationen der eigenen Geschichte. Eine Vernunft, die sich am Wohl aller orientiert, müsste demnach auch Spinoza zufolge verbunden werden mit den Geschichten, die wir mit Hilfe der Imagination erzählen.[143] Dennoch ist Spinozas Theorie der Imagination noch weit entfernt von einer ästhetischen Aufwertung, wie sie im 18. Jahrhundert dann in England bei Addison, in der Schweiz bei Bodmer und Breitinger, in Deutschland bei Baumgarten und Kant vorgestellt wird. Sie sprechen der Einbildungskraft in immer stärkeren Maße Produktivität und Selbständigkeit im Verhältnis zur sinnlichen Wahrnehmung einerseits und der Vernunft andererseits zu. Die Imagination schwingt sich auf diesem Weg zur Instanz von Kreativität und Innovation auf.[144]

Für die Trias von Gefühlen (Affekten), Kunst und Politik, speziell demokratischer Politik, ist Spinoza also zweifellos lehrreich in Sachen der Gefühle, nicht dagegen in Sachen der Kunst und der Sphäre des Ästhetischen. Was die Politik betrifft, liegt eine oder vielleicht sogar die Stärke Spinozas darin, den Machtbegriff ins Zentrum zu stellen. Das hat jedenfalls die neufranzösische Interpretationslinie herausgestellt. Sie feiert Spinoza auch als Philosophen einer radikalen Demokratie, die um den Begriff der »multitudo«, im heute geläufigen englischen Sprachgebrauch: der *multitude*, kreist. Deleuze ist in dieser Tradition der Philosoph, der die genannte Trias am besten zusammenfügt.

■ *Bejahung der Differenz: Deleuze*

»Und alles lief auf die große Einheit Spinoza-Nietzsche zu.«[145] So beschreibt Deleuze in einem Interview seine Aufarbeitung der Philosophiegeschichte. Spinoza steht für eine Ontologie, die alles Sein monistisch als Ausdruck einer einzigen Substanz begreift. Es gibt kein jenseitiges oder höheres Sein, keine Transzendenz, sei es in der religiösen Form eines Gottes, der philosophisch-platonischen Form von Ideen (abstrakten Begriffen) oder in der Form eines transzendentalen, aller Erfahrung vorausliegenden Subjekts. Auch innerhalb der Sphäre des Seins oder der Immanenz gibt es keine hierarchisierenden Unterscheidungen, obwohl Spinoza dies nahezulegen scheint durch die Unterscheidung zweier »Attribute« der Substanz, nämlich, Descartes folgend, Denken und Ausdehnung, *res cogitans* und *res extensa*, und die darauf aufsetzende Unterscheidung der »Modi«, den konkreten Erscheinungsweisen der Attribute. Es gibt einzig und allein eine Substanz, die man pantheistisch Gott oder Natur nennen kann und die sich entlang der beiden perspektivischen Achsen von Denken und Ausdehnung in unendlich vielen Modifikationen ausdrückt.

Nietzsche steht demgegenüber für eine Philosophie, die – vor allem in der Formel von der ewigen Wiederkehr des Gleichen – zwei zentrale Begriffe zusammenfügt: Bejahung und Differenz. Die Bedeutsamkeit der Bejahung liegt auf der Hand, denn Nietzsche führt die berühmt-berüchtigte Doktrin der ewigen Wiederkunft im Zusammenhang eines ethischen Gedankenexperiments ein: »Wie, wenn dir eines Tages oder Nachts, ein Dämon in deine einsamste Einsamkeit nachschliche und dir sagte: ›Dieses Leben, wie du es jetzt lebst und gelebt hast, wirst du noch einmal und noch unzählige Male leben müssen; und es wird nichts Neues daran sein …‹« Diesen Gedanken zu bejahen, ist für Nietzsche »das größte Schwergewicht«.[146] In *Also sprach Zarathustra* weitet er die ethische Herangehensweise zu einer zeitphilosophischen Spekulation und einer kosmologischen Hypothese aus, nach der »alle Dinge ewig wiederkehren«; »ewig rollt das Rad des Seins«, in jedem Augenblick »beginnt das Sein« und kommt wie in einem Kreis zurück.[147] Es ist eine der beachtlichen philosophischen Leistungen von Deleuze, diese Doktrin auf eine kreative und innovative Weise zu interpretieren und Nietzsches Wortlaut eine Wendung zu geben, die mit dem bisher geläufigen Verständnis auf überraschende und attraktive Weise bricht. Die ewige Wiederkehr ist nicht die des Gleichen, sondern des Verschiedenen. Sie ist ewige Wiederkehr des Werdens, das heißt des Entstehens und Vergehens. Was wiederkehrt, sich unendlich fortsetzt, ist (nichts als) dieser zirkuläre Prozess selber. Mit Nietzsches Augen gesehen, ist Spinozas Substanz nicht dasjenige, das sich durch allen Wandel und durch alle Verschiedenheit hindurch erhält, sondern dasjenige, was sich erhält, ist nur der Wandel, der Prozess des Differenzierens und sich Ausdifferenzierens selber.

In seinem Buch über Nietzsche aus dem Jahr 1962 leitet Deleuze diesen Gedanken aus einer zeitphilosophischen Überlegung her. Die einfache, aber irritierende Frage ist nämlich, wie sich das, was wir Vergangenheit nennen, bilden kann bzw. wie das Gegenwärtige überhaupt vergehen kann. Und Deleuze' Antwort lautet: »Niemals vermöchte der vorübergehende Augenblick vorübergehen, wäre er nicht schon vergangen und zugleich noch gegenwärtig, erst zukünftig und doch zugleich schon gegenwärtig. (…) Das Gegenwärtige muß mit sich als Vergangenes und Zukünftiges koexistieren.«[148] Die These, dass die Zeit nicht nach dem linearen Modell von Vergangenheit, Gegenwart und Zukunft, sondern nach dem Koexistenzmodell begriffen werden muss, geht freilich nicht auf die Originalität von Deleuze zurück. Sie ist vielmehr in der Philosophie zu Beginn des 20. Jahrhunderts herausgearbeitet worden. Husserls Studien zur *Phänomenologie des inneren Zeitbewusstseins* und vorzüglich Heideggers *Sein und Zeit* legen den Nachdruck auf die *gelebte* Zeit. Was wir Zeiterfahrung nennen, ist eine Verschränkung von Zukunft, Gegenwart und Vergangenheit. Unbefriedigend an dieser Philosophie ist für Deleuze, wie auch für Heidegger selber in seinen späteren Jahren, dass die Zeit eben an ihre gelebte Dimension gebunden wird, und das heißt an Psychologie, Bewusstsein oder Subjektivität. Zeit existiert demnach nicht an sich, sondern nur in unserem Bewusstsein. Nicht nur die Physik von Newton bis Einstein widerspricht dem, denn für Newton ist die Zeit »absolut«, unabhängig von den sich bewegenden und verändernden Dingen, und für Einstein ist sie zwar nicht absolut, unabhängig von den anderen Dingen oder »Feldern«, sehr wohl aber real.[149] Auch innerhalb der Philosophie gibt es selbstverständlich Argumente gegen die psychologische oder subjektivistische Zeittheorie. Der generelle Widerspruch aber richtet sich gegen die überwölbende Konzeption von Subjektivität, die seit Descartes das philosophische Selbstverständnis dominiert und Ende des 19., zu Beginn des 20. Jahrhunderts aus guten Gründen abgelöst wird durch Konzeptionen wie »Praxis«, »Sprachanalyse«, »Existenz« und »Seinsgeschichte«. Deleuze orientiert sich aber nicht an diesen Konzeptionen, sondern an einer Ontologie der Zeit, die ein französischer Zeitgenosse Husserls und Heideggers, nämlich Bergson, zur Verfügung stellt. Die Einheit zwischen Spinoza und Nietzsche, die Deleuze erstrebt, kennt insofern mit Bergson ein Verbindungsglied, das einen mit ironischem Unterton dazu anhalten kann, von einer »heiligen Dreifaltigkeit« zu sprechen. Wenn, wie Deleuze zusammen mit Guattari behauptet, Spinoza, der jüdische Philosoph, »der Christus der Philosophen« ist, derjenige Denker, in dem das Wort Fleisch geworden ist, derjenige, der die reine Immanenz des Seins, des Lebens ohne Transzendenz, am besten gedacht hat, dann ist Bergson der Vater und Nietzsche der alles durchwaltende Heilige Geist.[150]

Nachdem Deleuze 1962 seine wegweisende Nietzsche-Interpretation vorgelegt hat, folgt 1966 – er veröffentlicht in den 1960er Jahren jedes Jahr ein Buch – seine einführende Studie zu Bergsons Grundkonzeptionen, zu denen auch Gedächtnis bzw. Zeit als virtuelle Koexistenz gehört. Die Frage, die den Anstoß zu Bergsons entsprechender Analyse gibt, ist einfach: Wie ist es möglich, dass etwas, das gegenwärtig ist, in etwas übergeht, das nicht (mehr) gegenwärtig, sondern vergangen ist? Wenn das Gegenwärtige vergeht, muss es sozusagen die Vergangenheit geben, in die hinein das Gegenwärtige vergehen kann. Wir müssen Vergangenheit als Ermöglichungsbedingung des Vergehens des Gegenwärtigen unterstellen. Wir müssen sagen, dass es die Vergangenheit *gibt*. Aber evidenterweise kann es sie nicht in demselben Sinne geben wie das, was gegenwärtig ist. Also müssen wir genauer sagen, dass dem Gegenwärtigen »Aktualität«, der Vergangenheit »Virtualität« zukommt; dass das Gegenwärtige aktuell, die Vergangenheit virtuell existiert. »Vergangenheit und Gegenwart bezeichnen nicht zwei aufeinander folgende Momente, sondern zwei koexistierende Sphären (...) Die Vergangenheit folgt nicht der Gegenwart, sondern wird von dieser im Gegenteil als Bedingung schlechthin vorausgesetzt, ohne die sie nicht vergehen könnte.«[151] Das Vergangene ist so real wie das Gegenwärtige, es ist nur nicht im Seinszustand der Aktualität. Die reale, aber nicht aktuelle Zeit ist im Seinszustand der Virtualität.

Mit dieser These bietet Bergson Deleuze' Nietzsche-Interpretation bezüglich der ewigen Wiederkunft und Deleuze' Spinoza-Interpretation bezüglich der Substanzmetaphysik einen gediegeneren Rahmen. Spinozas »Substanz« muss als durch und durch zeitlich begriffen werden, als das, was Bergson *durée* nennt, dauerndes und andauerndes Werden, Entstehen und Vergehen von Modifikationen, ein kontinuierlicher Prozess des (sich) Ausdifferenzierens oder (sich) Entfaltens in Verschiedenheiten. (Den Begriff der »Falte«, französisch *pli*, arbeitet Deleuze in seinem später, 1988, erschienenen Buch über Leibniz heraus, wiederum mit der Ironie, dass Leibniz' Modell des Rationalismus in der schulmäßigen Interpretation als Gegenmodell zu Spinoza gilt.) Die Substanz ist das Prinzip von Differenz. Jedes Phänomen, dem wir eine Identität zuschreiben – »dieser Tisch« oder »jene Person« –, müssen wir demnach sehen als temporäres Resultat eines temporalen Prozesses der Differenzierung. Identitäten sind Verfestigungen eines unsichtbaren Unterstroms. Mit einer Anspielung an Heidegger formelhaft ausgedrückt: Sein ist Zeit, die Verschränkung von Gegenwart, Vergangenheit und Zukunft, von aktuellem und virtuellem Sein, und damit ist Sein gleich Differenz.

Deleuze zieht für diese These also eine zeitphilosophisch-ontologische Begründung heran. Er verweist implizit aber auch auf eine semiotische Begründung, die sich wiederum durch eine psychoanalytische und hermeneutische Begründung stützen lässt. Proust, dem Deleuze ebenfalls ein Buch gewidmet hat (1964), ist der meisterliche literarische Zeuge dafür, dass die Bedeutung einer Sache bzw. eines Wortes sich durch die Verbindung mit anderen Wörtern andauernd verändert und diese Verbindung keineswegs durch Chronologie und Logik zustande kommt, sondern durch Assoziation und Konnotation, also durch mehr oder weniger private Begleitvorstellungen und konnotierte, im wörtlichen Sinn mitnotierte Wertbekundungen (die zum Beispiel einen »Hund« als »Köter« abwerten, obwohl beide Ausdrücke sich auf dasselbe Objekt beziehen). Die Hermeneutik ist sich ebenfalls dessen bewusst, dass die Bedeutung eines Textes abhängig ist von dem Kontext, in den man ihn versetzt. Ein Text kann insofern nicht derselbe bleiben. Und auch die Psychoanalyse belehrt darüber, dass Erinnerungen unter den Anforderungen der Gegenwart jeweils neu konfiguriert werden; man kann sie nicht im Zustand der Neutralität bewahren. Schließlich bietet an dieser Stelle auch Nietzsche Deleuze wieder ein entscheidendes Stichwort: »Die Vergangnen zu erlösen und alles ›Es war' umzuschaffen in ein ›So wollte ich es!‹ – das hiesse mir erst Erlösung!«[152] Was geschehen ist, lässt sich nicht mehr ändern und entzieht sich der Macht des Willens. Und doch können wir es »umschaffen«, indem wir es gewollt mit anderen Geschehnissen der Vergangenheit in Verbindung bringen und es in dieser neuen Konstellation als Anleitung für zukünftige Geschehnisse benutzen. Vergangenheit und Zukunft sind in diesem Sinn nicht aktualisierte Modalitäten des Seins. Sie generieren Verschiedenheit.

Mit einem gewissen politischen Nachdruck kann man sagen, dass Deleuze den Begriff der Differenz philosophisch befreit von seiner traditionellen Abhängigkeit vom Begriff der Identität. Differenz ist nicht mehr etwas, das sich zwischen zwei identischen Entitäten einstellt – der Hund ist keine Katze, beide sind verschieden oder nicht identisch –, sondern umgekehrt ist Identität – der Hund, die Katze – die vorübergehende und aus einer bestimmten Sichtweise vorgenommene Fixierung oder Aktualisierung einer virtuellen Differenz. Ontologie ist nicht das philosophische Wissen von dem, was ist, von dem, was sich in Raum und Zeit identifizieren und im wörtlichen wie konstatierenden Sinn »feststellen« lässt. Sie umfasst vielmehr auch und vor allem das Nichtidentische, wie Adorno es nennen würde, dasjenige, was sich nicht nach dem Maßstab naturwissenschaftlicher und formal-logischer Exaktheit bezeichnen lässt. Allerdings bleibt Adorno aus der Sicht von Deleuze der Hegel'schen Dialektik verhaftet und damit einem Denken, das Differenz als Negation und Widerspruch statt als Affirmation denkt, als Bejahung des Unbestimmten, desjenigen, was nicht determiniert ist. Der scholastische Lehrsatz: »Omnis determinatio est negatio«, der ein Ding als Verneinung eines anderen bestimmt (der Hund ist keine Katze; er hat ein schwarzes, also kein weißes, geflecktes oder farblich anderweitiges Fell), dieser Lehrsatz gilt nicht für die Deleuze'sche Differenzphilosophie. Freilich bleibt Deleuze seinerseits dem Einwand von Seiten der Hegel-Adorno'schen Dialektik oder der Derrida'schen Dekonstruktion ausgesetzt, dass er das traditionelle Verhältnis von Identität und Differenz bloß umkehrt und dadurch das Hierarchie- und Herrschaftsverhältnis unter neuem Vorzeichen beibehält: Die Differenz steht nun über der Identität bzw. liegt ihr als metaphysisches Prinzip zugrunde.

Dass eine Ontologie politische Implikationen aufweist oder umgekehrt eine politische Philosophie ontologische Implikationen aufweist, ist keine ungewöhnliche These. In der Philosophie besteht im Allgemeinen Konsens darüber, dass die politische Philosophie, wie sie sich seit der Neuzeit mit Hobbes und Locke unter der Fahne des Liberalismus herausbildet, das Individuum als geeigneten ontologischen Ausgangspunkt begreift. Um die zentrale Frage zu beantworten, unter welchen Bedingungen Einzelne sich zusammenschließen und Herrschaft erlauben, muss man gewisse Annahmen machen bezüglich der Bedürfnisse dieser Menschen und ihrer naturgegebenen oder sozialen Tugenden und Laster. Das ist klarerweise nicht Deleuze' Ausgangspunkt. Seine Ontologie legt allen Nachdruck vielmehr auf das zeitliche Prinzip der Differenz, dem zufolge einzelne Entitäten stets erneut verflüssigt und verbunden werden in einem größeren dynamischen Zusammenhang. Er hat diese Differenzontologie zusammen mit Guattari in mehrere eingängige Metaphern, Sinnbilder und politisch brauchbare Begriffe übersetzt: in die »Maschine« als Sinnbild einer unendlichen, tendenziell alles mit allem verkoppelnden Bewegung; in das »Rhizom«, das, anders als ein Baum, keinen Anfang, keine Wurzeln, und kein Ende, keine Blätter hat, keine bestimmte Gestalt, kein bestimmtes Territorial, und nur aus vielfachen Verknüpfungen besteht; in »Mikropolitik«, die in ihrer Unvorhersehbarkeit, Zufallsblindheit und Affektivität belangreicher ist als die etwa auf Klassen, ethnische Gruppen oder den Staat ausgerichtete Makropolitik; in »Deterritorialisierung« als instabiler (»chaotischer«) Voraussetzung »territorialer«, eingrenzender Bereiche. Stets findet sich, ontologisch gesprochen, der Vorrang der Differenz vor der Identität wieder. Stets liegt der Nachdruck darauf, dass das, was aus der Auflösung und Verknüpfung von Einzelnem entsteht, unvorhersehbar und zufallsabhängig ist.

Deleuze erscheint somit als Vertreter einer radikalen Ontologie der Kontingenz: Alles ist zu jeder Zeit möglich; nichts ist vorhersehbar, das heißt kausallogisch ableitbar. Doch muss Deleuze hier de facto zurückhaltender auftreten. Zu behaupten, alles sei zu jeder Zeit möglich, muss nämlich schon an der Allaussage scheitern. Das Pronomen »alles« steht linguistisch für eine vorhandene, wenn auch nicht exakt anzugebende Anzahl von Dingen. Philosophisch gesprochen, steht die Allheit für »Vielheit als Einheit«, sie stülpt der Pluralität also eine Identität über. Zu sagen, dass alles zu jeder Zeit möglich ist, setzt somit voraus, dass alles bereits da ist. Eine solche Aussage gehört zu einer Ontologie, wie sie klassisch bei Platon und Aristoteles formuliert ist, einer Ontologie, die Deleuze bekämpft, gerade weil sie ihm so nahe steht, denn für sie wird die Ewigkeit der platonischen Urbilder oder Ideen zur Ewigkeit der realen Welt oder der Natur selber. »Natur ist der Inbegriff des überhaupt Möglichen«, und »möglich ist immer nur, was seiner *morphé* nach schon wirklich ist«, so dass Sein auch bei Aristoteles »ewige Selbstwiederholung« bedeutet.[153] Dass nicht alles zu jeder Zeit möglich ist, liegt für Deleuze auch daran, dass einzelne Ereignisse abhängig sind von Strukturen. Er leugnet nicht – es wäre in der Tat sehr schwer zu leugnen –, dass zum Beispiel bestimmte chemische Reaktionen oder historische Ereignisse nur stattfinden können, weil entsprechende Bedingungen gegeben sind. Daher muss Deleuze' philosophische und implizit politische Behauptung am Ende lauten, dass nicht alles zu jeder Zeit möglich ist, aber viel mehr, als wir uns jeweils vorstellen können; »not that *anything* can happen, but that *so much* can happen that we do not know about«.[154]

Deleuze' politische Ontologie und sein dezidiert politischer, anarchistisch anmutender Impuls, den er seit den beiden mit Guattari verfassten Bänden *Anti-Ödipus* (1972) und *Tausend Plateaus* (1980) pflegt, führen schließlich zu der Frage, wie er es speziell mit der Demokratie hält. Die Antwort ist in gewisser Hinsicht einfach: »Democracy does not play a central role in Deleuze's and Guattari's political philosophy.«[155] Offensichtlich ist, dass Deleuze die Demokratie in ihrer bisher realisierten Form als unzureichend erscheint. So kritisiert er die Demokratie in einem nietzscheanischen Unterton, wenn er sie als Herrschaft der Mehrheit und einer entsprechenden kulturellen Durchschnittlichkeit bezeichnet, während das Neue, das Prinzip des Werdens, sozial gesehen durch Einzelne und Minderheiten vergegenwärtigt wird. Das Prinzip der Mehrheit und der Minderheit stehen sich dabei nicht zwingend oppositionell gegenüber, sondern können sich zueinander in produktiver Spannung verhalten. Manchmal verfährt seine Kritik nach dem klassischen immanenten Muster, demgemäß die Demokratie ihre eigenen Maßstäbe, zum Beispiel den fundamentalen Maßstab der Gleichheit, nicht erfüllt. Ein andermal formuliert er Kritik aus der radikal demokratischen, man kann sogar mit Habermas sagen: diskurstheoretischen Perspektive, dass politische Entscheidungen gerechtfertigt sind, wenn sie nicht allein Experten und Richterinnen überlassen werden, sondern all diejenigen mit einbeziehen, die am meisten davon betroffen sind.[156]

In Begründungsnöte hinsichtlich seines Demokratieverständnisses kommt Deleuze vor allem, weil er sich mit Platon und Nietzsche gleichermaßen als unnachgiebiger Kritiker des öffentlichen Diskurses, der Diskussion überhaupt und der Meinung (*doxa*) präsentiert. Der Schluss liegt nahe, dass er damit Demokratie als solche zurückweisen muss. Man kann ihn gewiss dahingehend verteidigen, dass die harsche Gegenposition zur Meinung, zu dem, was plausibel klingt, aber nicht überzeugend begründet, also kein Wissen ist, eine philosophische, keine politische Position darstellt. Philosophie nämlich ist nach Deleuze' Grundüberzeugung eine begriffsschöpferische, mental kreative Tätigkeit. Kritisieren heißt für ihn so viel wie »feststellen, dass ein Begriff erschöpft ist«. Eine philosophische Kritik, die darüber hinausgehen möchte mit dem Anspruch auf Sachlichkeit oder dem Nachweis innerer Widersprüche, verweist Deleuze kurzerhand und mit polemischem Überschuss als »Greuel« in den Bereich der Meinung, der Diskussion und Kommunikation, in den selbstredend auch eine philosophische Theorie der kommunikativen Rationalität (Habermas) oder des hermeneutischen Gesprächs (Gadamer, Rorty) fallen.[157] Deleuze in dieser Hinsicht zu verteidigen fällt schwer. Nicht nur weil er zu viel zu schnell in einem Topf verrührt, sondern auch wegen seines eigenen Anspruchs. Gerade weil ein Buch wie der *Anti-Ödipus* beansprucht, von Anfang bis Ende (»from beginning to end«) zur politischen Philosophie zu gehören, und weil das nicht nur chronologisch letzte, sondern inhaltlich resümierende Buch *Was ist Philosophie?* – »Was war das denn nun, was ich während meines ganzen Lebens gemacht habe?« – die Konzeption einer inhärent politischen Philosophie vorstellt, in der die Erschaffung neuer Begriffe abzielt auf eine verändernde Praxis und eine neue Lebensform[158], ist die vehemente, undifferenzierte und im Duktus dogmatische Kritik an Meinung und Kommunikation nicht nur eine philosophische, sondern auch eine politische Angelegenheit. Deleuze' Begriff von Demokratie muss dementsprechend mit einem Folgeschaden auskommen. Er ist nicht frei von antidemokratischen Affekten.

Am Ende übernimmt Deleuze auch hier wieder die Perspektive Nietzsches: Das Konzept von politischer Philosophie und Demokratie ist geprägt von einem umgreifenden ästhetisch-ethischen Kontext. Daher auch der hohe Anspruch an Kunst und Philosophie. Beide Sphären, so heißt es emphatisch, »treffen sich an diesem Punkt: der Konstitution einer Erde und eines Volkes, die noch fehlen, als Korrelat des Schöpferischen«.[159] Deleuze' Utopie ist ontologisch grundiert; sie ist die politische Akzentuierung einer Lehre vom werdenden Sein. Alles ist im Fluss, ein Werden ohne inneres Ziel, ein Prozess unendlicher Auflösungen und Verbindungen. So auch die Demokratie. Ihre empirisch-faktische Ausformung ist nicht identisch mit ihrer Idee, und dies durchaus auch im Sinne Kants, wenn »Idee« einen Begriff meint, der mit keiner Anschauung übereinstimmt. »Demokratisch-Werden« lautet der entsprechende halb metaphorische Leitbegriff bei Deleuze, auch wenn er ihn nur ein einziges Mal verwendet.[160]

Kunst als Empfindungsblock

Kritisieren heißt nicht, eine Sache zu beurteilen, indem man mit guten Gründen ihre Fehler aufzeigt. Es heißt vielmehr, so Deleuze, auf die ein oder andere Weise festzustellen, dass ein Begriff erschöpft ist, und darauf mit einem neuen Begriff zu reagieren. Gute Kritik ist nie nur verneinende, sondern schöpferische Kritik, in bürgerlich-technologischer Ausdrucksweise: nie nur destruktiv, sondern konstruktiv. In seinem Buch über Nietzsche aus dem Jahr 1962 variiert Deleuze dies auf interessante Weise: »In der Kritik handelt es sich nicht darum zu rechtfertigen, sondern anders zu fühlen: um eine andere Sensibilität.«[161] Gefühle und Demokratie – bei Deleuze verstanden vor allem als eine Lebensform, nicht so sehr als eine Regierungsform – verbinden sich demnach im Zeichen von Kritik und Utopie. Für die werdende Demokratie oder die Demokratie im Werden muss man zunächst einmal ein Gefühl aufbringen, ein vitales Bedürfnis, sie immer aufs Neue herbeizuführen. Deleuze' Redeweise erinnert hier nicht zufällig an Herbert Marcuses Plädoyer Ende der 1960er Jahre für eine »neue Sensibilität«, die sich mit einer »entsublimierten«, auf Praxis ausgerichteten wissenschaftlichen Intelligenz zu einem »ästhetischen Ethos« vereinigen könnte, in dem das Attribut »ästhetisch« sowohl die ursprünglich griechische Bedeutung »die Sinne betreffend« (*aisthesis*) als auch die moderne Bedeutung »die Kunst betreffend« meint.[162] Mit den

Protestereignissen des Jahres 1968, die sich nirgendwo so revolutionär zuspitzen wie in Frankreich, speziell in Paris, mit wilden Streiks, Fabrikbesetzungen und Barrikadenschlachten im Quartier Latin, schließlich einer Staatskrise, der Präsident de Gaulle mit Notstandsmaßnahmen entgegentritt, unterstützt von der lange schweigenden, nun aber auf die Straßen gehenden Mehrheit der Franzosen (Mitterand, der Vorsitzende der Sozialistischen Partei, »ins Gefängnis!«, der Studentenanführer und deutsch-französische Jude »Cohn-Bendit nach Dachau!«, ins KZ, »Frankreich den Franzosen!«) – mit diesen Ereignissen gehen nicht nur marxistische Forderungen nach einer radikalen Gesellschaftsveränderung einher, sondern auch – und im Nachhinein gesehen: vor allem – neue Lebensgefühle. Es ist die Geburtsstunde der »Kinder von Marx und Coca-Cola« (Jean-Luc Godard), der Generation der »Selbstverwirklichung«.[163] Die neue Sensibilität, die andere Art zu fühlen, die Deleuze der argumentativen Kritik vorzieht, drückt sich in einem politisierten Lebensgefühl aus, das sich in Berkeley, San Franciscos Haight-Ashbury und in einem Paris, das »die Phantasie an die Macht« träumt, Gestalt annimmt.

So zwiespältig also Deleuze' Begriff von Demokratie ist, so eindeutig ist die Verbindung, die er zwischen Kunst und Gefühlen, genauer: Kunst und Affekten herstellt. Deleuze formuliert sie am klarsten in *Was ist Philosophie?*, dem Buch, das für viele seiner hingebungsvoll begeisterten Leser und Leserinnen eine große Enttäuschung darstellt, schwelgt es doch keineswegs in Ankoppelungsorgien, Grenzüberschreitungen und der Subversion von Identitäten. Es zieht ganz im Gegenteil zunächst einmal klare Linien. Das Kunstwerk ist demnach »ein Empfindungsblock, das heißt eine Verbindung, eine Zusammensetzung aus Perzepten und Affekten«. Perzepte sind in diesem Sprachgebrauch keine Perzeptionen, Wahrnehmungen, die abhängig sind von den Wahrnehmenden, und Affekte sind keine Affektionen, subjektive Gefühle, sondern die Art von Gefühlen, die die Fühlenden übersteigen.[164] Perzepte und Affekte haben einen objektiven, das heißt nicht-subjektiven, und einen nicht-begrifflichen Charakter, sie sind jene Art von Wahrnehmungen und Gefühlen, die sich nicht auf einen Begriff bringen lassen. Das klingt nach einer emotivistischen und irrationalistischen Kunsttheorie. Aber in *Was ist Philosophie*, dem letzten zusammen mit Guattari geschriebenen Buch, macht Deleuze deutlich, dass Kunst, Philosophie und Wissenschaft zunächst einmal das gleiche Ziel haben, nämlich mit dem »Chaos«, dem Undifferenzierten, dem sich permanent Auflösenden zu kämpfen. Sie tun dies allerdings auf unterschiedliche Weise. Während die Wissenschaft dies mit »Funktionen« tut, mit wahrheitsfähigen Aussagen (»Propositionen«), die sich auf etwas in der Welt beziehen, also eine »Referenzebene« aufbauen, und die Philosophie dies mit Begriffen tut, die versuchen, dem Chaos »Konsistenz« zu verleihen, es zu einem Kosmos, einem strukturierten Weltall zu machen, aber eigentlich das selbstwidersprüchliche Unikum eines »Chaosmos« hervorbringt, Chaos und Kosmos in einem, tut die Kunst dies, indem sie »ein Sein« des Sinnlichen, nicht mehr bloß dessen Reproduktion, erstellt, eine zusammengesetzte, »komponierte« Empfindung, die das eingeschliffene System von Wahrnehmungen und Gefühlen stets erneut »deterritorialisiert« oder entgrenzt. Die Kunst denkt insofern nicht weniger als die Philosophie und die Wissenschaft, »aber sie denkt in Affekten und Perzepten«.[165]

Zudem ergeben sich vielfältige Überlagerungen (»Interferenzen«) und Verbindungen mit der Philosophie und der Wissenschaft. Deleuze und Guattari verweisen diesbezüglich etwa auf Gustav Theodor Fechner, den Begründer der experimentellen, empirisch-induktiven Ästhetik, der versucht, den Bereich der vorbegrifflichen Empfindungen, der Reize von Farben und Tönen, begrifflich zu erfassen. Sie verweisen auf die abstrakte Kunst, namentlich Paul Klee, die zeigt, wie Künstler versuchen, »reine Empfindungen« von dem zu schaffen, was der Wissenschaft als »Funktion« und der Philosophie als »Begriff« gilt. Freilich handelt es sich hierbei um »äußerliche« Inter-ferenzen, da jede Disziplin, ganz systemtheoretisch, »ihre eigenen Mittel verwenden muss«. Darüber hinaus verweisen Deleuze und Guattari kurz auch noch auf zwei andere Formen von Interferenz: In der »nicht lokalisierbaren« Interferenz ist jede Disziplin »auf ein Negatives bezogen«, was nicht mehr heißt, als dass die Kunst der Nicht-Kunst und die Wissenschaft der Nicht-Wissenschaft bedarf. Die zweite, die »innerliche« Interferenz schließlich ist »subtil«, denn hier haben wir es mit einem »Einschleichen« der einen Disziplin in die andere zu tun, wie – philosophisch – in Nietzsches Zarathustra und – künstlerisch – in der Dichtung Mallarmés.[166] Das Projekt einer forschenden Kunst oder kunstbasierten Forschung (*artistic research*) wäre demnach Resultat einer entweder äußerlichen oder innerlichen Interferenz zwischen Kunst und Wissenschaft.

Zwei Hypotheken

Aber obwohl Deleuze die Option eröffnet, Kunst, Affekte (nicht begrifflich zu fassende Gefühle) und Demokratie zusammenzudenken, das heißt in ein wechselseitiges Stimulationsverhältnis zu bringen, erschwert er dies doch sehr durch zwei konzeptuelle Hypotheken. Zum einen durch die ontologisch-metaphysische Hypothek, die er sich namentlich mit Spinoza auferlegt. Gewiss kann er mit Bergson für eine Verzeitlichung der einen Substanz Spinozas argumentieren und mit dem neuen Begriffspaar von Virtualität und Aktualität auch Nietzsches Spekulationen über die ewige Wiederkunft Sinn abgewinnen. Gewiss kann er damit einen positiven Begriff von Differenz vorstellen, der nicht mehr abhängig ist von dem der Identität und negativ auf ihn bezogen bleibt. Das kann man als eine Stärke gegenüber dem Denken Hegels, Adornos und Derridas ansehen. Aber die Schwäche von Deleuze' philosophischem Denken liegt darin, dass es sich als monistisches System bruchlos einfügt in das klassische metaphysische Denken. Trotz aller anarchistisch-literarischen Rhetorik tut es keinen Schritt hinaus aus dem Grundmuster der Substanzphilosophie. Es tut keinen wirklich befreienden Schritt ins »Außen«.

Zum anderen beschwert Deleuze sein Denken speziell durch seine Affekttheorie. Aufschlussreich ist hier der Vergleich mit der sogenannten affektiven Wende (*affective turn*) in der neurowissenschaftlichen Forschung und Philosophie, für die namentlich Antonio Damasio und Brian Massumi stehen, Letzterer in ausdrücklicher Nachfolge von Deleuze und Guattari. Philosophiegeschichtlich liegt der Ursprung dieser Wende im philosophischen Pragmatismus, in diesem Falle repräsentiert durch William James. In seinem einflussreichen Artikel »What Is an Emotion?« von 1884 argumentiert James, dass das, was man im Allgemeinen lediglich als »Ausdruck« eines Gefühls bezeichnet – körperliche Veränderungen, etwa der Haut, des Atmens und des Gesichtsausdrucks –, in Wirklichkeit grundlegend ist für das Gefühl. Gefühle sind Wahrnehmungen körperlicher Veränderungen und vollständig abgetrennt von der Sphäre des Geistes oder der Erkenntnis. Wir zittern nicht, weil wir uns fürchten, sondern wir fürchten uns, weil wir zittern; wir weinen nicht, weil wir traurig sind, sondern wir sind traurig, weil wir weinen. Dieser Tradition folgen Damasio und Massumi ausdrücklich.[167] Denken und Handeln werden geleitet durch sei es angeborene, sei es erlernte körperliche Signale. Damasio zufolge entwirft das Gehirn so etwas wie (Land-)Karten körperlicher Zustände, die auf einer höheren Ebene dann Überzeugungen und Wünsche entstehen lassen. So lösen Enzym- und Hormonzustände im Verdauungssystem den Aufbau einer Karte auf, die wir im Nachhinein »Hunger« nennen, und erst dann entstehen die bewusste Empfindung von Hunger und das klare Bedürfnis nach Nahrung. Es sind also subpersonale, nicht bewusste körperliche Zustände, die Gefühle und Gedanken hervorbringen.

Das fundamentale Problem dieser affektivistischen Emotionstheorie liegt freilich in der Verwirrung kausaler und normativer Beziehungen, wenn sie kausalen Mechanismen psychologische Eigenschaften (wie »denken«, »entscheiden«, »wählen«) zuspricht. Kausalität ist nicht hinreichend, um so etwas wie »Bedeutung«, »Intentionalität« (Gedanken sind auf etwas, ein Objekt oder einen Sachverhalt, gerichtet) und Werte zu erklären. Die neurowissenschaftliche Redeweise, dass Nervenzellen etwas »bewerten« oder dass »das Gehirn urteilt«, zum Beispiel im limbischen System als jenem Bereich des Gehirns, der hauptsächlich für Emotionen und Triebverhalten zuständig ist, erweckt den Eindruck, es gäbe auf der materiell-neurophysiologischen Ebene etwas, das einer Bedeutung oder einer Begründung auf der mentalen und normativen Ebene entspricht. Im schlimmsten Fall liegt dann ein Kategorienfehler vor, im besten Fall eine metaphorische und analogisierende, vom üblichen Sprachgebrauch abweichende Ausdrucksweise, die ein neues Forschungsfeld eröffnet.[168] Zu dieser konzeptuell-analytischen Kritik tritt noch eine immanente Kritik hinzu. Trotz des ausgestellten spinozistischen Anti-Dualismus bleibt in der neurowissenschaftlichen Reduktion des Geistigen auf das Körperliche, des Denkens auf das Gehirn der cartesianische Dualismus von Geist und Körper, *res cogitans* und *res extensa* in Kraft, denn nach wie vor gilt der Geist lediglich als körperloses und insofern transzendentes Bewusstsein. Der neurowissenschaftliche Materialismus ist also ein impliziter Cartesianismus.[169]

Letzteres kann man Deleuze (und Guattari) sicherlich nicht vorhalten, wohl aber die Konfusion der kategorialen Bereiche im Zeichen einer zugleich hemmungslosen wie beschwichtigenden Metaphorik. Der spinozistische Körper-Geist oder Geist-Körper, das »Gehirn« in Anführungszeichen, das den Menschen als denkende Instanz abgelöst hat, kann so etwas wie Ideen oder »mentale Objekte« nur bildlich und im Konditional beschreiben. Wenn sie »einen Ort haben sollten«, dann »im tiefsten Inneren« nicht der Synapsen, sondern »der synaptischen Spalten«, in so etwas wie einem »Hiatus«, den »Intervallen« und sogenannten »Zwischenzeiten« eines »nicht objektivierbaren Gehirns«, das, noch einmal metaphorisch beschrieben, »ein Zustand distanzlosen Überfliegens« ist, »dicht am Boden, des Selbstüberfliegens, dem kein Abgrund, keine Falte und kein Hiatus entgehen«.[170]

Zurückblickend auf die in diesem Buch herausgestellten vier Funktionen der durch die Kunst angeleiteten ästhetischen Erfahrung als Verbindungsglied zwischen Gefühlen und Demokratie lässt sich feststellen, dass Deleuze (zusammen mit Guattari) nicht die Funktion der Transformation und gewiss nicht die der Mediation und Kompensation herausstellt, sondern die der Präsentation. Als »Empfindungsblock«, als zusammengeschweißte Verbindung zwischen unbewussten, vorbegrifflichen Wahrnehmungen und Gefühlen, ist die Kunst auf *Darstellung* spezialisiert. Sie lässt sehen (wahrnehmen), was etwas *ist*, und hat insofern ontologisch entbergende Kraft. Der epistemische Modus, der ihr auf Seiten der Wahrnehmenden entspricht, ist unmittelbar, intuitiv, mehr oder weniger schockhaft und immer quasi-apodiktisch, eine Gewissheit von der Art eines wuchtigen Schlags, für den es weder Zeugen noch Beweise gibt.

4. Hegels Freiheitsmodell

Präsentation, Transformation und Moderation der Gefühle

Als Hegel in den 1820er Jahren in Berlin seine Vorlesungen über die Ästhetik hält, führt er seine Zuhörer auf die plausible Weise in die Sache ein, dass er von gewöhnlichen Vorstellungen des Schönen und der Kunst ausgeht, die Schritt für Schritt zur maßgeblichen Definition führen, welche ihn als klassischen Präsentationsästhetiker erweist, als Repräsentant der These, dass Kunst »sinnliche Erscheinung« der »Idee« oder »Darstellung« eines Wahrheitsgehalts sei. Zu den verbreiteten Vorstellungen gehört die enge Verknüpfung des Ästhetischen mit der Sinnlichkeit, und ein Aspekt dabei ist die Verknüpfung mit Gefühlen und Empfindungen. Von Aristoteles bis zu Lessing hält sich diesbezüglich die These durch, dass die Kunst, speziell die Tragödie oder das Theater, Furcht und Mitleid erregen soll. Hegel gibt dieser These die nachhaltige Korrektur, dass Kunst zwar in der Tat für die Sinnlichkeit bestimmt sei, aber ebenso für den »Geist«, und entwickelt daraus die eigene These, dass die Kunst fundamental auf einer dritten, mittleren Ebene verortet werden muss: der Ebene des »Scheins«. Es ist dies ein traditioneller philosophisch-ästhetischer Ausdruck für die transformative Leistung der Kunst. Das Sinnliche nämlich ist in ihr »zum bloßen Schein erhoben«, und so steht es »in der Mitte zwischen der unmittelbaren Sinnlichkeit und dem ideellen Gedanken«.[171] Unmittelbar wirkt die Sinnlichkeit, sofern sie ist, was sie ist. Wir sind dann mit einer Erfahrung konfrontiert, ohne sie in irgendeiner Form artikulieren, geschweige denn (gedanklich) begreifen zu können. Die Erfahrung wirkt wie ein dumpfer Schlag, in der Ausdrucksweise von Deleuze und Guattari: wie ein »Empfindungsblock«. Sobald sie aber, weiterhin mit den beiden Affekttheoretikern, in Farben, Tönen, Worten, dynamischen Bildern »zusammengesetzt« oder »komponiert« wird, erhebt sie sich über diese unmittelbare, rein affektive Sphäre. Weniger idealistisch gesprochen, transformiert sie sich in eine eigene und eigenständige Bedeutungssphäre. Aus Hegels Sicht steht der künstlerisch gestaltete Empfindungsblock auf einer höheren Stufe als der unmittelbar affektive. Als Block der Empfindung verweigert er sich der begrifflichen Vereinnahmung, aber als artikulierter und komponierter ist er selber bereits von der Intention des Begreifens affiziert, die da lautet, der Materie (der Empfindung), ja der Welt als ganzer »ihre spröde Fremdheit zu nehmen«[172] und sich in ihr zuhause zu fühlen.

Diese transformierende Leistung der Kunst formuliert wohl Adornos *Ästhetische Theorie* am besten im Hegel'schen Sinne aus, wenn sie die Absetzbewegung des Schönen vom mythisch-schreckhaften Ursprung, von Grausamkeit, Leiden, wilden Begierden und Hässlichkeit beschreibt als eine, die den »Schauer«, das Erzittern, die Angst in sich »hinüber rettet«. Schön ist ein Kunstwerk nicht, wenn es sich zu dieser Sphäre der Affekte in »abstrakter«, vollständig verneinender, sondern in »bestimmter Negation« verhält, die bewahrt, was sie verneint, indem sie es auf eine höhere Ebene hebt.[173] Dass es mitunter extrem schwierig ist, dieser transformierenden Leistung wirklich gerecht zu werden und sie im richtigen Maß auszubalancieren zwischen der Wucht der Wirklichkeit und einem Ästhetizismus der Form, ist beispielhaft an einem der berühmtesten Gedichte im deutschsprachigen Raum ablesbar, an Paul Celans »Todesfuge«. Sie steht geradezu allgemeingültig für das Grauen in den Vernichtungslagern der Nazis und doch halten ihr manche Kritiker vor, sie sei »›schön‹ gewordene Verzweiflung«, »allzu kunstvoll, zu vollendet, gemessen an den Schrecknissen«. Der ästhetische, formverpflichtete Ton durchquert eine Erfahrung, die der Dichter selber treffend »wirklichkeitswund« nennt.[174]

Die ästhetische Leistung der Transformation zeigt insofern eine Neigung zur Moderation. Das ist auch bei Hegel so. Mit Verweis auf die berühmte Sentenz des römischen Dichters Terenz: *Nihil humani a me alienum puto*, »nichts Menschliches ist mir fremd«, beschreibt er zunächst als Zweck der Kunst, »die schlummernden Gefühle, Neigungen und Leidenschaften aller Art zu wecken und zu beleben«; den Menschen »alles durchfühlen zu lassen, was das menschliche Gemüt in seinem Innersten und Geheimsten tragen, erfahren und hervorbringen kann«.[175] In einer Formulierung wie dieser kommt Hegel zunächst wieder der präsentierenden Leistung der Kunst nahe, ihrer Fähigkeit, Gefühle und Erfahrungen in dem Sinne erst hervorzubringen, dass sie den schlummernden, in der Innerlichkeit eingeschlossenen Gefühlen im wörtlichen und übertragenen Sinn Ausdruck verleiht. Da dies allerdings nur ein formaler Zweck sei, der jede mögliche Art des Inhalts erlaube, setzt Hegel als höheren Zweck denjenigen an, dass die Kunst »die Wildheit der Begierden zu mildern« habe.[176] Auch diese Milderung ist bereits ein Effekt des Ausdrucks, der Veräußerlichung eines Inneren, der Verobjektivierung eines Subjektiven. Denn was der Mensch »sonst nur unmittelbar *ist*«, wird nun »zum Bewusstsein gebracht« oder »vorstellig« gemacht. Nun ist es dem Menschen möglich, einen distanzierenden, betrachtenden Blick auf sich selbst und seine Gefühle zu werfen. Da sie ihm jetzt »als Objektives gegenüberstehen«, beginnt er, mit anderen Worten, »in Freiheit gegen sie zu kommen«. Die emotional mildernde Leistung und ein Privileg der Kunst besteht darin, Sinnlichkeit und Freiheit in ein ausgleichendes Verhältnis zu bringen. Moderation ist insofern ein Effekt von Kompensation. Hegel wählt dafür die treffende Formulierung: »Die Kunst durch ihre Darstellungen befreit innerhalb der sinnlichen Sphäre zugleich von der Macht der Sinnlichkeit.«[177]

Kunst leistet demnach für Hegel eine Präsentation, Transformation und Moderation der Gefühle. Zugleich gehört sie wie Religion und Wissenschaft, mit dem Höhepunkt der Philosophie, in die Sphäre »des Absoluten«, das heißt des sich vollständig mit sich selbst vermittelnden »Geistes«, und das heißt vollständiger Freiheit, insofern hier das Selbst im Anderen – im anschaulichen Kunstwerk, in der gläubigen Gottesvorstellung und in der begriffenen Theorie – wahrhaft bei sich selbst ist. Doch in ihrer modernen romantisch-ironischen Form disqualifiziert Hegel die Kunst als eine Verfallsform und hält der romantischen Literatur seiner Zeit, die ihr Können willkürlich an allen möglichen Stoffen erprobt, die fehlende wirkliche Objektivität entgegen, eine Realisierung der Gestaltungsfreiheit, die über das hinausgeht, was ein Subjekt willkürlich festlegt. Wirkliche Freiheit, das heißt wahrhafte Freiheit in der Wirklichkeit, muss sich demnach erst erweisen.[178] Kunst kann dazu Hegel zufolge in der modernen Welt keinen Beitrag mehr leisten, denn die Verhältnisse sind so abstrakt geworden, dass es, um sie zu darzustellen, der Theorie bedarf. In anderer Weise, als von ihm gedacht, lässt sich aber seine These vom Ende der Kunst für den Zusammenhang von Kunst, Gefühlen und Demokratie reaktualisieren.

Hegels These vom Ende der Kunst stößt am Ende des 20. Jahrhunderts auf ein zwiespältiges und gedoppeltes Echo. Auf der einen Seite ist ihr provokativer Charakter insofern verblasst, als sich mittlerweile herumgesprochen hat, dass sie nicht der Kunst im faktischen Sinne ihr Todesurteil verkündet. Sie spricht der Kunst nicht die Existenz, sondern die Essenz ab. Wie die gesamte Metaphysik des Selbstbewusstseins bei Hegel untersteht auch die Kunst einer teleologischen Konzeption. Aus der Sicht des Philosophen hat die Kunst ihre finale Bestimmung erfüllt und kann nun gehen. Sie hat ihr Ziel erreicht und ist in einen unbeschwerten Alltag entlassen. Sie produziert weiterhin Werke oder Objekte, hängt daran aber nicht mehr jenes Gewicht, das die ganze Welt bedeutet. Diese These zieht allerdings zugleich eine durchaus provokative Konsequenz nach sich, nämlich für Hegel selber. Da eine philosophisch-teleologische Bestimmung der Kunst im nachhegelschen, endgültig aber im sogenannten postmodernen oder auch im »nachmetaphysischen« (Habermas) Zeitalter vollständig obsolet geworden scheint, scheint auch Hegels These völlig unzeitgemäß. Kunst und Philosophie haben demnach heute Besseres zu tun, als systemphilosophische, metaphysische Anachronismen zu verwalten und sich mit albernen Konsequenzen herumzuärgern, die da lauten würden, Proust und Kafka, Wagner und Schönberg, van Gogh und Cézanne hätten keinem Neuen zur Artikulation verholfen oder hätten lediglich artikuliert, was auch in anderer Form artikulierbar gewesen wäre.[179]

Auf der anderen Seite ist Hegels These von ebenso beunruhigender wie klischeehafter Aktualität, und dies aufgrund der Situation der Kunst im 20. Jahrhundert. Die Kunst hat ihr Ende nunmehr ausdrücklich proklamiert und so oft wiederholt, dass die Proklamation fast schon zum Klischee erstarrt ist. Philosophische und kulturkritische Essays und Schriften, feuilletonistische Artikel und künstlerische Verlautbarungen hallen wider von »Ende«, »Erschöpfung«, »Stillstand«. Das Innovationspotential der Moderne sei erschöpft, die Möglichkeiten seien ausgereizt, alle Techniken erforscht und alle Tabus gebrochen. Die Negation werde zum Ritual, die Rebellion zur gekonnten Attitüde. Die Kunst könne nur noch ihre eigene Vergangenheit zitieren, ein Revival folge auf das andere, eine Neo-Kunstrichtung auf die nächste. Spätestens mit dem Beginn der sechziger Jahre, nachdem Arnold Gehlen sein Theorem vom »Posthistoire« und die nordamerikanische Literaturkritik den Begriff der Postmoderne eingeführt haben[180], sind die theoretischen Markierungen für die aktuelle Rede vom Ende der Kunst festgelegt. Gesellschaftliche Gründe unterstützen die kunstimmanenten. Die Kunst wird demnach ganz von hedonistischen und ökonomischen Imperativen vereinnahmt, zerrieben zwischen Markt und Genuss. Eine gesellschaftliche Funktion, Einfluss auf die öffentliche Meinung kommt ihr nicht mehr zu. Das ist die Kehrseite jener Autonomie, die sie sich seit dem Beginn des 19. Jahrhunderts erkämpft hat. Die Entbindung der Kunst von allen fremden und politischen Pflichten war ein langwieriger Akt der Selbstbefreiung, nun aber wird sie sozusagen aus Rationalisierungsründen aus dem Arbeitsverhältnis entlassen. Die Repräsentanten der politischen Herrschaft benötigen die Dienste der Künstler nicht mehr. Das Fernsehen, das technisch adäquate Medium für den Bilderbedarf der zeitgenössischen Politik im 20. Jahrhundert, hat das offenkundig gemacht.[181] Die These vom Ende der Kunst erhält schließlich in Deutschland noch einen eindringlichen und aktuellen Beleg im Streit um das Berliner Holocaust-Denkmal. Bezüglich der Frage, ob die Kunst noch in der Lage sei, die an sie herangetragene hochoffizielle Aufgabe zu lösen, einen Ort der Erinnerung für die unter den Nationalsozialisten ermordeten Juden zu schaffen, lässt sich das verwirrende Hin und Her der Argumentation vor dem Hintergrund der Hegel'schen These so resümieren, dass in den Holocaust-Denkmälern »Geschichte in eine Kunst (einbricht), die ihrem Selbstverständnis nach ›Geschichte‹ schon hinter sich hatte. Ausgerechnet diese verspielten Formen einer postnarrativen Beliebigkeit sollten nun dazu eingesetzt werden, das größtmögliche Übel des 20. Jahrhunderts zu illustrieren.«[182]

Genau genommen ist es allerdings weniger Hegel als Arthur C. Danto, der im Hintergrund dieses Resümees steht. Ihm gebührt das Verdienst, als postanalytischer Ästhetiker aus Hegels spekulativer Kunstphilosophie theoretische Funken geschlagen zu haben. Mit dem Terminus »postnarrativ« oder »posthistorisch« bezeichnet er, was Hegel lediglich als *eine* Möglichkeit der Kunst nach ihrem metaphysisch-philosophischen Ende thematisiert: Kunst als »eine Art von Spielerei«, die das immerwährende »Bedürfnis des Menschen nach Verzierung, Ausdruck und Unterhaltung« befriedige.[183] Postnarrativ nennt Danto die Epoche nach dem Ende der Kunst, weil das Modell einer progressiven Geschichte der Kunst ausgelaufen ist. Im Einklang mit vielen seiner Zeitgenossen konstatiert auch er, dass die am Fixpunkt des Neuen orientierte Geschichte der Kunst als Geschichte von Entdeckungen und Durchbrüchen nicht mehr überzeugend ist. Das Ende ist sogar ziemlich genau datierbar: Es fand im Frühjahr 1964 statt, als Andy Warhol in der Stable Gallery, East 74th Street, Manhatten, die *Brillo Box* ausstellte.[184]

Dantos Interpretation der Hegel'schen These wirkt elegant und bestechend. Die Kombination aus spekulativer Philosophie, Kennerschaft der zeitgenössischen Bildenden Kunst und intellektuellem Witz mündet in ein betörendes Resümee über die Kunst der vergangenen Jahrhunderte. Selbstverständlich baut es auf Prämissen auf, auf der empirischen Prämisse, dass die Kunst der gegenwärtigen, seit den sechziger Jahren anhaltenden Epoche nur noch von Revivals lebe, und auf der philosophischen Prämisse, dass die Kunst einer linearen Geschichtskonzeption unterstehe. Dass die Geschichte der Kunst plurilinear oder auch diskontinuierlich sein könnte; dass es zu jeder Zeit immer mehrere Stilrichtungen geben oder ihre Abfolge, in der Begrifflichkeit von Thomas Kuhn, eine Folge von Paradigmenwechseln sein könnte, liegt außerhalb von Dantos Perspektive.[185]

Aber mich interessiert hier ein anderer Aspekt. Danto spricht ihn gerne in den einleitenden und abschließenden Bemerkungen seiner Essays an. Dort geht es nüchtern, emphatisch und ironisch um Kulturdiagnose und Vision und damit auch um Gesellschaftspolitik. Der Kunst der sechziger Jahre ging es demnach nicht nur um Kunst, sondern um das »Niederreißen gesellschaftlicher Grenzen – für die Pop Art war es die Grenze zwischen hoher und niedriger Kunst, für den Minimalismus die zwischen den schönen Künsten und der industriellen Fertigung«. Diese »revolutionären Bestrebungen waren eines Geistes mit den Versuchen, die entmündigenden Trennlinien zwischen den Geschlechtern und Klassen zu überwinden, und zwar aus der Perspektive einer politischen Utopie, die ein ›Paradies jetzt‹ forderte, wie ein Stück des ›Living Theatre‹ es nannte: ›Paradise Now‹«.[186] In diese kulturrevolutionären Bestrebungen reiht sich Danto mit seiner Erzählung vom Ende der Kunst ein. Er tut das nicht leichten Herzens, aber in Anerkennung des Unvermeidlichen. Auch die entmündigende Trennlinie zwischen Kunst und Philosophie wird überwunden, nunmehr aber auf eine dialektisch höchst perfide Weise. Die Philosophie kann nämlich ihr jahrtausendealtes Geschäft der Entmündigung der Kunst an die Kunst selber delegieren, die, in ihrem Bestreben zu wissen, was sie ihrem Wesen nach sei, in Philosophie übergeht. Auch bei Danto erreicht die Kunst in der gegenwärtigen Epoche ihre – im doppelten Sinn des Wortes – philosophische Bestimmung: Ihr Telos, Philosophie zu werden, wird der Kunst nicht nur von außen, von der Philosophie vorgezeichnet, sondern sie verfolgt es intern. Ästhetisch und gesellschaftspolitisch bedeutet dies einen Neubeginn. Denn die ästhetische Einsicht, dass nun alles Kunst sein könne, bietet gesellschaftspolitisch »ein Modell für die Hoffnung, jeder Mensch könne sein, was er nur wolle«; »Pluralismus« im umfassendsten Sinne ist das weiche und unausweichliche Gebot der Stunde.[187] Danto liest Hegel hier mit Marx und Kojève und lässt die in Widersprüchen vorwärtsgetriebene Geschichte in eine klassenlose, von aller Agonie befreite Gesellschaft münden, die märchenhafte Züge trägt. Nicht nur die Kunst, sondern die Geschichte überhaupt hat nun ein Ende, die Akteure aber leben (»wenn sie nicht gestorben sind«) glücklich weiter.

Hegels These vom Ende der Kunst interpretiert Danto in diesem utopischen Sinne neu als Modell für die Vollendung der demokratischen Kultur. Die posthistorische Kunst verwirklicht in ihrem Rahmen einen Pluralismus, dessen generelle Respektierung eines der ersten und obersten Gebote einer demokratischen Gesellschaft im politischen Sinne ist und dessen Habitualisierung eine demokratische Kultur auszeichnet. Der Pluralismus ist dabei eines der ersten und obersten Gebote einer demokratischen Gesellschaft, nicht das einzige. Ebenso hoch ist das Gebot der Autonomie zu veranschlagen. Unter einer demokratischen Kultur verstehe ich demnach die Habitualisierung, die auf die Alltagspraxis ausgeweitete Anwendung demokratischer Prinzipien, die seit Rousseau grundsätzlich durch die Herrschaft von Freien und Gleichen über sich selbst bestimmt sind, durch eine Autonomie und Pluralismus implizierende, daher der Idee nach zwanglose Selbstorganisation der Gesellschaft.[188]

Es ist dieser Zusammenhang, der mich interessiert, der Zusammenhang zwischen posthistorischer Kunst und demokratischer Kultur. Anders als Danto möchte ich allerdings darlegen, dass das Ende der Kunst einen Anfang für die demokratische Kultur bildet. Das ist weniger und mehr zugleich: weniger, weil die Kunst nur einen Anfang und nicht die Vollendung bildet; mehr, weil sie nicht nur als Modell, nämlich als Modell der Vollendung fungiert. Das Ende der Kunst im Hegel'schen philosophischen Sinn, das Ende der Kunst als Wahrheits- und höchste Sinninstanz, das Ende der Kunst also in diesem metaphysischen Sinn ist vielmehr eine Voraussetzung für die Demokratie als Lebensform, als Kultur im holistischen Sinn. In Anlehnung an Richard Rorty kann man sie eine »Kultur ohne Zentrum« nennen, denn keiner der Anwärter auf den Posten des Zentrums der Kultur – traditionellerweise sind das Religion, Wissenschaft (mit dem Sonderstatus der Philosophie), Recht, Ethik und Kunst – kann in einer demokratischen Gesellschaft ein permanentes Anrecht auf diesen Posten geltend machen. Ebenso wenig kann das der Bereich der Politik oder der Ökonomie. Die »beste Art von Kultur«, so erläutert Rorty, wäre eine, »deren Schwerpunkt ständig wechselte, je nachdem, welche Person oder Personengruppe zuletzt etwas Anregendes, Originelles und Nützliches geleistet hat«. Rorty spricht hier ersichtlich nicht nur im demokratischen, sondern auch im pragmatistischen Sinn. Das Kriterium dafür, welcher Bereich der Kultur jeweils als Zentrum fungieren sollte, liegt nämlich in der Nützlichkeit im weiten Sinn, darin, was dieser Kulturbereich zu einer bestimmten Zeit kreativ und produktiv zu leisten imstande ist.[189] Das eine Mal tritt demzufolge die Kunst oder die weite, Populärkultur, Design und Mode umfassende Sphäre des Ästhetischen in den Vordergrund und prägt, wie in der westlichen Welt seit den späten 1960er Jahren, das gesellschaftliche Leben. Ein anderes Mal ist es die Wissenschaft, die, im Verbund mit technischen Erfindungen, im Vordergrund steht. Wieder ein anderes Mal ist es die Politik, die in der Ausrichtung an einer kollektiven Lebensform und personifiziert in einer weltverändernden, revolutionären Figur, einen nachdrücklichen und innovativen Akzent setzt.

Hegels gute und weniger gute Gründe

Ich möchte im Folgenden einige Gründe herausstellen, die Hegel für das Ende der Kunst anführt.[190] Dass ich mit deren Hilfe meiner These mit Hegel selbst Überzeugungskraft verleihen möchte, heißt aber nicht, dass ich mich auch zu der These aufschwänge, Hegel sei ein philosophischer Verfechter der liberalen Demokratie. Nach den eingehenden Diskussionen über die *Grundlinien der Philosophie des Rechts* und die vorangegangenen Vorlesungen wird man Hegel heute weder als Ideologen der preußischen Restauration noch als Anwalt eines demokratischen Pluralismus einordnen dürfen. Die These, es gebe einen ganz anderen, liberalen und demokratischen Hegel, der in den Vorlesungen von 1817 bis 1820 sichtbar würde, sich dann aber in den *Grundlinien* vor der Zensur verborgen gehalten habe, scheint ebenso unhaltbar wie die entgegengesetzte, die aus Hegels Anspruch, seine Rechtsphilosophie erfülle eine für den Staat (und nicht nur für den preußischen) äußerst wichtige Funktion, den verklärenden (preußischen) Staatsphilosophen heraushört.[191] Der Umstand etwa, um einen speziellen Diskussionspunkt herauszugreifen, dass Hegel in der konstitutionellen Monarchie das Modell des modernen Staates sieht und als Kritiker der klassischen Theorie der Gewaltenteilung auftritt, vereitelt nicht von vornherein meine Fragestellung. Vielmehr lassen sich an Hegels These vom Ende der Kunst Bedeutungselemente aufweisen, die einem zeitgemäßen Demokratieverständnis entgegenkommen.

Ich beginne mit dem, wie man es abkürzend nennen kann, *Harmonieargument*. Es begleitet die abendländische Ästhetik seit ihren antiken Anfängen, aber erst die englische Geschmacksästhetik des 18. Jahrhunderts und Kant bringen es in einen demokratisch-gesellschaftlichen Zusammenhang. Bei Hume, so habe ich oben in einem vorangehenden Kapitel dargelegt, ist die Suche nach Standards des Geschmacks klarerweise auch gesellschaftspolitisch motiviert. Hätte jeder Mensch seinen eigenen Geschmack, so sieht es auch Burke, gäbe es für die Urteilskraft und das Gefühl nicht allgemeine Prinzipien, wäre ein gesellschaftliches Zusammenleben nicht möglich.[192] Speziell das Schöne gründet bei ihm, in einer anthropologisch-psychologischen Sichtweise, auf dem Trieb zur Gesellschaft. Was den Trieb zur Gesellschaft und nicht, wie im Falle des Erhabenen, den zur Selbsterhaltung befriedigt, erregt Liebe, und das heißt im Falle der Gesellschaft, im Unterschied zu dem des sexuellen Geschlechts: begierdelose Zuneigung. Auch bei Kant ist der ästhetische Geschmack mit der Idee einer im weiteren Sinn demokratischen, auf dem Gespräch gründenden Gemeinschaft verbunden. Bei ihm ist, wie ich im letzten Kapitel ausführen werde, das Geschmacksurteil als Resultat der »Harmonie der Erkenntnisvermögen« orientiert an der Idee eines »Gemeinsinns« und auf eine gewisse Art der »Mitteilbarkeit« angewiesen. Es gilt in seinen eigenen Worten als »pluralistisch« und zeugt von einer »gewissen Liberalität der Denkungsart«. Pluralistisch ist es, weil es sich nicht auf sich allein berufen kann, sondern sich am Urteil anderer prüfen muss. Liberalität zeigt es, sofern es Freiheit von allen Beeinflussungen (der Sinnlichkeit, der Moral, der Erkenntnis und des Zweckdenkens) beweist. Insofern kann man mit Luc Ferry und Terry Eagleton in der Tat sagen, dass die Funktionsweise des ästhetischen Urteils in einigen Elementen derjenigen eines liberal-demokratischen Diskurses gleicht, auch wenn beide dies unterschiedlich, der eine affirmativ, der andere ideologiekritisch-negativ, bewerten.[193]

Hegel macht es einem diesbezüglich leichter. Die Harmonie, die er von den Werken der Schönheit fordert, weist zurück auf seinen für das philosophische System unverzichtbaren teleologischen Wahrheitsbegriff, der ein jedes einzelnes danach beurteilt, ob es *ist*, was es sein *soll*. Diese Übereinstimmung der Kunst mit sich selbst realisiert sich zwar nicht ausschließlich, aber doch besonders in den Werken der »klassischen« Kunstform, die die griechische Antike kennzeichnet. Diese Werke vor allem führen »das in dem sonstigen Dasein von der Zufälligkeit und Äußerlichkeit Befleckte (zur) Harmonie mit seinem wahren Begriffe« zurück.[194] Dies vermögen sie allerdings nur, weil die griechisch-antiken Lebensverhältnisse für Hegel eine unmittelbare, das heißt von Widersprüchen noch nicht gezeichnete Harmonisierbarkeit von Einzelnem und Allgemeinem zulassen, und diese Verhältnisse daher auch in unmittelbarer, das heißt jetzt sinnlich-anschaulicher Form darstellbar sind. Die christliche Religion führt demgegenüber eine Zäsur ein. Im Leiden, Sterben und der Auferstehung Jesu Christi bricht der Gegensatz von Einzelnem und Allgemeinem, von Sinnlichkeit und Geist, von Innerlichkeit und Realität in bis dahin nicht gekannter

Schärfe auf. Unter der zusätzlichen Prämisse, dass die Kunst an Raum und Zeit, an Kultur und Geschichte gebunden ist[195], kann sie dann als »romantische« bis an ihr Ende nur noch diesen Gegensatz gestalten. Ihrer Form nach kann sie allerdings nicht auf die harmonisierende, in meinem Sprachgebrauch: die transformierende und moderierende Gestaltung der aufbrechenden Gegensätze verzichten. Der Form nach muss auch das Leidvolle, Schreckliche und Hässliche schön, das heißt so gestaltet werden, dass es nicht zum Ausschluss des »Geistigen«, das heißt zum Abbruch des interessanten und lustvollen Deutungsprozesses kommt. Hegel bewegt sich insofern auf der Linie, die durch Kant eröffnet und nachdrücklich durch Nietzsche[196] eingeschlagen wird, nämlich einer Philosophie des Schönen und der Kunst als Spannungsverhältnis gegensätzlicher Kräfte. Er erlaubt damit politisch-philosophisch zugleich die Verbindung zu einem Gesellschafts- und Staatskonzept, das die Möglichkeit von Konflikten, allen voran des Konflikts zwischen Individuum und Allgemeinheit, nicht auf dem Versöhnungsaltar des Staates opfert. Es ist wiederum strittig, wie die Funktion des Staates im Rahmen von Hegels Rechts- und Geschichtsphilosophie zu veranschlagen sei: als (vollständige) Beseitigung oder als Milderung zentraler Widersprüche, vor allem des zentralen Widerspruches zwischen individueller Selbstverwirklichung und sozio-politischer Integrationsanforderung. Generell scheint Hegel aber die These zu vertreten, dass es mit dem modernen Staat möglich sei, derlei Widersprüche wenigstens prinzipiell zu lösen. Seine Ausführungen im Rahmen der Ästhetik sprechen jedenfalls gegen den etatistischen Versöhnungsphilosophen. Das Ende der Kunst bedeutet dann gerade nicht, wie Danto meint, das Ende der historischen Konflikte.

Das lässt sich durch ein politisch-sozialphilosophisches und kulturhistorisches Argument Hegels, nennen wir es vereinfachend das *Modernitätsargument*, stützen. Die »geistige Bildung, der moderne Verstand« bringt im Menschen nämlich zum einen den Gegensatz und Widerspruch (abstrakt gefasst des Allgemeinen und Besonderen) hervor, eine »Zwiespältigkeit des Lebens und Bewußtseins«, eine Zwiespältigkeit also auf der kulturellen wie auf der sozialen und alltagspraktischen Ebene, zum anderen aber auch die Auflösung und Aufhebung dieses Gegensatzes, die »Versöhnung und Vermittlung«, und das will zunächst nicht mehr heißen als die

(Selbst-)Kritik der einseitig beanspruchten Wahrheit.[197] Die Moderne, als welche Hegel seine Zeit bereits benennt, erfordert also beides, die Gegensätze und ihre Auflösung. Grundlegend hierfür ist ihr Prinzip der Subjektivität. Durch die aufeinanderfolgenden Stufen des Christentums, der Reformation und der Französischen Revolution hat es sich so weit entwickelt, dass nun erst die Einheit mit dem Allgemeinen hergestellt werden kann. Die vielgepriesene »schöne glückliche Freiheit der Griechen«, der in der antiken Polis realisierte Typus von Demokratie, zehrt demgegenüber von einer bloß unmittelbaren Einheit des Einzelnen mit dem Allgemeinen, da der Einzelne hier »auf seine Besonderheit Verzicht (tut)« und ein »Protestieren« hier nicht stattfindet.[198] Subjektivität in ihrer gedoppelten Bedeutung von (kritischer und moralischer) Autonomie und (sozialer) Individualität ist für Hegel eine postantike und moderne Errungenschaft.

Das zentrale Problem, das sich daraus ergibt, besteht in der Frage, ob und wie das Subjekt in seinem unnachgiebigen Bestreben nach Autonomie und Individualität mit den Erfordernissen sozio-politischer Integration zu versöhnen sei; ob und wie sich aus der Pluralität von Einzelnen ein gesellschaftlich-kulturelles Ganzes formen könne. Eine positive Antwort muss nicht implizieren, wie ich mit Verweis auf die *Rechtsphilosophie* bereits bemerkt habe, dass Widersprüche vollkommen zu beseitigen wären. Das Ende der Kunst muss daher nicht das Ende des Agonalen, eine Welt ohne Kampf und Konflikt bedeuten. Christoph Menke hat Hegel dezidiert die These entgegengehalten[199], dass es in der Moderne insofern zur Wiederkehr der Tragik komme, als im basalen Prinzip der Subjektivität ein neuer Widerspruch aufbreche, nämlich der zwischen der (moralitätsorientierten) Autonomie und der (individualitätsfixierten) Authentizität, eine Kollision, die sich als nicht zu schlichten und deshalb als tragisch erweise. Einmal unterstellt, dass diese These Hegel nicht nur durch die angeschärfte Brille Adornos und Derridas liest, sondern in der Tat einen internen Konflikt im modernen Prinzip der Subjektivität ausbuchstabiert, verstärkt sie, worauf es mir hier ankommt: dass das Ende der Kunst nicht das Ende des Agonalen bedeutet.

Hegel fügt diesen Argumenten für das Ende der Kunst ein kunstinternes hinzu: das *Autonomieargument*. Die Kunst muss sich demnach als romantische, also als jene Kunstform, die das Prinzip der Subjektivität ästhetisch realisiert, ihren Inhalt in der Menschwerdung Gottes von der christlichen Religion vorgeben lassen. Die Dialektik der romantischen Kunstform besteht allerdings im weiteren Verlauf darin, dass ihr Thema sowohl auf den Punkt der Subjektivität »zusammengedrängt« als auch zugleich »erweitert« wird, denn das subjektive Gemüt kann sich nun in unendlicher Vielfalt gestalten und auch die Welt des Äußerlichen ungehindert darstellen, bis es die Kunst schließlich als ein »freies Instrument« zu handhaben weiß und ihm »jede Form wie jeder Stoff zu Dienst und zu Gebot« steht.[200] Die Kunst hat damit, anders gesagt, das Stadium ihrer Autonomie erreicht, wird aber an diesem Punkt noch einmal – und anders als Religion, Wissenschaft und Philosophie – von einer dialektischen Entwicklung ereilt. Indem die Kunst in aller Doppeldeutigkeit nichts als Kunst wird, gelangt sie an ihr Ende. Die Befreiung davon, Bedeutungstiefe vermitteln zu müssen, lässt sie gesellschaftlich letztlich in der Bedeutungslosigkeit enden. Unmissverständlich ausgesprochen hat diese Dialektik der Autonomie allerdings nicht Hegel, sondern wiederum Adorno, sein gelehrigster Schüler im 20. Jahrhundert. Die Autonomie der Kunst bedarf demnach auch bei Hegel einer doppelten Perspektive. Die Kunst steht zwar, nach der einen Perspektive, als Gestalt des »absoluten Geistes«, als Medium, in dem eine Kultur sich selbst erkennt, über der Sphäre des »objektiven Geistes«, wie er unter anderem in den Institutionen von Gesellschaft und Staat erscheint, aber als autonome kann sie, nach der anderen Perspektive, den Menschen der Moderne nicht mehr bieten, was sie ihnen vordem sehr wohl bieten konnte: Bedeutung (Sinn und Relevanz). Anders formuliert: Das Absolute, Freiheit aus Selbsterkenntnis, kann gesellschaftlich, mit religiösem Unterton: kann auf Erden nicht verwirklicht werden, aber die Kunst ist, gerade als moderne und autonome, in Sachen des Absoluten gleichermaßen überfordert.

Auf der *kulturhistorischen* Ebene, die Hegel im Modernitätsargument ebenfalls anspricht, kommt die Überforderung der Kunst in Sachen des Absoluten dadurch zum Ausdruck, dass die »geistige Bildung« bzw. die »Reflexionsbildung« das Leben und damit auch die Kunst bestimmt. Wenn Hegel sagt, dass wir »darüber hinaus« sind, »Werke der Kunst göttlich verehren und sie anbeten zu können«, dass der »Gedanke und die Reflexion« die Kunst »überflügelt« hat, spricht er nicht nur die werk-, sondern auch die rezeptionsästhetische Seite an. Das Kunstwerk vermag in der Moderne die Wahrheit dieser Zeit auch deshalb nicht mehr darzustellen, weil diese Zeit zum Subjektivismus, also auch zum Selbstdenken verpflichtet. »Was durch Kunstwerke jetzt in uns erregt wird, ist außer dem unmittelbaren Genuß zugleich unser Urteil.« Es geht in der Kunst, wie eingangs dieses Kapitels sogleich bemerkt, nicht nur um Sinnlichkeit und Genuss, sondern auch um Geistiges, um die in den Schein (des Geistigen) transformierte Sinnlichkeit. Sie muss sich daher dem kritischen Urteil der Rezipienten aussetzen. Und dies gilt nicht nur für das je einzelne Werk, sondern im Zuge der letzten, der romantischen »Auflösung« der Kunst für die Kunst als solche, denn nun wird die Frage virulent, die uns bis heute umtreibt: »Ist das noch Kunst?« Die Antwort darauf wird, auch bei Hegel, zunehmend den Rezipienten überlassen. Die vollkommen autonom gewordene Kunst lässt »die Bestimmung dessen, was Kunst ist, zu etwas werden, was von anderem als der eigenen Gesetzlichkeit abhängt«.[201] Das Ende der Kunst ist, so gesehen, auch das Ende der Werkästhetik.

Das kulturhistorisch spezifizierte Modernitätsargument, mit dem Hegel unter anderem die These vom Ende der Kunst begründet, stützt er auf der kunstinternen Ebene mit zwei weiteren Argumenten, dem *Form-* und dem *Inhaltsargument*. Ersteres besagt, dass der Kunst die Form der »sinnlichen Anschauung« eigen ist. Das heißt nicht, dass sie, wie das Beispiel der Poesie, »dieser geistigsten Kunst«, belegt, stets auf eine äußerlich wahrnehmbare Sinnlichkeit angewiesen wäre, sondern dass das geistige Element, die »Bedeutung«, die sie vermittelt, und die »individuelle Gestaltung« nicht voneinander zu trennen sind.[202] Die semantische Bedeutung eines Objekts, das die Qualifizierung als Kunstwerk verdient, lässt sich nicht unabhängig von diesem Objekt formulieren. Sie weist einen individuellen Index auf und lässt sich nicht in einem Eins-zu-eins-Verhältnis übersetzen. Der Inhalt der Kunst ist demnach im Allgemeinen die »Idee«. Kunst, so lautet die berühmte, schon zu Beginn zitierte Definition, ist »sinnliche Erscheinung« oder »Darstellung« der Idee. Die systematisch-philosophische Ebene von Hegels Argumentation tritt an dieser Stelle offen hervor. Die These vom Ende der Kunst setzt als Prämisse nämlich nicht nur eine Wahrheitsästhetik voraus, Kunst als Darstellung eines Wahrheitsgehalts, sondern ist auch mit der zusätzlichen These verknüpft, dass das begriffliche Denken gegenüber der sinnlich-geistigen Mittellage des Ästhetischen als das Höhere anzusehen sei und in der Philosophie die adäquate Darstellungsform besitze.

Das hat für die Kunst allerdings nicht bloß eine negative Konsequenz. Sie ist nämlich jetzt »diesen jedesmal für ein besonderes Volk, eine besondere Zeit bestimmten Gehalt losgeworden«, weiß sich nicht mehr durch »Nationalität und Zeit« bestimmt und erkürt daher »zu ihrem neuen Heiligen den *Humanus*«, erkundet »die Tiefen und Höhen des menschlichen Gemüts als solchen, das Allgemeinmenschliche in seinen Freuden und Leiden ...«[203] Die Kunst zeigt das Allgemeinmenschliche im zweifachen, abstrakten wie konkreten Sinn, sie zeigt, »was der *Mensch* und was *dieser* Mensch ist,«[204] das Menschliche in der Vielheit der Menschen, das Prinzip des Selbstbewusstseins in seiner variablen Konkretheit. Sie bleibt dadurch in gewisser Weise auch ihrer ursprünglichen Bestimmung treu, denn es ist »das *Menschliche«,* das »den Mittelpunkt und Inhalt der wahren Schönheit und Kunst ausmacht,« der Schönheit und Kunst der klassischen Antike.[205] Während für diese aber das Menschliche als vollkommene Einheit von Geist und Körper das Absolute und Höchste war, ist es für die moderne Kunst das Menschliche in seiner unendlichen Besonderheit und Vielheit. Die moderne, posthistorische Kunst ist kosmopolitisch. Damit lässt sich nicht nur eine Begründung dafür geben, dass auch der posthistorischen Kunst eine sinnvolle Funktion verbleibt, sondern es lässt sich auch eine letzte Bedeutung der Rede vom Ende der Kunst herausschälen. Die Kompetenz der Kunst kann demnach insofern nicht, zumindest nicht restlos auf die Philosophie übergehen, als diese Kompetenz verbunden ist mit dem Ausbuchstabieren des humanistischen Prinzips. Nur die Kunst kann das Menschliche in all seinen Eigenarten ebenso sinnlich wie lehrreich, ebenso emotional wie verständlich vor Augen führen. Das Ende der Kunst als absoluter Wahrheitsinstanz hat gibt der Kunst die Freiheit zur individuellen und kollektiven Selbsterkundung.

Am Ende muss man sich freilich einem grundsätzlichen Einwand stellen. Die These vom Ende der Kunst ist demnach nur gültig unter der Voraussetzung einer unhaltbaren Wahrheitstheorie, die besagt, dass das Wahre das Ganze sei. Herbert Schädelbach hat sich diese Lehre, man muss schon sagen: vorgeknöpft und die Probleme noch einmal mit Aplomb aufgelistet: das logische Problem, dass das Ganze bzw. das Unbedingte in Widersprüchen zu denken sei; das semantische Problem, dass, wenn nur das Ganze wahr sei, es das Falsche nicht außer sich haben könne, die Wahrheit somit als Einheit des Wahren und Falschen zu denken sei; das methodologische Problem, dass auch die Methode, mit der das Wahre erkannt werden soll, nicht von ihm verschieden sein könne, weil sonst das Wahre nicht das Ganze wäre; auch das normative Problem, das Hegel in der Redeweise vom »wahren Freund«, »wahren Kunstwerk« oder »wahren Staat« anzeigt, um damit auszudrücken, dass »unwahr« so viel wie »sich selbst unangemessen« heiße, dass also das, was seinem Begriff nicht entspricht, nicht nur das Falsche, sondern zugleich das Schlechte, das, was umgekehrt seinem Begriff entspricht, das Gute sei. Schließlich spitzen sich diese Probleme in Hegels doppeldeutigem Ausdruck von der »Philosophie des Absoluten« zu, die nicht nur die Philosophie *vom* Absoluten meint, sondern auch die, die das Absolute selber *hat*: die Philosophie als Selbstbewusstsein des Absoluten. Dies alles erscheint heute als hypertroph und man ist geneigt, Schnädelbachs ideologiekritisch angehauchter und materialistisch bewährter These zuzustimmen, in der seine Abrechnung kulminiert: »Hegels Lehre von der Wahrheit ist in ihrem Kern spekulative Theologie als intellektueller Gottesdienst; sie gehört in die Geschichte des Christentums.«[206]

Nur weil Hegel der Überzeugung ist, dass erst in der Philosophie, *seiner* Philosophie das Absolute erkennend zu sich selbst komme, kann er die Kunst von einem entsprechenden Absolutheitsanspruch entbinden und sie zu einer Form der Erkenntnis neben anderen machen, aus denen allein die Philosophie herausragt. Diese Begründung für die Dezentrierung der Kunst können wir heute gewiss nicht mehr übernehmen. Aber es kommt mir auf dreierlei an: zum einen darauf aufzuzeigen, dass innerhalb der grundlegenden Hegel'schen Prämissen Elemente auftauchen, die man diesen Prämissen nicht oder nicht so leicht zugetraut hätte, etwa das Element des Agonalen und der dialektischen Autonomie der Kunst; zweitens darauf, einzelne Theorieelemente in ihrer Aktualität zu verteidigen, vor allem das der Modernität, die zu ihrem Prinzip Subjektivität erkürt; und schließlich darauf aufzuweisen, dass eine These wie die vom Ende der Kunst auch unabhängig von Hegels systematisch-philosophischen Prämissen Interesse verdient, etwa unter den Prämissen einer Theorie, die am Zusammenhang zwischen demokratischer Politik, Gefühlen und Ästhetik interessiert ist.

Fazit ist, dass Hegel kein Anwalt der konstitutionellen Demokratie ist. Er ist auch kein rückhaltloser Anwalt einer demokratischen Kultur; zu viel Rückhalt bietet ihm dafür die Philosophie, sie steht, mit Rorty zu sprechen, im Zentrum der von ihm entworfenen Kultur. Aber Hegel sieht klarer als alle Philosophen seiner Zeit und dezidierter als fast alle Philosophen nach ihm, dass ein Absolutheitsanspruch der Kunst mit einer modernen, durch kritische Autonomie und Pluralismus gekennzeichneten, insofern demokratischen Kultur unvereinbar ist. Es ist aus dieser Sicht nicht überraschend, dass eine Rehabilitierung dieses Absolutheitsanspruchs, wie er literarisch und kulturphilosophisch etwa bei Peter Handke (nicht zufällig im Heidegger'schen Sprachgestus), George Steiner und Botho Strauß aufscheint, mit unterschwelligen antidemokratischen Invektiven einhergeht. Hegels antiromantische Einschätzung der Kunst kann einen davor mit durchaus guten Gründen bewahren.

III. Über Ästhetik muss man streiten: ein anderes Modell

Die konstruktive Kritik an den allgemein favorisierten theoretischen Modellen in der Diskussion um eine Kunst der Demokratie der Gefühle führt schließlich zu einem anderen Modell. Es bietet eine eigene ästhetische Antwort auf die Frage, wie wir als Demokraten mit den Gefühlen umgehen sollen, denen wir in der öffentlichen Rede Raum geben müssen. Erneut ist das Verhältnis von Gefühl und Vernunft zentral, aber weitaus mehr als bei Hume und Adam Smith, prononcierter als bei Nussbaum, umfassender als bei Spinoza-Deleuze und ausdrücklicher als bei Hegel treten nun als Verbindungsglieder »Mitteilung« und »Erfahrung« hervor.

Wenn wir einen Blick auf die Praxis des ästhetischen Urteilens werfen, auf die Art und Weise, wie Kunstwerke, Alltagssituationen, Menschen oder Naturphänomene ästhetisch bewertet werden, und wenn wir dies aus einer Perspektive tun, die mit dieser Praxis vertraut ist und zudem über genügend psychologisches und soziologisches Wissen verfügt, drängt sich eine bekannte desillusionierende Behauptung auf. Diese Praxis, so heißt es dann, ist nur eine Rationalisierung von emotional oder affektiv bestimmten Vorurteilen, die ihrerseits unbewusste oder halbbewusste Ausdrucksweisen gewisser sozialer Muster sind. Ein ästhetisches Urteil ist demnach eine kulturell erfolgreiche Art und Weise, etwas mitzuteilen, nämlich eine Erfahrung oder ein Gefühl, das in Wirklichkeit als Erfahrung oder als Gefühl nicht mitgeteilt werden kann. Aus einer philosophischen Sicht ist mit diesem degradierenden psychologischen und soziologischen Statement aber bei weitem nicht alles gesagt über den Status eines ästhetischen Urteils. Es ist dies eine Sicht, die mit den Namen von Immanuel Kant, John Dewey und auch Jürgen Habermas verbunden ist. Sie sind äußerst hilfreich, wenn es um die These geht, dass ästhetische Urteile evaluative Urteile sind, die erstens auf einem Zusammenspiel der epistemischen Elemente der Erfahrung beruhen, die wir Affektion, Perzeption, Imagination,

Kognition und Emotion nennen, und zweitens sich orientieren an den Geltungskriterien von Evidenz und Kohärenz (Stimmigkeit). Ich möchte daher eine philosophische Perspektive anbieten, die die Kantische Zugangsweise mit den Mitteln des Dewey'schen Pragmatismus und der Habermas'schen Rationalitätstheorie modernisiert. Mit anderen Worten, es geht um eine mit den Mitteln einer Erfahrungs- und Vernunfttheorie erweiterte klassische Theorie des ästhetischen Urteils.[207]

Überflüssig zu betonen, dass dies eine normative Konzeption des ästhetischen Urteils ist. Aber ebenso überflüssig erscheint es zu sagen, dass eine Ästhetik nicht anders als normativ sein kann, wenn man vor allem zwei Überlegungen in Betracht zieht: erstens die zahlreichen Argumente, die die Wissenschaftsgeschichte, Wissenssoziologie, Sprachphilosophie, Kritische Theorie und jüngst die Neurowissenschaft entwickelt haben gegen die von Max Weber so genannte »Wertfreiheit« der Wissenschaft und des Denkens im Allgemeinen; und zweitens die ethisch-politische Idee, dass Ästhetik intellektuell interessant sein sollte; dass sie im intellektuellen Diskurs und der kulturellen Praxis einer Gesellschaft eine Rolle spielen sollte. Es gibt das berühmte, witzige Statement von Barnett Newman: »Aesthetics is to artists what ornithology is to birds.«[208] Künstler kümmern sich demnach so wenig um das, was Ästhetik lehrt, wie sich die Vögel um die Vogelkunde kümmern. In der Tat sollte eine Ästhetik nicht vorhaben, Normen für die künstlerische Praxis vorzugeben, wiewohl dies andererseits durchaus geschehen kann; man denke an den Einfluss Adornos auf Musiker und Komponisten nach dem Zweiten Weltkrieg während der Zeit der Darmstädter Internationalen Ferienkurse für Neue Musik. Aber Ästhetik sollte vorhaben, im intellektuellen Diskurs zu intervenieren. Ansonsten würden wir – Theoretiker und Theoretikerinnen der Ästhetik und der Kunst – ziemlich unnütz sein und die Theorie so fade wie lauwarmes Bier. Das gilt auch für die sprachanalytische Ästhetik, denn die Probleme, die sie immer wieder diskutiert – Probleme sogenannter ästhetischer Eigenschaften, einer Definition von Kunst, ihres ontologischen Status usf. –, haben diskursive und insofern praktische Konsequenzen. Kurzum, Ästhetik muss etwas Interessantes, Originelles, Stimulierendes bieten. Natürlich bedeutet dies, dass eine normative Konzeption einer anderen entgegensteht und es einigen Streit zwischen ihnen gibt. Aber das ist genau die Art, wie es sein muss.

Von der Mitteilbarkeit eines Gefühls: Kant

Dass das hier vorgestellte alternative Modell sich auf eine erfahrungs- und rationalitätstheoretisch ausgeweitete Kantische Theorie des ästhetischen Gefühls stützt, mag zunächst überraschend klingen. Die Kantische Linie in der Moralphilosophie und Demokratietheorie, die gegenwärtig bis zu Rawls und Habermas reicht, wird generell ja mit Vernunft-Universalismus und das heißt mit Gefühlsvermeidungsstrategien verknüpft. Aber eine politische Reinterpretation der *Kritik der Urteilskraft* erweist Kant als geeigneten Initiator auch einer emotionsinteressierten Demokratietheorie.

Kant nämlich bietet eine Erklärung für die ästhetische Transformation der Gefühle auf analytisch-konzeptuellem Niveau mit einer politisch hoch interessanten Implikation. Diese Transformation wird ermöglicht durch das (dynamische und kreative) Zusammenspiel oppositioneller Elemente der Erfahrung. Bei Kant sind dies die kognitiven Elemente Einbildungskraft und Verstand, oder im Falle des Erhabenen Einbildungskraft und Vernunft, unsere Vermögen, einerseits Bilder zu produzieren und andererseits in Begriffen und Ideen zu denken, Vermögen, die verabsolutiert für die Seiten von Unsinn und (logischen) Sinn stehen. Im historischen Kontext der Französischen Revolution hat Friedrich Schiller diesen Gegensatz in einer gewagten Analogie sofort politisch gewendet und darin auch den Gegensatz sozialer Klassen gesehen. Herbert Marcuse hat dies in *Eros and Civilization* (1955) aufgegriffen, ins Deutsche später übersetzt als *Triebstruktur und Gesellschaft*, und Hannah Arendt hat in ihren *Lectures on Kant's Political Philosophy* (1982) der *Kritik der Urteilskraft* eine dezidiert politische Interpretation gegeben. Jacques Rancière schließlich ist Schillers und Marcuses gesellschaftspolitischer Radikalisierung gefolgt, wenn er den Gegensatz als den zwischen Exklusion und Inklusion beschreibt, zwischen denen, die bestimmen, was politisch möglich ist, und denen, die davon ausgeschlossen sind.[209] Beide aber erkennen zu Recht, dass die Möglichkeit für diese Analogisierung in der Struktur des ästhetischen Gefühlsurteils liegt. »Demokratische Politik«, so beschreibt es Rancière, basiert auf einer »Praktik des *Als-ob*«, die »eine ästhetische Gemeinschaft eröffnet, eine Gemeinschaft kantischer Manier, die die Zustimmung gerade von dem verlangt, der sie nicht anerkennt.«[210] In ästhetischen Dingen zu streiten bedeutet daher stets, die *Kommunitarisierung einer Konfrontation* und damit zugleich die *Kommunikation einer Emotion* zu ermöglichen.

Ausgangspunkt ist der eigentümliche Sachverhalt, dass das ästhetische Urteil ein Gefühl zum Ausdruck bringt, das gleichwohl mitteilbar ist. Das Gefühl, auf das sich ein ästhetisches Werturteil stützt, ist im Unterschied zu einem Gefühl, das sich auf ein sinnliches Wahrnehmungsurteil stützt – »der Wein schmeckt (mir) ausgezeichnet« –, nicht bloß subjektiv. Es hat auch eine intersubjektiv überredend-überzeugende Kraft. Kant zufolge ist dieser eigentümliche Sachverhalt möglich, weil dieses spezifische Gefühl Effekt eines bestimmten, nämlich spielerischen Verhältnisses ist zwischen den kognitiv-sensitiven Dimensionen des Menschen. Anders gesagt ist diese intersubjektiv verbindende Leistung möglich, weil das ästhetische Werturteil einer Logik des Als-ob folgt.

Dieser Logik zufolge »muss« man »glauben« – Kant drückt sich äußerst bedacht aus –, »Grund zu haben, jedermann ein ähnliches Wohlgefallen zuzumuten«.[211] Man glaubt, in anderen Worten, eine »allgemeine Stimme« für sich zu haben.[212] Ein ästhetisches Urteil ist, wie Kant in der Sprache seiner Zeit treffend sagt, ein »Ansinnen« an jeden, zuzustimmen; sinnlich-ästhetisch zugemuteter Sinn. Die Zustimmung ist im wörtlichen wie übertragenen Sinn eine Zumutung, ein kaum annehmbarer Vorschlag, der Mut auf beiden Seiten verlangt. Ein ästhetisches Urteil basiert demnach einerseits auf hypothetischer Zustimmung, denn es wird, ebenso wie im Übrigen das politische Urteil, formuliert aus der Perspektive, als ob Konsens (prinzipiell) möglich sei. Es basiert andererseits aber auch auf aktualer Zustimmung, denn da es keine Triftigkeit von Gründen gibt, auf die man sich stützen könnte, bleibt einem nicht mehr als zu sagen, dass ein Gegenstand schön sei, und die Zustimmung oder Ablehnung der Gesprächspartnerin abzuwarten. Triftige Begründungen kann weder sie noch ihr Gesprächspartner geben. Falls beide nicht übereinstimmen in ihrem Urteil, muss jeder für sich das eigene Urteil daraufhin überprüfen, ob es nicht doch auf subjektiven Vorlieben beruht. In diesem Sinne ist auch Kants Aussage zu verstehen, dass man um Zustimmung »wirbt«;[213] das ästhetische Urteil benötigt Rhetorik. Am Ende kann diese Werbung sich nicht nur auf den Reichtum der Sprache verlassen, sondern muss deiktisch-hinweisend und einladend sein nach dem Muster: »Schau oder hör, bitte, noch einmal genau hin! Siehst du, hörst du, was ich meine: dass der Gegenstand schön, ästhetisch wertvoll ist?« Kant nennt die allgemeine Stimme schließlich einen auf »Gefühl« gegründeten »Gemeinsinn«, der, im Unterschied zum gewöhnlichen, politisch-ethisch verstandenen Gemeinsinn, eine »Wirkung« ist aus dem »freien Spiel« unseres kognitiven und imaginativen Vermögens.[214]

Man kann nicht oft genug betonen, dass die im Spiel befindlichen Vermögen strikt oppositionell sind. Das eine tut, was das andere just nicht will. Die Einbildungskraft steht für »gesetzlose Freiheit«, der Verstand aber für logische »Gesetzmäßigkeit«. Die eine bringt, für sich genommen, »nichts als Unsinn« hervor, der andere lediglich logischen Sinn.[215] Der Widerspruch scheint nur nach der einen oder anderen Seite hin auflösbar: Entweder die Einbildungskraft produziert in ihrer zügellosen Freiheit Formen, die die vom Verstand geforderte Gesetzmäßigkeit *über*fordern, oder der Verstand schränkt die Einbildungskraft ein. Im Falle eines ästhetischen Objekts (der Natur, der Kunst, des Alltags) kommt es aber weder zu einer *Subordination*, noch bleibt es bei einer bloßen (statischen) *Kontradiktion*, sondern es entsteht eine *dynamische, reziproke Stimulierung und Potenzierung* der oppositionellen Elemente. Das meint Kant mit »Spiel«.[216] Und da dieses Spiel zugleich eines ist, welches zwischen Elementen stattfindet, die für menschliches Erkennen und Erfahren fundamental sind, nämlich der Fähigkeit, Bilder und Begriffe zu formen, wird es möglich, vom Ästhetischen so zu sprechen, als ob es ein begrifflich und kognitiv begründeter Sachverhalt sei. Auf diese Weise kann Kant dann auch den schlichtenden Vorschlag unterbreiten, dass man über Geschmack zwar nicht »disputieren«, objektiv entscheiden, wohl aber »streiten« könne, und streiten heißt, versuchsweise einen Konsens auszufechten.[217] In einem ästhetischen Urteil behaupten wir etwas, was wir nicht beweisen können, aber in einer Weise, als ob wir es beweisen könnten. Denn das, was wir behaupten, führt einen *gefühlten* Anspruch auf verallgemeinerbare Geltung mit sich, einen Anspruch, der sich auf ein Gefühl gründet, das nicht bloß subjektiv gültig ist – wie etwa die Äußerung: »Barnett Newmans *Who's Afraid of Red, Yellow, and Blue?* ist ein schlechtes Kunstwerk, denn diese Farben machen mir in der Tat Angst« –, aber auch nicht objektiv gültig ist wie eine empirisch-wissenschaftliche Aussage. Wohl aber ist dieses Gefühl intersubjektiv gültig. Denn es entsteht aus der unendlichen und lustvollen Interaktion zwischen den Komponenten, die Erfahrung, also praktisch erworbene Kenntnis, kennzeichnen.

Kunst als Erfahrung: Dewey

Dies also ist der Ertrag, den wir aus Kants Analyse des ästhetischen Urteils erhalten. Es kann nicht überraschen, dass sie, vorgelegt vor mehr als zweihundert Jahren, weitere Differenzierung und eine Ausweitung der Perspektive benötigt. Deweys *Kunst als Erfahrung* (*Art as Experience*, 1934) ist hier hilfreich.

Kant selber spricht nie von ästhetischer »Erfahrung«, weil er diesen Begriff streng für den Bereich wissenschaftlicher, empirischer Objektivität reserviert. Dewey stellt demgegenüber seine Vorlesungen zur Ästhetik just unter dem leitenden Begriff der Erfahrung vor, denn er kann sich inzwischen grundlegend auf jene biologische Forschung stützen, die, ein halbes Jahrhundert nach Darwins revolutionären Schriften, wissenschaftliches Allgemeingut geworden ist. Auf dieser Grundlage kann er meines Erachtens auf überzeugende Weise demonstrieren, dass eine ästhetische Erfahrung demjenigen Aspekt der Erfahrung zur Dominanz verhilft, der in jeder Erfahrung – sei es in einer theoretisch, moralisch-praktisch, technisch-praktisch oder sonst wie geleiteten – als Element vorhanden, aber zurückgestellt, kritisch akzentuiert: unterdrückt ist. Es ist dies der klassische Aspekt der Zweckfreiheit, das heißt der Freiheit von einem *bestimmten* Zweck (*telos*). Die ästhetische Erfahrung interessiert sich nicht, wie eine intellektuelle Erfahrung, für eine Schlussfolgerung, die man als Formel oder wissenschaftliches Gesetz artikuliert, oder, wie eine praktische Erfahrung, für das Endergebnis eines Handlungsablaufs. Ihre Frage ist nicht: »Was möchte ich beweisen?«, oder »Was möchte ich erreichen?« Sie interessiert sich vielmehr für das, was sich innerhalb der Erfahrung abspielt.

Inhaltlich ist eine Erfahrung demnach offen für alles, was eine Situation zufällig kennzeichnet; die Erfahrung zu beschreiben, die man macht, wenn man eine Pizza verzehrt (den heißen, wabernden Mozzarella auf der Zunge), ist natürlich eine andere als die, die man macht, wenn man eine Sonate hört; hier ist die Erfahrung schlicht abhängig von ihrem jeweiligen Material. Formal lassen sich Erfahrungen allerdings zweifach unterscheiden: nach der Rationalitätsdimension, mit idealistischem Unterton: der Vernunftdimension, der sie angehören, und nach den Komponenten oder den epistemischen Elementen, aus denen sie sich zusammensetzen. Eine Erfahrung kann demnach, erstens, mit Dewey der intellektuell-theoretischen, der moralisch-praktischen, der technisch-praktischen, der politischen oder eben der ästhetischen Dimension angehören. Sie stellt sich ein bei der Lösung eines intellektuell-theoretischen oder eines technisch-praktischen Problems (»Heureka! Geschafft!«), bei der praktischen Beantwortung einer moralischen Frage (»Es ist gut so«), bei der Reaktion auf eine politische Situation (»Wir haben unser Ziel erreicht«) oder im Zusammenhang einer ästhetischen Situation. Und eine Erfahrung setzt sich, zweitens, formal – an diesem Punkt muss man etwas über Dewey hinausgehen – aus den Komponenten der Affektion, der Perzeption, der Imagination, der Kognition und schließlich der Emotion zusammen. Wie bereits im Kapitel über das Theoriemodell der Affektivität angesprochen, ist es wichtig, hier einen Unterschied zwischen Affekt und Emotion zu machen. Ein Affekt ist eine nicht-kognitive und evaluative (wertende) Empfindung, während eine Emotion Bedeutung aufweist und daher, eingebettet zudem in eine soziale Lebensform, an Bewusstsein und Sprache geknüpft ist. Ein Affekt wertet ohne Worte, ein Gefühl ohne die passenden Worte; ein Gefühl ist ein verkörperter Gedanke, dem die Worte fehlen.[218]

Eine Erfahrung baut sich demnach auf aus einer unbewusst wirkenden sinnlichen Empfindung, aufmerksamer und daher bewusster Wahrnehmung, der produktiven Freiheit der Einbildungskraft, den Regeln des begrifflichen Denkens und der Wertung durch ein Gefühl. Speziell die ästhetische Erfahrung zeichnet sich mit Dewey dadurch aus, dass sie sich für dasjenige interessiert, was sich zwischen diesen Komponenten der Erfahrung abspielt. Sie interessiert sich mit anderen Worten für den Prozess des Erfahrens, die Erfahrung in ihrer dynamischen Ganzheit. Die Dominanz, die sie auszeichnet, ist die der *dynamisch-holistischen* Dimension der Erfahrung, während Erfahrungen aus dem Bereich des Denkens und Handelns durch eine teleologisch-reduktionistische Dominanz gekennzeichnet sind, also durch die Festlegung auf ein bestimmtes Ziel. Insofern wiederholt eine ästhetische Erfahrung, was Dewey zufolge zur Grundstruktur, nämlich biologisch vorgegebenen Struktur aller Erfahrung gehört: die dynamische Entwicklung zwischen Organismus und Umwelt, die Überwindung von Widerständen und Konflikten in einem Gleichgewicht der Spannung.[219] Die ästhetische Erfahrung bietet daher eine Erfahrung der Erfahrung. Als spezialistische Erfahrungsform bringt sie die dynamisch-holistische Struktur aller Erfahrung als Erfahrung zur Geltung. Auf einer selbstreflexiven Ebene bietet sie eine Erfahrung der (Bedingungen der) Erfahrung.[220]

In seiner Analyse des ästhetischen Urteils verschiebt Dewey somit den Akzent auf den Begriff der Erfahrung in seiner dynamisch-holistischen und umfassenden sinnlich-kognitiven Qualität. Eine Komponente dieser Qualität ist, wie gesagt, die Emotion. Bevor ich allerdings darauf zu sprechen komme, möchte ich in diesem Zusammenhang kurz einen dritten Theoretiker, nämlich Habermas, vorstellen.

Ein ästhetischer Geltungsanspruch: Habermas

Die Struktur des ästhetischen Urteils bzw. der ästhetischen Erfahrung, die Kant als harmonisch-streitendes Spiel der Erkenntnisvermögen und Dewey als spannungsvolles, nicht auf ein bestimmtes Ziel hin fixierbares Gleichgewicht beschreibt, lässt sich auch auf der Folie der zeitgenössischen Rationalitätstheorie reformulieren. In der Tradition Kritischer Theorie unterbreitet Habermas hier ein ausgearbeitetes und differenziertes Angebot. Einen Geltungsanspruch können ihm zufolge nicht nur wissenschaftlich-wahrheitsfähige Urteile haben, sondern auch (universalisierbare) moralische, (nicht universalisierbare) ethische, politische und ästhetische

Urteile. Sie müssen nur die Bedingung erfüllen, argumentativ, das heißt mit mehr oder weniger überzeugenden Gründen vorgebracht zu sein. Während demnach der Diskurs der Wissenschaft den strikten Geltungsanspruch der »Wahrheit« behaupten kann, orientiert sich der moralische Diskurs an der »Richtigkeit« von Prinzipien und Normen, der ethische Diskurs an der »Authentizität« einer Lebensgeschichte (der politische Diskurs analog an der Idee einer kollektiven Lebensform) und der ästhetische Diskurs, oder etwas abgeschwächt formuliert: die ästhetische Kritik und Kunstkritik, an der »Angemessenheit von Wertstandards« oder, mit Adorno und Wellmer, an »Stimmigkeit«. Stimmigkeit ist ein hermeneutisches Konzept. Es ist nur innerhalb eines unterstellten ganzheitlichen Verweisungszusammenhangs verständlich, etwa wenn wir einen Raum betreten und bemerken, dass hier »etwas nicht stimmt«, oder wenn wir über eine Feier sagen, dass hier »einfach alles stimmt«, was bedeutet, dass alles zusammenpasst. Diese Art von Stimmigkeit oder Kohärenz gilt auch für ein Kunstwerk. Man sollte sich dabei auch daran erinnern, dass das deutsche Wort »Stimmung« und das Verb »stimmen« sich auch auf das Stimmen von Musikinstrumenten beziehen. In beiden Bereichen, in dem der Kunst und der Alltagspraxis, erwerben wir einen Sinn für diese Art von hermeneutischer, auf ein Ganzes bezogener und nicht definierbarer Stimmung durch praktische Erfahrung.

Gründe, so führt Habermas aus, haben in einem ästhetischen Zusammenhang die spezifische phänomenologische Funktion, uns ein Werk, ein Objekt, eine Darstellung so »vor Augen zu führen«, dass sie als »authentischer Ausdruck einer exemplarischen Erfahrung« wahrgenommen werden können. Gründe dienen hier dazu, »die Wahrnehmung anzuleiten« und ein Werk »so evident« zu machen, dass die Wahrnehmung oder die »Erfahrung selbst ein rationales Motiv werden kann«, ein Urteil zu akzeptieren oder abzulehnen.[221] Wie bei Dewey und Kant sind die Erfahrung (des Beurteilens) selber, ihr exemplarischer Status und ihre Evidenz die leitenden Begriffe der ästhetischen Kritik. Aber besser als Habermas sind Dewey und Kant in der Lage, die epistemische Struktur einer solchen Kritik zu erklären. Sie basiert nämlich auf der dynamisch-holistischen Struktur, die aller Erfahrung eigen ist, aber erst durch die ästhetische Erfahrung ausdrücklich zur Geltung gebracht wird.

Sie basiert, mit anderen Worten, auf der spielerischen Interaktion zwischen den epistemischen Elementen der Erfahrung, die sich miteinander verbinden müssen, um überhaupt eine Erfahrung aufzubauen, die einander im Einzelnen aber auch entgegengesetzt sind. Sie basiert auf der dynamischen und reziproken Stimulierung, aus den *Feedback*-Schleifen von Affektion, Perzeption, Imagination, Kognition und Emotion. Und dieses sich gegenseitig anregende, holistisch-freie Verhältnis zwischen den epistemischen Elementen macht in einem weiteren Schritt verständlich, weshalb die ästhetische Erfahrung oder, wie man dann auch sagt, die »ästhetische Rationalität« den anderen Rationalitätsdimensionen – der kognitiven, moralischen, ethisch-politischen und pragmatischen Seite des Vernunftgebrauchs – offen, also als eigenständige Erfahrungs- und Beurteilungsform gegenübersteht, aber ihnen gegenüber auch offen ist. In diesem Sinne also vergemeinschaftet eine ästhetische Erfahrung Gegensätze, Gegensätze der Erfahrungselemente und indirekt auch der Erfahrungs- oder Rationalitätsdimensionen.

Ziehen wir ein prominentes Beispiel heran. Wenn wir vor einem Gemälde Cézannes stehen, sagen wir dem »Stillleben mit Apfelkorb« (1886, Paris, Louvre), werden wir früher oder später dazu gedrängt, es einer theoretischen Analyse hinsichtlich der Konstellation der Farben und Formen zu unterziehen. Mit Hilfe eines Kompositionsdiagramms können wir feststellen, dass es in dem Bild eine Neigung der Vertikalen zur linken Seite gibt, eine Verschiebung der Horizontalen, einen Wechsel der Betrachterperspektive und eine gewisse Korrespondenz der Farben untereinander. Aus kunsthistorischer, weiterhin also aus einer analytisch-wissenschaftlichen Sicht kann man hinzufügen, dass das Gemälde in seinem flachen Malstil an den späten Manet erinnert und in seinem Wechsel der Betrachterperspektiven den kubistischen Braque oder Picasso vorwegnimmt. In diese formale Werkanalyse können wir sodann sozialgeschichtliches Wissen mit aufnehmen und die Behauptung riskieren, dass wir verstehen, weshalb sich die bürgerliche Gesellschaft des späten 19. Jahrhunderts vor so einem Gemälde Cézannes unwohl fühlte: Die einfach und ruhig dastehenden Dinge werden instabil; der reich gedeckte bürgerliche Tisch beginnt zu wanken. Wir werden eine solche Behauptung aber kaum formulieren können, ohne selber ein leichtes, vergleichbares Gefühl des

Unwohlseins zu empfinden, hin und her schwingend zwischen einer sozial rückgebundenen Emotion und einem kaum bewussten Affekt. Imagination kommt mit ins Spiel, wenn wir das Stillleben mit eigenen, alltäglich-realen oder ästhetischen Erfahrungen verknüpfen. Je mehr sie sich von den Eingrenzungen alltäglicher Erfahrung und begrifflicher Erkenntnis befreit, desto deutlicher wird ihr Gegensatz zur begrifflichen Erkenntnis, so wie auch Affekte im Gegensatz zu ihr stehen. Gleichwohl bindet der Prozess der ästhetischen Erfahrung all diese Elemente so gut wie möglich, also in einer Balance, zusammen.

Habermas bietet schließlich auch eine Klärung an hinsichtlich eines Standardeinwands gegen transzendentalphilosophische und anthropologische Theorien, nämlich dass sie kein historisches Bewusstsein zeigten. Er lässt keinen Zweifel daran, dass seine formalistische, sozusagen Kantische Theorie der Vernunft das beinahe Hegel'sche Resultat eines historischen Prozesses ist, den er im *Philosophischen Diskurs der Moderne* rekonstruiert. Er stellt seine Rationalitätstheorie als eine zeitgemäße Antwort auf das ursprüngliche Problem der Moderne aus philosophischer Sicht vor, auf das Problem, Normativität – Kriterien für das Richtige und Gute – aus sich selbst heraus zu schaffen, ohne die Kriterien von Modellen aus anderen Epochen zu borgen.[222] Auch Deweys Theorie ästhetischer Erfahrung ist sehr klar hinsichtlich ihrer historischen und sozialen Elemente. Obwohl sie mit einer biologischen und anthropologischen Grundlage beginnt, endet sie mit der internen und graduell zunehmenden Verbindung zwischen Kunst und »Zivilisation«. Ästhetische Erfahrung ist demnach »eine Manifestation, eine Urkunde und Feier des Lebens einer Zivilisation, ein Mittel, ihre Entwicklung voranzutreiben, und auch das abschließende Urteil über die Qualität einer Zivilisation«.[223] Am Ende weist auch Kants Analyse des ästhetischen Urteils an zentralen Stellen ethische (»Interesselosigkeit«, »Kontemplation«) und moralische (»Freiheit«, »Achtung«) Begriffe auf, die wiederum auf einem philosophischen Konzept der Moderne beruhen, das heißt auf Selbstrechtfertigung und (rationaler wie sozialer) Autonomie. Kants *Kritik der Urteilskraft* enthält insofern eine Theorie der Moderne.

Es ist eine Menge simplifizierender Kritik im Umlauf, die Habermas als typischen Repräsentanten des Rationalismus begreift. Stets bezieht man sich dabei abweisend auf die sogenannte »ideale Sprechsituation«, die durch bestimmte Redebedingungen, vor allem der Symmetrie und Reziprozität, charakterisiert ist. Sie müssen Habermas zufolge mehr oder weniger erfüllt sein, wenn es einen rational motivierten Konsens geben soll. Der politische Diskurs ist freilich ein spezifischer. In Habermas' ausdifferenzierter Theorie gehört er zum ethischen Diskurs, denn im Rahmen ethischer Überlegungen geht es nicht nur um das gute Leben der Einzelnen, sondern auch um die Identität des sozialen Ganzen, nicht nur um die persönliche, sondern auch kollektive Lebensform. Fraglos kann Deweys Konzept von ästhetischer Erfahrung in diesem Zusammenhang eine produktive Rolle spielen.[224] Stets noch handelt es sich beim Ethisch-Politischen um einen Diskurs, erstens, »weil auch hier die Argumentationsschritte nicht idiosynkratisch sein dürfen, sondern intersubjektiv nachvollziehbar bleiben müssen«[225], und zweitens, weil auch hier Diskursbedingungen gelten müssen, also öffentlicher Zugang zu einer Diskussion, gleichberechtigte Teilnahme, Zwanglosigkeit der Stellungnahme und Wahrhaftigkeit der Teilnehmenden bestehen muss. Habermas ist sich illusionslos dessen bewusst, dass selbst der rationalste Diskurs nicht zu einem entsprechenden Konsens führen kann, wenn es um hoch kontroverse politische, ideologische und existenzielle Fragen geht. Aber auch der Streit über solche Fragen setzt, solange es ein mit Argumenten ausgetragener Streit ist, die Gültigkeit von Redebedingungen wie Gleichheit und Gewaltlosigkeit voraus. Mit Chantal Mouffe zu sprechen, einer der Wortführerinnen des sogenannten »agonalen« oder »radikalen« Demokratiemodells, muss der »Antagonismus« in einen »Agonismus« überführt werden, wenn der »Gegner« nicht zu jenem »Feind« werden soll, dem wir bei Carl Schmitt gegenüberstehen.[226]

Habermas sieht sich allerdings auch von anderer Seite mit dem Einwand konfrontiert, dass das kommunikative Handeln eine wechselseitige Verständigung zwischen den Betroffenen über deren Interessen meint, eine Verständigung, die sich am propositionalen oder narrativen Gehalt der Statements orientiert, während eine weiter ausgreifende Kommunikation, wie wir sie im Kontext des Sensibilitätsmodells von Adam Smith bereits kennengelernt haben, nicht schlicht die Interessen all derer, die an einem Gespräch teilnehmen, zur Übereinstimmung bringen will, sondern vielmehr die dazugehörigen Affekte, also jene Gefühle, die sprachlich und ästhetisch artikulierbar und auf diese Weise dem Bewusstsein zugänglich sind. In einem Beitrag über den Begriff »das Politische« reagiert Habermas indirekt auf einen solchen Einwand.

In diesem Begriff zeigt sich ihm zufolge zunächst ein »zweifelhaftes Erbstück der Politischen Theologie«, sofern er sich in der Tradition von Carl Schmitt, Leo Strauss, Martin Heidegger und Hannah Arendt in den Bereich der Metaphysik und der Religion hineinerstreckt. Es ist in dieser Tradition die Verbindung zwischen politischer Macht und religiösem sowie metaphysischem Glauben, die in der Lage ist, Autorität zu legitimieren. In der heutigen Diskussion ist der Begriff vor allem innerhalb der Theorie der »radikalen« oder »agonalen« Demokratie im Schwange, also bei der oben bereits genannten Chantal Mouffe, aber auch bei Ernesto Laclau und Jacques Rancière. Seinen »vernünftigen Sinn« meint Habermas retten zu können, indem er ihn auf die sich immer wieder aufdrängende Diskussion bezieht, ob man bei politischen Statements zwischen einem religiösen und einem säkularen Gebrauch der Sprache unterscheiden sollte. Habermas' Antwort darauf lautet selbstverständlich, dass wir religiöse Äußerungen in der politischen Arena nicht einfach akzeptieren können. Er fügt aber auch hinzu, dass wir sie »nicht einfach ignorieren oder gar von vornherein als Unsinn abtun (dürfen)«. Aus diesem Dilemma bietet Habermas einen hermeneutischen Ausweg an, der sich im Konzept der »Übersetzung« konzentriert. All jene, die ihr politisches Statement in einer religiös geprägten Sprache äußern, müssen demnach akzeptieren, »dass der Gehalt ihrer religiösen Äußerungen in eine allgemein zugängliche Sprache übersetzt wird«. Dazu wiederum muss die moralische Bedingung erfüllt sein, dass sich die Mitbürger »kooperationsbereit« zeigen, sich auf Übersetzungsbemühungen also überhaupt einlassen.[227] Habermas' diskurstheoretisches oder deliberatives Modell von Demokratie möchte die Vorzüge zweier anderer klassischer Modelle in sich vereinigen. Dementsprechend übernimmt er vom republikanischen, auf Rousseau zurückverweisenden und in den 1980er bis 1990er Jahren in den USA von den sogenannten Kommunitaristen vertretenen Modell die radikaldemokratische Idee einer Selbstorganisation der Gesellschaft hinsichtlich der Frage, wie ein kollektives gutes Leben aussehen solle, vermeidet aber eine ethische Engführung, indem er vom liberalen, auf John Locke zurückverweisenden Modell den Nachdruck auf institutionalisierte Verfahren übernimmt, in denen ethisch-kulturalistische Selbstverständigung, moralisch-universalistische Begründung und Interessenausgleich in Kompromissen einen Zusammenhang bilden.[228] Wenn politische Auseinandersetzungen und Diskurse aber erfordern, zwischen aufeinanderprallenden Überzeugungen und ihren Ausdrucksformen zu übersetzen, also so zu agieren, wie eine Übersetzerin zwischen Sprachen, mit einem erfahrungsgesättigten und sprachlich-ästhetischem Gespür für das, was der Andere sagen will, dann muss das institutionalisierte Verfahren der Übersetzung angereichert werden durch die psychologisch-ästhetische Bedingung, dass die Mitbürger kompetent genug für eine adäquate und sensible Übersetzung sein müssen. Insofern spielt die ästhetische Dimension in Habermas' Theorie des politischen Diskurses keineswegs eine so unbedeutende Rolle, wie es gemeinhin erscheint. Alles in allem müssen wohl Liberalismus und Republikanismus, der Nachdruck auf Institutionen einerseits und auf ethischen Haltungen andererseits, Demokratie als gerechtfertigte Prozedur und als Lebensform[229] in einem gleichberechtigten Verhältnis gesehen werden.

Demokratie der Gefühle

In ihrem Artikel »Toward a Democracy of the Emotions« (2002) – der Ausdruck »democracy of the emotions« oder »emotional democracy« stammt, worauf sie selber verweisen, von Anthony Giddens – geben Paul Hoggett und Simon Thompson ein Resümee der Kritik an rationalistischen Demokratietheorien, wie sie in der jüngeren Vergangenheit durch die Habermas-und-Rawls-Tradition repräsentiert werden. Diese Theorien arbeiten mit einem bestimmten Konzept von Kommunikation und Verstehen, von Diskurs und

Hermeneutik. Während der vergangenen vierzig Jahre hat vor allem die feministische Kritik die Alternativen herausgestellt, dass nämlich öffentliche politische Diskussionen erstens einer breiteren, Rhetorik und Erzählung einschließenden Idee von Kommunikation Raum geben müsse und zweitens einer Idee von Verstehen, die den Akzent auf das Gefühl legt, die also die Frage nach dem »verallgemeinerten Anderen«, wie sie zunächst bei Hume und Adam Smith auftaucht, in Kants dritter *Kritik* und bei Hegel weitergeführt und schließlich bei Mead ausformuliert wird, so umformuliert, dass es heißt: »Wie fühlt es sich an, den Standpunkt des Anderen einzunehmen?«[230] Wiederum aber kommt die Folgefrage auf, wie es gelingen kann, die Gefühle dergestalt in Verständigungsprozesse zu integrieren. Diesbezüglich beziehen sich Hoggett und Thompson nachdrücklich auf ein psychoanalytisches Modell, wie es bei Melanie Klein, Wilfried Bion und Donald Winnicott ausgearbeitet ist. Den beiden leitenden Begriffen von Kommunikation und Verstehen entsprechend, lauten die Schlüsselbegriffe auf »Transformation« und, wie ich es gerne nennen möchte, auf »performatives« oder »mimetisches« Verstehen.

Was zum einen den Begriff der Transformation anbelangt, muss man demnach konstatieren, dass die kühle, methodische und leidenschaftslose Stimme der Vernunft schlicht auch als eine andere Art von Affekt betrachtet werden kann (»simply a different kind of affect«). Wenn man zum Beispiel rationales Argumentieren von der Aggression abtrennt, entbehrt es desjenigen, was wir »Biss und Schärfe« (»bite and sharpness«) nennen. Es gibt also einen konstruktiven Gebrauch (»constructive use«) der Aggression, der uns unter anderem darin hilft, an einer Überzeugung festzuhalten, wenn Gegenargumente uns wie Kugeln um die Ohren fliegen.[231] Im selben Sinn kann etwa eine Paranoia, die erfahrungsgemäß häufig Gruppengefühle beherrscht, transformiert (»transformed«) werden in »Aufmerksamkeit oder Vorsicht« (»watchfulness or caution«), beide, zumindest potentiell, sozial konstruktive und emotional grundierte Gefühle. Die politische Konsequenz hieraus besteht für die Autoren darin, »to create a forum where different groups can bring their fears, resentments, and perhaps even initially their hatreds, to a space where they can be contained and therefore transformed«. Dazu sind gewisse Techniken (»techniques«) nötig, zum Beispiel diejenige, große Gruppen in kleinere aufzubrechen, sie durch erfahrene Moderatoren leiten zu lassen, gewisse Diskursregeln einzusetzen, unter anderem, sich an eine Rednerliste zu halten und »vergiftende« (»poisonous«), zum Beispiel rassistische Redeweisen auszuschließen. Insofern gibt es doch eine Grenze für gewisse Gefühle im öffentlichen Raum.[232]

Was zum anderen den Begriff des performativen, mimetischen Verstehens anbelangt, ist es wichtig, sich sozusagen »einzustellen auf die Musik« (»to get attuned to the music«) der Selbstpräsentation der Anderen, nicht so sehr auf den Inhalt ihrer Rede.[233] Man muss in der Lage sein, die performative, mimetische Seite des Wahrnehmens zu praktizieren. Adam Smith würde sagen: die Seite der »Sensibilität«. Offensichtlich ist es aber weitaus schwieriger, (politische) Techniken für dieses praktische Vermögen anzubieten als im Falle des Transformierens von Gefühlen.

Demokratiemodelle

Es erscheint hier angebracht, eine kleine Parenthese einzuschieben. Denn wenn wir über die normative Rolle von Emotionen für die Demokratie sprechen, unterstellen wir ein gemeinsames Verständnis von Demokratie. Aber in der Politischen Philosophie können wir zumindest vier Demokratiemodelle unterscheiden:[234]

- In einer direkten bzw. partizipatorischen Demokratie nehmen die Bürgerinnen und Bürger unmittelbar teil an der Selbstregierung der Gemeinschaft. Berühmte historische Vorbilder dafür finden sich in der antiken Polis, etwa in Athen, und der russischen Rätedemokratie Anfang des 20. Jahrhunderts. Da politische Probleme in der Regel komplex sind und die Interessen sowie Kompetenzen der Bürgerinnen und Bürger erfahrungsgemäß meistens nicht politisch ausgerichtet sind, kann man sehr daran zweifeln, ob dieses Modell in seiner Großfassung heutzutage noch funktionieren kann, wiewohl einzelne Elemente im neuen Rahmen etwa einer sogenannten Internetdemokratie durchaus ihren Platz haben können.
- Das in vielfacher Hinsicht realistischere Modell ist dasjenige der repräsentativen Demokratie. Auch hier nehmen die Bürgerin-

nen und Bürger an der Politik teil, allerdings indirekt auf dem Wege allgemeiner, freier, gleicher, geheimer und regelmäßiger Wahlen von Repräsentanten, die als Mitglieder des Parlaments die Aufgabe der Gesetzgebung übernehmen. Das Prinzip der Repräsentation wird hierbei begrenzt und ergänzt durch Föderalismus, Gewaltenteilung und Verfassung.

- Eine ambitioniertere Alternative zum Modell der repräsentativen Demokratie ist das deliberative. Deliberation meint einen freien Austausch von Argumenten auf der Suche nach der richtigen Antwort auf ein politisches Problem. Es geht davon aus, dass die Bürgerinnen und Bürger nicht nur zugunsten ihrer eigenen Interessen handeln, sondern auch auf Argumente ansprechen. Neben den staatlichen Institutionen spielen hier die Foren der Öffentlichkeit und der sogenannten Zivilgesellschaft eine tragende Rolle. Rawls und Habermas sind in diesem Kontext die prägenden Theoretiker.
- Das Modell der agonalen oder radikalen Demokratie betont demgegenüber den konfliktuösen und machtbasierten Charakter der Demokratie. Dieses Modell begreift Demokratie nicht, jedenfalls nicht primär, als institutionell umgesetzte Politik, sondern als einen offenen Prozess, der seinerseits Resultat sozialer und politischer Kämpfe ist gegen den offenen oder verheimlichten Ausschluss von Individuen und Gruppen aus der etablierten politischen Ordnung. Politisches Handeln verweist eher auf Konflikt und Dissens als auf Deliberation und Konsens. Die relevanten Formen politischen Handelns sind hier diejenigen des Protests, des zivilen Ungehorsams und der sozialen Bewegung. Aber der politische Disput, das ist eine Minimalbedingung, muss auf gewaltlose und nicht-militärische Weise ausgetragen werden. Auch das Modell der agonalen Demokratie besteht auf der Unterscheidung zwischen Gegner und Feind, zwischen Agonismus und Antagonismus. Die einflussreichsten Theoretiker in diesem Kontext sind, wie oben bereits erwähnt, Laclau, Mouffe und Rancière.

Eine ästhetische Erfahrung, so meine These, vergemeinschaftet Gegensätze, Gegensätze der Erfahrungselemente oder der Erfahrungskomponenten und indirekt auch Gegensätze der Erfahrungs- oder Rationalitätsdimensionen. Eine ästhetische Erfahrung, so meine zusätzliche These, macht als spannungsgeladenes Zusammenspiel der Erfahrungselemente – eines davon ist Emotion – die Kommunikation einer Emotion möglich. Diesen Sachverhalt muss man in einem zweifachen Sinn begreifen. Zum einen ermöglicht das Spiel der (Elemente der) Erfahrung, also die ästhetische Erfahrung, die Mitteilung dieser Erfahrung. Da dieses Spiel nicht unter einen abschließenden Begriff zu fassen ist, gleichwohl aber als lustvoll erfahren wird, liegt es mit Kant und Dewey nahe, dieses lustvolle Gefühl als Wirkung aus einem spezifischen, nämlich spielerischen, ungezwungenen Zusammenwirken von Elementen zu begreifen, die für die menschliche Erfahrung im Allgemeinen grundlegend sind. Die Frage, ob Gefühle geteilt und mitgeteilt werden können, wird in der Philosophie selbstverständlich kontrovers beantwortet.[235] Von Kant ausgehend kann man behaupten, dass es zumindest ein Gefühl gibt, das sich (mit)teilen lässt, nämlich das ästhetische Gefühl, das sich ausspricht in einem Ausruf (›Wow, was für ein Film!‹) oder in einem Urteil (›Dieser Blumenstrauß ist wunderschön‹, ›Dieses Gemälde ist auf beeindruckende Weise gelungen‹, ›Die Atmosphäre in diesem Raum ist bezaubernd‹).

Aber es geht bei der These der ästhetischen Mitteilbarkeit von Gefühlen natürlich um mehr als um die Mitteilbarkeit des basalen ästhetischen Gefühls, das sich bei Kant in einem trockenen Urteil wie: »Diese Rose ist schön« ausspricht. Es geht vielmehr darum, dass das ästhetische Gefühl als umfassendes und unspezifisches Dimensionsgefühl einer Vielzahl anderer, konkreter Gefühle Ausdruck und Form verleihen kann. Ausdruck und Form zu verleihen, ist ein Akt, der dem unverzichtbar passiven Element der Erfahrung das aktive Element hinzufügt: Man *macht* eine Erfahrung, sie *widerfährt* einem nicht nur. Wenn eine ästhetische Erfahrung sich dadurch auszeichnet, dass sie, wie oben dargestellt, die Komponenten von Affektion, Perzeption, Imagination, Kognition und Emotion in ein dynamisches und reziprok stimulierendes Verhältnis zueinander bringt, in dem es um die Erfahrung selber geht, lässt sich begreifen, weshalb die *spezifische* Emotion, die dabei im Spiel sein kann – Wut, Zorn, Hass oder Rache, Peinlichkeit, Scham oder Stolz, Langeweile, Niedergeschlagenheit oder Melancholie, das Glück und das Leid der Liebe – ebenfalls um ihrer selbst willen ausartikuliert wird und daher wie zum ersten Mal, wie in einer ursprünglichen Präsentation, vor einem steht.

Noch einmal gibt Kant einen entscheidenden Hinweis, wenn es um die Urteils- oder Begründungsstruktur dieser Kommunikation geht, indem er sie als *exemplarisch* einstuft.[236] Die von einem Kunstwerk ausgehende ästhetische Erfahrung kommuniziert ein Gefühl auf beispielhafte Weise. Sie bietet keine Definition oder gar eine Theorie des verhandelten Gefühls, sondern lediglich ein Beispiel, den Fall eines Allgemeinen, das zugleich aber auch ein vorbildliches Beispiel ist, Repräsentant eines Allgemeinen. Wenn wir wissen wollen, was Zorn »ist«, das heißt, was dieses Gefühl bedeutet und bedeuten kann, müssen wir Homers Beschreibung des Achill lesen oder das Alte Testament (in Luthers sprachschöpferischer Übersetzung) oder Heinrich von Kleists *Michael Kohlhaas*. Gegenüber einer Definition hat eine ästhetisch artikulierte Erfahrung den doppelten Vorteil, spezifische Beschreibungen zu liefern und mit der je eigenen Erfahrung der Menschen verknüpfbar zu sein. Diesen Zwischenbereich zwischen idiosynkratischer Subjektivität und definitorischer Objektivität belegt der Bereich des Exemplarischen.

Noch einmal: Präsentation

Gefühle mitzuteilen und miteinander zu teilen ist im ästhetischen Kontext möglich, weil es hier auf die Erfahrung um ihrer selbst willen ankommt und diese selbstzweckhafte Erfahrung auch auf das Element des Gefühls, der Emotion ausgreift. Auf diese Weise präsentiert eine ästhetische Erfahrung Gefühle exemplarisch, ohne sie zu definieren und auf einen bestimmten Zweck, sei es einer Erkenntnis oder einer Handlung, zuzuschneiden. Genauer besehen, erfüllt die ästhetische Erfahrung eine präsentative Funktion aber in einem zweifachen Sinn. Im *sozialen* Sinn übernimmt sie innerhalb der Sphäre der Kultur eine Funktion, die von anderen gesellschaftlichen Sphären oder Systemen – der Politik, der Wissenschaft, der Religion – nicht oder nicht so gut übernommen werden kann. Sie ermöglicht dann eine je zeitgemäße Darstellung eines Gefühls. Am Anfang dieses Buches habe ich das am sozial-moralischen und politisch folgenreichen Gefühl der Unverschämtheit dargestellt, mit der Pointe, dass die allgemein darstellende ästhetische Leistung sich in diesem Fall genauer bestimmt als Selbstdarstellung des Subjekts. Zu einem markanten sozialen Phänomen wird Unverschämtheit erst in der Moderne und ihrer ästhetisch-visuellen Kultur der Selbstdarstellung.

Die präsentative Leistung der ästhetischen Erfahrung hat aber auch einen engeren, an der Kunst gewonnen Sinn, und zwar in zweifacher, einer *existenziell-phänomenologischen* und einer *originär-exemplarischen* Hinsicht. Was erstere anbelangt, bietet – nicht, wie eigentlich zu erwarten, Heidegger, sondern – Adorno eine treffende, kurze Beschreibung: »Etruskische Krüge in der Villa Giulia sind sprechend im höchsten Maß«, schreibt er in der *Ästhetischen Theorie* und fährt fort: »Das Sprachähnliche an den Vasen berührt sich am ehesten mit einem Da bin ich oder Das bin ich.«[237] Das »Da bin ich« oder »Das bin ich« meint in traditioneller philosophischer Terminologie das Dass-Sein (*quodditas*) der Dinge im Gegensatz zu ihrem Was-Sein (*quidditas*). Der Existenzialismus, vom späten Schelling über Kierkegaard zu Heidegger und Sartre, nimmt davon seinen Ausgangspunkt mit dem Lehrsatz, dass Existenz der Essenz zeitlich und logisch vorausgeht. Denn um etwas begrifflich bestimmen zu können, muss es in seinem bloßen Dasein zunächst einmal – im doppelten Sinne des deutschen Wortes – »angenommen«, das heißt »empfangen« und »unterstellt« werden. Epistemologisch entspricht ihm nicht das begriffliche Bestimmen, sondern das (Sich-)Zeigen. In diesem Sinne schreibt Adorno: »Was Bilder sagen ist ein Seht einmal.«[238] Sie fordern zum Hinschauen auf, zur sinnlichen Wahrnehmung und einer durch sie angeleiteten Ein-sicht. »Evidenz« ist der entsprechende wahrheitstheoretische Begriff. Kunst präsentiert etwas in sinnlicher und evidenter Form. Das ist der eine, phänomenologisch-existenzielle Bedeutungsaspekt ihres präsentativen Charakters. Der andere, der originär-exemplarische, besteht darin, Phänomene und die sie umlagernden Emotionen originär und exemplarisch vorzustellen: Man weiß, was Zorn ist, hat man erst einmal Homer (in einer zeitgemäßen Übersetzung) gelesen oder eine adäquate, packend-verstörende Verfilmung des Trojanischen Kriegs mit seinem im Zorn verstockten und im Kampf wütenden gottgleichen Helden Achill gesehen.

Resümee

Auf die normative Frage, in welchem Ausmaß und in welchem Sinn Gefühle eine Rolle im demokratischen Streit spielen sollen, habe ich unter den Stichworten »Präsentation«, »Moderation«, »Kompensation« und »Transformation« vier Antworten vorgeschlagen. Im demokratisch-politischen Zusammenhang müssen Gefühle demnach, erstens, in einer zeitgemäßen Form dargestellt oder benannt (›getauft'), zweitens in ein Verhältnis der Mäßigung, drittens der wechselseitigen Ausbalancierung gebracht und viertens auf sinnvolle Weise verändert werden. Für jede dieser Optionen ist der Bereich der Ästhetik von Relevanz, allerdings in unterschiedlichem Maße. Gefühle wie Zorn oder Scham zu präsentieren, sie als spezifische Gefühle herauszupräparieren und, wie die Haltung der Unverschämtheit, in einem historischen Kontext möglich zu machen, ist eine ausgezeichnete Leistung der Künste und der ästhetisch durchwirkten Kultur. Gefühle sowohl zu moderieren als auch zu balancieren gehört, wie ich mit Hilfe von Hume, Adam Smith, Hegel und Nussbaum aufgezeigt habe, ebenfalls zu den Leistungen der Kunst, allerdings gewiss nicht ausschließlich, denn es ist dies eine Leistung auch von gesellschaftlichen und politischen Institutionen. Gefühle schließlich zu transformieren, ihnen eine akzeptablere Form zu geben und damit produktiv zu machen für den demokratischen Streit ist wiederum vor allem eine ausgezeichnete Leistung der Künste und der Populärkultur. Gegenwärtig, in Zeiten von digital- und massenmedialem *bullshit* und *hate speech*, von hemmungslosen politischen Lügen und Verschwörungsphantasmen, bieten Satire, Parodie, Kabarett und Comedy-Show für diesen transformativen Effekt den auffälligsten Beleg. Massiven Unsinn kann man politisch nicht mit Argumenten bekämpfen. Gegen Blödsinn hilft vielmehr nur Gegenblödsinn. Ich zitiere zum Abschluss ein harmloseres Beispiel, Heinrich Heines Verse:

Das Fräulein stand am Meere
Und seufzte lang und bang,
Es rührte sie so sehre
Der Sonnenuntergang.
Mein Fräulein! sein Sie munter,
Das ist ein altes Stück;
Hier vorne geht sie unter
Und kehrt von hinten zurück.

Diese Verse, so sagt man, pflegte Karl Marx gewissermaßen als Heilmittel bei übertriebenen Gefühlsausbrüchen zu zitieren. Das Gefühl, um das es hier geht, ist natürlich das romantisch gepflegte Gefühl der Rührung, Sehnsucht, Wehmut angesichts der Schönheit und Erhabenheit der Natur. Gegen zu viel Gefühl, oder gegen ein falsches, übertriebenes Gefühl, so wollen Heine und Marx uns sagen, hilft nicht einfach Vernunft. Sie hilft nur, wenn sie selber noch genügend Gefühl zeigt. Sie muss das Gefühl kritisieren und doch auch genießen, in Distanz zu ihm stehen und doch auch noch eins mit ihm sein. Literarisch gesehen, ist die Parodie als eine Form des Humors oder der Ironie darauf spezialisiert. Judith Butler hat sie vor dem Hintergrund der Sprechakttheorie und einer Foucault'schen panoptischen Gesellschaftstheorie reaktualisiert. Man kann der allumfassenden Macht demnach nur entgegenwirken, indem man sie parodiert.[239] Aber auch unabhängig von dieser negativistischen und vage bleibenden Gesellschaftstheorie ist es richtig, dass die Parodie die Uminterpretation und Sinnentstellung einer dominanten Sprechweise mimetisch ins Werk setzt, indem sie sich an diese Sprechweise einerseits anpasst, sich andererseits aber davon spielerisch absetzt. Das gilt auch für die Ironie, allgemeiner gesehen das Muster von Ernstnehmen und Nichternstnehmen. Auch dies ist ein spielerisches Muster, von dem Heines Gedicht in einer spezifischen, künstlerischen Weise Gebrauch macht.

So lernen wir in ästhetischen Kontexten, Gefühle, die für den politischen Disput unerlässlich, zugleich aber als Legitimationsinstanz inakzeptabel sind, zu präsentieren, auszubalancieren, zu mildern und umzuformen. Wir lernen das, indem wir uns an der Vergemeinschaftung von gegensätzlichen Elementen versuchen, den Komponenten und – indirekt – Rationalitätsformen unserer eigenen Erfahrung, die wiederum nur in der widersprüchlichen Gemeinschaft mit anderen Erfahrungssubjekten erkundet werden kann. Man kann es auch so sagen: In ästhetischen Angelegenheiten *muss* man streiten, und dieser Streit ist von erheblichem demokratischen Wert. Emotionale, leidenschaftliche Demokratie zu leben, ist in der Folge selber eine Kunst. Man muss es können, man muss es üben. Und man braucht dazu die »schönen« und die »nicht mehr schönen« Künste, Tragödie und Komödie, die »große« Kunst und die Kleinkunst, die elitäre und die populäre Kultur, das Niederschmetternde und Schockierende wie das Beschwingte und Amüsante und alles, was dazwischen ist.

Nachweise

»Demokratie für unverschämte Bürger« erschien in einer kürzeren Variante zuerst im *Kursbuch* 191 (2017) unter dem Titel: »Idioten, Blödmänner, Assholes: Brauchen moderne Demokratien unverschämte Bürger?« sowie in Englisch unter dem Titel: »Democracy for impertinent citizens« in: *Krisis. Online-Journal for contemporary philosophy*, 1/2019.

»Das Ende der Kunst und der Anfang der Demokratie« beruht auf dem gleichnamigen Aufsatz in: Michael Quante/Erzsébet Rózsa (Hg), *Vermittlung und Versöhnung. Zur Aktualität Hegels in einem zusammenwachsenden Europa*, Münster: LIT-Verlag 2001, S. 157–170.

Literatur

Adorno, Theodor W., *Gesammelte Schriften, Bd. 6: Negative Dialektik. Jargon der Eigentlichkeit*, Frankfurt/M.: Suhrkamp 2003.

– *Gesammelte Schriften, Bd. 7: Ästhetische Theorie*, Frankfurt/M.: Suhrkamp 1970.

– *Gesammelte Schriften, Bd. 11: Noten zur Literatur*, Frankfurt/M.: Suhrkamp 1974.

– *Minima Moralia. Reflexionen aus dem beschädigten Leben*, Frankfurt/M.: Suhrkamp 1979.

Anz, Thomas »Emotional Turn? Beobachtungen zur Gefühlsforschung«, in: *literaturkritik.de*, Nr. 12, Dezember 2006 (https://literaturkritik.de/id/10267).

Apel, Karl-Otto, »Fallibilismus, Konsenstheorie der Wahrheit und Letztbegründung«, in: Forum für Philosophie Bad Homburg (Hg.), *Philosophie und Begründung*, Frankfurt/M.: Suhrkamp 1987, S. 116–211.

Arendt, Hannah, *Vita activa oder Vom tätigen Leben*, München/Zürich: Piper 1981 (amer. Orig.: *The Human Condition*, 1958).

– *Was ist Existenzphilosophie?*, Meisenheim: Anton Hain 1990.

Aristoteles, *Rhetorik*, übers., mit Bibliographie, Erläuterungen u. Nachwort von Franz G. Sieveke, München: Fink 1995.

Avineri, Shlomo, *Hegels Theorie des modernen Staates*, Frankfurt/M.: Suhrkamp 1976.

Bachmann-Medick, Doris, *Die ästhetische Ordnung des Handelns. Moralphilosophie und Ästhetik in der Popularphilosophie des 18. Jahrhunderts*, Stuttgart: Metzler 1989.

– *Cultural Turns. Neuorientierungen in den Kulturwissenschaften*, Reinbek bei Hamburg: Rowohlt 2006.

Beiser, Frederik, *Hegel*, New York/London: Routledge 2005.

Bell, Daniel, *Die kulturellen Widersprüche des Kapitalismus*, übers. von I. Presser, Frankfurt/New York: Campus 1991 (amer. Orig. 1976).

Bellah, Robert N. et. al., *Gewohnheiten des Herzens. Individualismus und Gemeinsinn in der amerikanischen Gesellschaft*, übers. v. I. Peikert, Köln: Bund 1987 (amer. Orig. 1985).

Benjamin, Walter, »Das Kunstwerk im Zeitalter seiner technischen Reproduzierbarkeit«, in: ders., *Gesammelte Schriften. Bd. I.2: Abhandlungen*, Frankfurt/M.: Suhrkamp 1974, S. 431–471.

Bennett, Maxwell/Dennett, Daniel/Hacker, Peter/Searle, John, *Neuroscience and Philosophy: Brain, Mind, and Language*, New York: Columbia University Press 2007.
Bennett, Maxwell R./Hacker, Peter M.S., *Die philosophischen Grundlagen der Neurowissenschaften*, übers. v. Axel Walter, Darmstadt 2010.
Bernhard, Thomas, »Der Zorn«, in: Hanns-Geert Falkenberg (Hg.), *Die sieben Todsünden. 14 Essays*, München 1965, S. 86–88.
Bernstein, Jay M., »Freedom from Nature? Post-Hegelian Reflections on the End(s) of Art«, in: Stephen Houlgate (ed.), *Hegel and the Arts*, Evanston, Illinois: Northwestern University Press 2007, S. 216–243.
Bignall, Simone/Bowden, Sean/Patton, Paul (eds.), *Deleuze and Pragmatism*, New York & London: Routledge 2017.
Bloom, Paul, »Against Empathy«, in: *Boston Review*, Sept. 10, 2014, S. 1–11.
Blumenberg, Hans, »›Nachahmung der Natur‹. Zur Vorgeschichte des schöpferischen Menschen« (1957), in: ders., *Wirklichkeiten in denen wir leben. Aufsätze und eine Rede*, Stuttgart: Reclam 1981, S. 55–103.
Boltanski, Luc, *Distant Suffering: Morality, Media and Politics*, Cambridge University Press 1999.
Boomkens, René, »Smile or Die! On the Future of Cultural Studies«, in: *Zeitschrift für Ästhetik und Allgemeine Kunstwissenschaft*, Bd. 61, Jg. 2016, H. 1, S. 39–56.
Borutta, Manuel/Verheyen, Nina (Hg.): *Die Präsenz der Gefühle. Männlichkeit und Emotion in der Moderne*, Bielefeld 2010.
Böttiger, Helmut, *Celans Zerrissenheit. Ein jüdischer Dichter und der deutsche Geist*, Berlin: Galiani 2020.
Bouson, J. Brooks, »›You Nothing But Trash‹: White Trash Shame in Dorothy Allison's Bastard Out of Carolina«, in: *The Southern Literary Journal* 34/1, Sept. 2001, S. 101–123.
Bromell, Nick, »Democratic Indignation: Black American Thought and the Politics of Dignity«, in: *Political Theory* 41.2, 2013, S. 285–311.
Brown, Wendy, *Undoing the Demos. Neoliberalism's Stealth Revolution*, New York: Zone Books 2015.
Bungay, Stephen, *Beauty and Truth. A Study of Hegel's Aesthetics*, Oxford University Press 1987.
Burke, Edmund, *Vom Erhabenen und Schönen*, übers. v. Friedrich Bassenge, eingel. u. hg. v. Werner Strube, Hamburg: Meiner 1989.
Butler, Judith, *Das Unbehagen der Geschlechter*, Frankfurt/M.: Suhrkamp 1991.
– *Kritik der ethischen Gewalt. Adorno-Vorlesungen 2002*, Berlin: Suhrkamp 2003.

Cairns, Douglas, *Aidos. The Psychology and Ethics of Honour and Shame in Ancient Greek Literature*, Oxford: Oxford University Press 1992.
Caspary, William R., *Dewey on Democracy*, Cornell University Press 2000.
Cavell, Stanley, *Must We Mean What We Say? A Book of Essays*, Cambridge: Cambridge University Press 1976.
Celikates, Robin/Gosepath, Stefan: *Grundkurs Philosophie. Band 6: Politische Philosophie*, Stuttgart: Reclam 2013.
Coplan, Amy u. Goldie, Peter, »Introduction«, in: dies. (Hg.), *Empathy. Philosophical and Psychological Perspectives*, Oxford University Press 2014 (or. 2011), S. IX–XLVII.
Cyrulnik, Boris, *Scham. Im Bann des Schweigens*, aus dem Französischen v. Maria Buchwald u. Andrea Alvermann, Hünfelden: Präsenz Kunst & Buch Verlag 2011.
Damásio, António, *Descartes' Irrtum: Fühlen, Denken und das menschliche Gehirn*, München: List 1995.
– *Ich fühle, also bin ich*, München: List 2000.
Danto, Arthur C., *Die philosophische Entmündigung der Kunst*, aus dem Englischen von Karen Lauer, München: Fink 1993.
– *Kunst nach dem Ende der Kunst*, aus dem Englischen von Christiane Spelsberg, München: Fink 1996.
Deleuze, Gilles, *Nietzsche und die Philosophie*, aus dem Franz. v. Bernd Schwibs, München: Rogner & Bernhard 1976.
– *Henri Bergson zur Einführung*, Hamburg: Junius 1989.
– *Unterhandlungen 1972–1990*, aus dem Franz. v. Gustav Roßler, Frankfurt/M.: Suhrkamp 1993.
– *Negotiations*, aus dem Franz. v. Martin Joughin, New York: Columbia University Press 1995.
– *Was ist Philosophie?*, aus dem Franz. v. Bernd Schwibs u. Joseph Vogl, Frankfurt/M.: Suhrkamp 1996.
Demmerling, Christoph/Landweer, Hilge (Hg.), *Philosophie der Gefühle. Von Achtung bis Zorn*, Stuttgart/Weimar: Metzler 2007.
Dewey, John, *Art as Experience*, New York: Perigee Books 1980 (*Kunst als Erfahrung*, Frankfurt/M.: Suhrkamp 1988).
Donougho, Martin, »Art and History: Hegel on the End, the Beginning, and the Future of Art««, in: Stephen Houlgate (ed.), *Hegel and the Arts*, Evanston, Illinois: Northwestern University Press 2007, S. 179–215.
Dürbeck, Gabriele, *Einbildungskraft und Aufklärung. Perspektiven der Philosophie, Anthropologie und Ästhetik um 1750*, Tübingen: Max Niemeyer 1998.

Duve, Thierry de, *Kant after Duchamp*, Cambridge/Mass.: MIT Press 1996.

Eagleton, Terry, *Ästhetik. Die Geschichte ihrer Ideologie*, Stuttgart/Weimar: Metzler 1994 (engl. Orig. 1990).

Elias, Norbert, *Über den Prozess der Zivilisation. Soziogenetische und psychogenetische Untersuchungen*, Bd. II, Frankfurt/M.: Suhrkamp 1976.

Ellsiepen, Christof, »Die Erkenntnisarten«, in: Michael Hampe/Robert Schnepf (Hg.), *Baruch de Spinoza – Ethik*, Berlin: Akademie 2006, S. 133–150.

Engelen, Ewald/Fernandez, Rodrigo/Hendrikse, Reijer, »How finance penetrates its other: a cautionary tale of the financialization of a Dutch university«, in: *Antipode*, Vol. 46, Nr. 4, 2014, S. 1083; *Vastgoedmarkt*, 13 mei 2015.

Ferry, Luc, *Der Mensch als Ästhet. Die Erfindung des Geschmacks im Zeitalter der Demokratie*, Stuttgart/Weimar: Metzler 1992.

Forman-Barzilai, Fonna, *Adam Smith and the Circles of Sympathy. Cosmopolitanism and Moral Theory*, Cambridge University Press 2010.

Frank, Thomas, *What's the Matter With Kansas? How Conservatives Won the Heart of America*, New York: Metropolitan Books 2004.

Frankfurt, Harry, *On Bullshit*, Princeton & Oxford: Princeton University Press 2005.

Fromm, Erich, *Die Kunst des Liebens*, übers. v. Günter Eichel, Frankfurt/M.: Ullstein 1977 (engl. Orig. 1956).

Frei, Norbert, *1968. Jugendrevolte und globaler Protest*, München: dtv 2017.

Früchtl, Josef, »Ästhetische und soziale Freiheit: Differenz in der Einheit«, in: Magnus Schlette (Hg.), *Ist Selbstverwirklichung institutionalisierbar? Axel Honneths Freiheitstheorie in der Diskussion*, Frankfurt/New York: Campus 2018, S. 191–206.

– »Artistic Research: Delusions, Confusions and Differentiations«, in: *Eidos. A Journal for Philosophy of Culture*, vol. 3 (2019), no. 2, S. 124–134.

– »Zu den Kategorien des Hässlichen, des Schönen und der Technik«, erscheint in: Anne Eusterschulte/Sebastian Tränkle (Hg.), *Theodor W. Adorno: Ästhetische Theorie*, De Gruyter: Berlin/Boston 2021.

Gatens, Moira, »Spinoza's Hard Path to Freedom«, *Spinoza Lecture Amsterdam*, Assen: Van Gorcum 2011.

Giddens, Anthony, *Beyond Left and Right. The Future of Radical Politics*, Cambridge: Polity Press 1994.

Girard, René, *Das Heilige und die Gewalt*, Zürich: Benziger 1987 (franz. Orig. 1972).

Goodwin, Jeff/Jasper, James/Polletta, Francesca (Hg.): *Passionate Politics. Emotions and Social Movements*, Chicago University Press 1994.

Gramckow, Claus, »Nicht Themen sondern Wut hat Donald Trump ins Weiße Haus getragen«, in: *FOCUS online*, 9.11.2016: http://www.focus.de/politik/experten/aussenseiter-triumphiert-die-wut-hat-donald-trump-ins-weisse-haus-getragen_id_6180275.html.

Green, Jeffrey Edward, *The Eyes of the People: Democracy in the Age of Spectatorship*, Oxford University Press 2010.

Groebner, Valentin, »Ein Staubsauger namens Emotion. Geschichte und Gefühl als akademischer Komplex«, in: *Zeitschrift für Ideengeschichte*, Herbst 2013, S. 109–116.

Habermas, Jürgen, *Theorie des kommunikativen Handelns, Bd. 1*, Frankfurt/M.: Suhrkamp 1981.

– *Der philosophische Diskurs der Moderne. Zwölf Vorlesungen*, Frankfurt/M.: Suhrkamp 1985.

– »Vom pragmatischen, ethischen und moralischen Gebrauch der praktischen Vernunft«, in: ders., *Erläuterungen zur Diskursethik*, Frankfurt/M.: Suhrkamp 1991, S. 100–118.

– »Drei normative Modelle der Demokratie«, in: ders., *Die Einbeziehung des Anderen. Studien zur politischen Theorie*, Frankfurt/M.: Suhrkamp 1996, S. 277–292.

– »›Das Politische‹. Der vernünftige Sinn eines zweifelhaften Erbstücks der Politischen Theologie«, in: ders., *Nachmetaphysisches Denken II. Aufsätze und Repliken*, Berlin 2012, S. 238–256.

– *Auch eine Geschichte der Philosophie, Bd. 2: Vernünftige Freiheit. Spuren des Diskurses über Glaube und Wissen*, Berlin: Suhrkamp 2019.

Hacke, Christian, in: *SPIEGELonline*, 23.04.2011 (http://www.spiegel.de/spiegel/print/d-78145117.html).

Hampe, Michael/Renz, Ursula/Schnepf, Robert, »Einleitung: Spinozas Ethica ordine geometrico demonstrata«, in: Hampe/Schnepf (Hg.), *Baruch de Spinoza – Ethik*, Berlin, Akademie 2006, S. 1–17.

Hees, Martin van, et. al., *Neoliberalisme. Een politieke fictie*, Amsterdam: Boom 2014.

Hegel, G.W.F., *Werke in zwanzig Bänden, Bd. 13: Vorlesungen über die Ästhetik*, hg. v. Eva Moldenhauer u. Karl Markus Michel, Frankfurt/M.: Suhrkamp 1970.

– *ebd., Bd. 14: Vorlesungen über die Ästhetik*, hg. v. Eva Moldenhauer u. Karl Markus Michel, Frankfurt/M.: Suhrkamp 1970.

– *ebd., Bd. 15: Vorlesungen über die Ästhetik*, hg. v. Eva Moldenhauer u. Karl Markus Michel, Frankfurt/M.: Suhrkamp 1970.

Henrich, Dieter, *Aesthetic Judgment and the Moral Image of the World*, Stanford University Press, 1992.

Hintermeier, Hannes, »Immerzu hassen ist auch anstrengend«, Rezension zur Bernhard-Biographie von Manfred Mittermayer, in: *Frankfurter Allgemeine Zeitung* v. 30. Dez. 2015.

Hoggett, Paul/Thompson, Simon: »Toward a Democracy of Emotions«, in: *Constellations*, Vol. 9, No. 1, 2002, S. 106–126.

Honneth, Axel, »Kampf um Anerkennung. Zu Sartres Theorie der Intersubjektivität«, in: Traugott König (Hg.), *Sartre. Ein Kongress*, Reinbek bei Hamburg: Rowohlt 1988, S. 73–83.

– *Das Recht der Freiheit. Grundriß einer demokratischen Sittlichkeit*, Berlin: Suhrkamp 2011.

Hook, Sidney, »Democracy as a Way of Life«, in: John N. Andrews/Carl A. Marsden (Hg.): *Tomorrow in the Making*, New York: McGraw-Hill Book Company 1939, S. 31–46.

Hörmann, Karl, *Lexikon der christlichen Moral*, 2., überarb. Aufl., Innsbruck: Tyrolia Verlagsanstalt 1976.

Houlgate, Stephen, *Freedom, Truth and History: An Introduction to Hegel's Philosophy*, London & New York 1991.

Hume, David, *A Treatise of Human Nature*, ed. by David Fate Norton & Mary J. Norton, Oxford University Press 2009.

– *Ein Traktat über die menschliche Natur*, auf der Grundlage d. Übers. v. Theodor Lipps neu hgg. v. Horst D. Brandt, Hamburg: Meiner 2013.

– *Enquiries Concerning Human Understanding & Concerning the Principles of Moral*, reprinted from the 1777 edition with introduction and analytical index by L.A. Selby-Bigge, Oxford: Oxford University Press 1975 (3rd ed.).

– »Of Tragedy«, in: *David Hume. Selected Essays*, ed. with an introd. and notes by Stephen Copley & Andrew Edgar, Oxford University Press 1998, S. 126–132.

– »Of the Standards of Taste«, in: *David Hume. Selected Essays*, ed. with an introd. and notes by Stephen Copley and Andrew Edgar, Oxford University Press 1998, S. 133–153.

Illouz, Eva, *Gefühle in Zeiten des Kapitalismus. Frankfurter Adorno-Vorlesungen 2004*, Frankfurt/M.: Suhrkamp 2007.

Jacquet, Jennifer, *Is Shame Necessary? New Uses for an Old Tool*, Penguin Random House 2016.

James, Aaron, *Assholes. A Theory*, New York: Doubleday 2012.

James, Susan, »Narratives as the Means to Freedom: Spinoza on the Uses of the Imagination«, in: Yitzhak Y. Melamed/Michael A. Rosenthal (eds): *Spinoza's Theological-Political Treatise: A Critical Guide*, Cambridge: Cambridge University Press 2010, S. 250–267.

Jasper, James M., »Emotions and Social Movements: Twenty Years of Theory and Research«, in: *Annual Review of Sociology 37* (2011), S. 285–304.

Jones, Peter, »Hume, David: Survey of Thought«, in: Michael Kelly (ed.), Encyclopedia of Aesthetics, Vol. 2, Oxford: Oxford University Press 1998, S. 426–428.

Kagan, Jerome, »A Conceptual Analysis of Affect«, in: Theodor Shapiro/ Robert N. Emde (Hg.): *Affect: Psychoanalytic Perspectives*, Madison: International Universities Press 1992, S. 109–129.

Kandinsky, Wassily, *Über das Geistige in der Kunst*, 3. Aufl., München: R. Piper & Co. 1912.

Kant, Immanuel, *Kritik der Urteilskraft. Werkausgabe Bd. X*, hg. v. Wilhelm Weischedel, Frankfurt/M.: Suhrkamp 1974.

Kaufman, Gershen, *Shame: the Power of Caring*, Rochester: Schenkman Books 1992 (1st ed. 1983).

Keppler, Jan Horst, *Adam Smith and the Economy of the Passions*, New York & London: Routledge 2010.

Kingston, Rebecca (Hg.), *Bringing the passions back in. The emotions in political philosophy*, UBC Press 2008.

Kittsteiner, Heinz Dieter, »Die Geschichte nach dem Ende der Kunst«, in: *Merkur*, 52. Jg. (1998), H. 4, S. 294–307.

Klein, Ansgar u.a. (Hg.), *Masse – Macht – Emotionen. Zu einer politischen Soziologie der Emotionen*, Opladen: Westdeutscher Verlag 1999.

Kohler, Berthold, »Dann helfe uns Gott«, *Frankfurter Allgemeine Zeitung* v. 21. Jan. 2017.

Korn, Benjamin, »Mein 1968«, in: *Die Zeit*, Nr. 20 v. 9. Mai 2018.

Kosofsky Sedgwick, Eve/Frank, Adam (Hg.), *Shame and Its Sisters: A Silvan Tomkin Reader*, Durham, NC: Duke University Press 1995.

Krause, Sharon R., *Civil passions. Moral sentiments and democratic deliberation*, Princeton University Press 2008.

Krebs, Angelika, *Ich und Du. Eine dialogische Philosophie der Liebe*, Berlin: Suhrkamp 2015.

Kristeva, Julia, *Geschichten von der Liebe*, übers. v. Dieter Hornig u. Wolfram Bayer, Frankfurt/M. 1989.

Kubjuweit, Dirk, »Der Wutbürger«, in: *Spiegel* Nr. 41/2010.

Kulenkampff, Jens, *David Hume*, München: Beck 1989.

Leder, Helmut/Belke, Benno/Oeberst, Andries/Augustin, Dorothee, »A model of aesthetic appreciation and aesthetic judgements«, in: *British Journal of Psychology*, 95 (2004), S. 489–508.

Lehmann, Johannes F., *Im Abgrund der Wut. Zur Kultur- und Literaturgeschichte des Zorns*, Freiburg: Rombach 2012.

Locke, Jill, *Democracy and the Death of Shame. Political Equality and Social Disturbance*, New York: Cambridge University Press 2016.

Lorde, Audre, »The Uses of Anger«, in: *Women's Studies Quarterly* 9.3, 1981, S. 278–285.

Lotter, Maria-Sibylla, *Scham, Schuld, Verantwortung. Über die kulturellen Grundlagen der Moral*, Berlin: Suhrkamp 2012.

Lüdke, W. Martin, »Das utopische Motiv ist eingeklammert: Gespräch mit dem Literatursoziologen Leo Löwenthal«, in: *Frankfurter Rundschau*, 17.05.1980; in English publiziert als »The Utopian Motif in Suspension: A Conversation with Leo Löwenthal« (in: *New German Critique 38*, Spring-Summer 1986, übers. v. Ted R. Weeks).

Maase, Kaspar, *Grenzenloses Vergnügen. Der Aufstieg der Massenkultur 1850–1970*, Frankfurt/M.: Fischer 1997.

Manemann, Jürgen, *Demokratie und Emotion. Was ein demokratisches Wir von einem identitären Wir unterscheidet*, Bielefeld: transcript 2019.

Marcus, George E., *The Sentimental Citizen. Emotion in Democratic Politics*, The Pennsylvania State University Press 2002.

Marcuse, Herbert, *Versuch über die Befreiung*, Frankfurt/M.: Suhrkamp 1969.

Márkus, György, »Vom Ende der Kunst. Hegels These und ihre Bedeutung für die Moderne«, in: *Lettre International*, H. 40 (1998), S. 38–44.

Mattick, Paul, »Aesthetics and Anti-Aesthetics in the Visual Arts«, in: *The Journal of Aesthetics and Art Criticism*, Vol. 51, No. 2, Spring 1993, S. 253–259.

May, Todd, *Gilles Deleuze. An Introduction*, Cambridge: Cambridge University Press 2005.

McLaughlin, Peter/Lübbe, Weyma, Art. »Typus«, in: Jürgen Mittelstraß (Hg.), *Enzyklopädie Philosophie und Wissenschaftstheorie*, Bd. 4, Stuttgart/Weimar: Metzler 1996, S. 363–364.

Mead, George H., *Geist, Identität und Gesellschaft*, übers. v. Ulf Pacher, Frankfurt/M.: Suhrkamp 1973 (amerik. Orig. 1934).

Melville, Stephen, *Art as a Philosophical Context,* New York/London: Routledge 1996.

Menke, Christoph, *Tragödie im Sittlichen. Gerechtigkeit und Freiheit nach Hegel*, Frankfurt/M.: Suhrkamp 1996.

Mothersill, Mary, »Hume, David: ›Of the Standard of Taste‹«, in: Michael Kelly (ed.), *Encyclopedia of Aesthetics*, Vol. 2, Oxford: Oxford University Press 1998, S. 428–433.

Mouffe, Chantal, *Über das Politische. Wider die kosmopolitische Illusion*, übers. v. Niels Neumeier, Frankfurt/M. 2007.
– »Art and Democracy: Art as an Agonistic Interaction in the Public Sphere«, in: *Open: Art as Public Issue*, Vol. 14 (2008), S. 6–15.
Neckel, Sighard, *Status und Scham. Zur symbolischen Reproduktion sozialer Ungleichheit*, Frankfurt/M.: Campus 1991.
Neumann-Braun, Klaus (Hg.), *VIVA MTV! Popmusik im Fernsehen*, Frankfurt/M.: Suhrkamp 1999.
Nietzsche, Friedrich, *Die fröhliche Wissenschaft*, in: *Kritische Studienausgabe, Bd. 3*, hg. v. Giorgio Colli u. Mazzino Montinari, München/Berlin: dtv/de Gruyter 1988.
– *Also sprach Zarathustra*, in: *Kritische Studienausgabe, Bd. 4*, hg. v. Giorgio Colli u. Mazzino Montinari, München/Berlin: dtv/de Gruyter 1988.
Noë, Ava, *Strange Tools: Art and Human Nature*, New York: Hill & Wang 2015.
Norman, Jesse, *Adam Smith. What He Thought, and Why it Matters*, Penguin 2019.
Nussbaum, Martha, *The Fragility of Goodness. Luck and Ethics in Greek Tragedy and Philosophy*, Cambridge: Cambridge University Press 1986.
– *Poetic Justice. The Literary Imagination and Public Life*, Boston: Beacon Press 1995.
– *Upheavals of Thought. The Intelligence of Emotions*, Cambridge: Cambridge University Press 2003.
– *Hiding From Humanity. Disgust, Shame, and the Law*, Princeton, N.J.: Princeton University Press 2004.
– *Not For Profit. Why Democracy Needs the Humanities*, Princeton University Press 2010.
– *Political Emotions: Why Love Matters For Justice*, Harvard University Press 2013.
– *Anger and Forgiveness: Resentment, Generosity, and Justice*, Oxford University Press 2016.
Ostry, Jonathan D./Loungani, Prakash/Furceri, Davide, »Neoliberalism: Oversold?«, in: https://www.imf.org/external/pubs/ft/fandd/2016/06/ostry.htm.
O'Toole, Fintan, »George Orwell's idea of a better England is stirring again today«, in: *The Guardian* v. 18. Juni 2017.
Parthe, Eva, *Authentisch leben? Erfahrung und soziale Pathologien in der Gegenwart*, Frankfurt/M.: Campus 2011.

Patton, Paul, *Deleuzian Concepts: Philosophy, Colonization, Politics*, Stanford: Stanford University Press 2010.

Pelliccia, Hayden, »The Art of Wrath«, in: *The New York Review*, Oct. 2017.

Perniola, Mario, »Abenteuer des Ekels. Zwischen Ästhetik und Politik, Geschmack und Demokratie«, in: *Lettre International*, H. 40 (1998), S. 32–34.

Peymann, Claus, »Nichts für Feiglinge«, Interview mit Christine Dössel, in: *Süddeutsche Zeitung* v. 1./2. Juli 2017.

Pickford, Henry W., *Thinking with Tolstoy and Wittgenstein: Expression, Emotion, and Art*, Evanston, Illinois: Northwestern University Press 2016.

Plamper, Jan, *Geschichte und Gefühl. Grundlagen der Emotionsgeschichte*, München: Siedler 2012.

Probyn, Elspeth, *Blush. Faces of Shame*, Minneapolis & London: University of Minnesota Press 2005.

Quoos, Jörg, »Donald Trump – Der Präsident der Wutbürger«, in: *Berliner Morgenpost* v. 9. Nov. 2016.

Rahden, Till van, *Demokratie. Eine gefährdete Lebensform*, Frankfurt/New York: Campus 2019.

Rancière, Jacques, »The Aesthetic Revolution and its Outcomes. Emplotments of Autonomy and Heteronomy«, in: *New Left Review* 14/2002, S. 133–151.

– *Das Unvernehmen. Politik und Philosophie*, Frankfurt/M.: Suhrkamp 2002.

– *The Emancipated Spectator*, transl. by Gregory Elliott, London: Verso 2008.

Raphael, David D., *The Impartial Spectator. Adam Smith's Moral Philosophy*, Oxford: Clarendon Press 2007.

Rawls, John, *Eine Theorie der Gerechtigkeit*, übers. v. Hermann Vetter, Frankfurt/M.: Suhrkamp 1979.

Rebentisch, Juliane, *Die Kunst der Freiheit. Zur Dialektik demokratischer Existenz*, Berlin: Suhrkamp 2012.

Reddy, William, *The Navigation of Feeling. A Framework for the History of Emotions*, Cambridge 2001.

Stollberg-Rilinger, Barbara, *Europa im Jahrhundert der Aufklärung*, Stuttgart: Reclam 2000.

Rorty, Richard, *Eine Kultur ohne Zentrum. Vier philosophische Essays*, Stuttgart: Reclam 1993.

– *Stolz auf unser Land. Die amerikanische Linke und der Patriotismus*, Frankfurt/M.: Suhrkamp 1999.

Rovelli, Carlo, *Die Ordnung der Zeit*, aus dem Ital. v. Enrico Heinemann, Hamburg: Rowohlt 2018.

Saar, Martin, *Die Immanenz der Macht. Politische Theorie nach Spinoza*, Berlin: Suhrkamp 2013.

Sanders, Bernie, *Our Revolution. A Future to Believe In*, London: Profile Books 2016.

– »Stehen Sie nicht abseits: Demokratie ist kein Zuschauersport!«, in: *Blätter für deutsche und internationale Politik*, 62. Jg., H. 7/2017.

Sartre, Jean-Paul, *Das Sein und das Nichts. Versuch einer phänomenologischen Ontologie*, Hamburg: Rowohlt 1976.

Schliesser, Eric, *Adam Smith: Systematic Philosopher and Public Thinker*, Oxford: Oxford University Press 2017-

Schmetkamp, Susanne, »Narrative Empathie und der ethische Wert der Perspektiveneinnahme«, in: *Zeitschrift für Ästhetik und Allgemeine Kunstwissenschaft*, H. 63/1, Jg. 2018, S. 73–92.

Schmidt, Horst-Michael, *Sinnlichkeit und Verstand. Zur philosophischen und poetologischen Begründung von Erfahrung und Urteil in der deutschen Aufklärung*, München: Fink 1982.

Schnädelbach, Herbert, »Hegels Lehre von der Wahrheit«, in: ders., *Philosophie in der modernen Kultur. Vorträge und Abhandlungen 3*, Frankfurt am Main: Suhrkamp 2000, S. 64–85.

Schneewind, Jerome B., *The Invention of Autonomy. A History of Modern Moral Philosophy*, Cambridge University Press 1998.

Schreyach, Michael, Art. »Newman, Barnett«, in: *Encyclopedia of Aesthetics*, hg. v. Michael Kelly, 2nd ed., S. 496–499.

Schulze, Gerhard, *Die Erlebnisgesellschaft. Kultursoziologie der Gegenwart*, Frankfurt/New York: Campus 1993.

Siep, Ludwig, »Vernunftrecht und Rechtsgeschichte. Kontext und Konzept der Grundlinien im Blick auf die Vorrede«, in: ders. (Hg.), *G.W.F. Hegel, Grundlinien der Philosophie des Rechts*, Berlin: Akademie Verlag 1997, S. 5–29.

Simmel, Georg, *Aufsätze und Abhandlungen 1901–1908, Bd. I*, Frankfurt/M.: Suhrkamp 1995.

Simon, Annette, »Wut schlägt Scham: Das ›Wir sind das Volk‹ der AFD als nachgeholter Widerstand«, in: *Blätter für deutsche und internationale Politik*, 10/2019, S. 41–50.

Smith, Adam, *The Theory of Moral Sentiments*, in: *The Works of Adam Smith*, Vol. I, Nachw. Dugald Stewart, London 1812.

– *Theorie der ethischen Gefühle*, hg. v. Horst D. Brandt, übers. v. Walther Eckstein, Hamburg: Meiner, 2010.

– *Essays on Philosophical Subjects*, hg. v. Dugald Stewart, Memphis/USA 2012.

Sousa, Ronald de, *Die Rationalität des* Gefühls, Frankfurt/M.: Suhrkamp 1997.

Spinoza, Baruch de, *Die Ethik nach geometrischer Methode dargestellt*, übers. u. mit Anmerkungen v. Otto Baensch, mit einer Einl. v. Rudolf Schottlaender u. einer Bibliographie v. Wolfgang Bartuschat, Hamburg: Meiner 1994.

Streminger, Gerhard, *David Hume. Sein Leben und sein Werk*, Paderborn: Schöningh 1995.

– »Die Vernunft ist die Sklavin der Leidenschaften und soll es sein«, in: *Aufklärung und Kritik* 3/2011, S. 50–53.

Stueber, Karsten R., »Fremdverstehen und Fremdbewerten«, in: *Information Philosophie*, H. 2/2017, S. 18–35.

Supp, Barbara, »Die Mutbürger«, *Spiegel* Nr. 42/2010.

Sutton, Robert I., *The No Asshole Rule. Building a Civilized Workplace and Surviving One That Isn't* (bei mehreren Verlagen), 2007.

Tömmel, Tatjana Noemi, *Wille und Passion. Der Liebesbegriff bei Heidegger und Arendt*, Berlin 2013.

Trunz, Erich, Nachwort zu »Die Geheimnisse«, in: *Goethes Werke. Hamburger Ausgabe in 14 Bänden, Bd. II: Gedichte und Epen*, München: Beck 1981, S. 705–710.

Tugendhat, Ernst, *Vorlesungen über Ethik*, Frankfurt/M.: Suhrkamp 1993.

Voigt, Boris, »Musikästhetik für den Homo Oeconomicus. Adam Smith über Gefühle, Markt und Musik«, in: *Zeitschrift für Ästhetik und Allgemeine Kunstwissenschaft*, H. 58/1, Jg. 2013, S. 97–120.

Vieweg, Klaus, *Hegel. Der Philosoph der Freiheit*, München: Beck 2019.

Voss, Christiane, *Narrative Emotionen. Eine Untersuchung über Möglichkeiten und Grenzen philosophischer Emotionstheorien*, Berlin: de Gruyter 2004.

Warnke, Martin, »Beschreibung von Dienstverhältnissen«, in: *Frankfurter Allgemeine Zeitung* v. 15. Juli 1998.

Weinstein, Jack Russel, »Kant and Smith on Imagination, Reason and Personhood«, in: *Kant and the Scottish Enlightenment*, ed. by Elizabeth Robinson & Chris W. Surprenant, New York: Routledge 2017, S. 304–320.

Wellmer, Albrecht, *Zur Dialektik von Moderne und Postmoderne. Vernunftkritik nach Adorno*, Frankfurt/M.: Suhrkamp 1985.

Wels, Volkhard, »Zur Vorgeschichte des Begriffs der ›kreativen Phantasie‹«, in: *Zeitschrift für Ästhetik und Allgemeine Kunstwissenschaft*, Jg. 2005, H. 50/2, S. 199–226.

Welsch, Wolfgang, *Unsere postmoderne Moderne*, Weinheim: VCH 1988.

Westbrook, Robert B., *Democratic Hope. Pragmatism and the Politics of Truth*, Cornell University Press 2005.

Wicks, Robert, »Hegel's aesthetics: An overview«, in: Frederick C. Beiser (Hg.), *The Cambridge Companion to Hegel*, Cambridge University Press 1993, S. 348–377.

Williams, Bernard, *Shame and Necessity*, Berkeley: University of California Press 1993.

Wolf, Christa, *Kassandra*, Darmstadt u. Neuwied: Luchterhand 1986 (Orig. 1983).

Anmerkungen

[1] Der Ausdruck »Wutbürger« wurde durch den Journalisten Dirk Kubjuweit geprägt: »Der Wutbürger«, in: *Spiegel* Nr. 41/2010; Jörg Quoos, »Donald Trump – Der Präsident der Wutbürger«, in: *Berliner Morgenpost* v. 9. Nov. 2016; Berthold Kohler, »Dann helfe uns Gott«, *Frankfurter Allgemeine Zeitung* v. 21. Jan. 2017; Claus Gramckow, »Nicht Themen sondern Wut hat Donald Trump ins Weiße Haus getragen«, in: *FOCUS online*, 9.11.2016: http://www.focus.de/politik/experten/aussenseiter-triumphiert-die-wut-hat-donald-trump-ins-weisse-haus-getragen_id_6180275.html); vgl. ausführlich und mit leidenschaftlich vorgetragenen Argumenten zum Aufstieg des radikal konservativen Populismus in den USA: Thomas Frank, *What's the Matter With Kansas? How Conservatives Won the Heart of America*, New York: Metropolitan Books 2004.

[2] Doris Bachmann-Medick, *Cultural Turns. Neuorientierungen in den Kulturwissenschaften*, Reinbek b. Hamburg: Rowohlt 2006; Thomas Anz, »Emotional Turn? Beobachtungen zur Gefühlsforschung«, in: literaturkritik.de, Nr. 12, Dezember 2006 (https://literaturkritik.de/id/10267); zur Geschichtswissenschaft vgl. Valentin Groebner, »Ein Staubsauger namens Emotion. Geschichte und Gefühl als akademischer Komplex«, in: *Zeitschrift für Ideengeschichte*, Herbst 2013, S. 109–116 (kritisches Ziel dieses fulminanten Artikels ist das Buch von Jan Plamper, *Geschichte und Gefühl. Grundlagen der Emotionsgeschichte*, München: Siedler 2012).

[3] Phillip Rieff in seinem Buch: *Freud: The Mind of a Moralist*, London 1979: »irrational passion for dispassionate rationality«, zitiert in: Paul Hoggett u. Simon Thompson: »Toward a Democracy of Emotions«, in: *Constellations*, Vol. 9, No 1, 2002, S. 113.

[4] Zentral sind in diesem Kontext Ronald de Sousa, *Die Rationalität des Gefühls* (engl. Orig. 1987) und António Damásio, *Descartes' Irrtum: Fühlen, Denken und das menschliche Gehirn*, München: List 1995 (engl. Orig. 1994), sowie *Ich fühle, also bin ich*, München: List 2000 (engl. Orig. *The Feeling of What Happens*, 1999); instruktiv auch Maxwell R. Bennett u. Peter M.S. Hakker, *Die philosophischen Grundlagen der Neurowissenschaften*, übers. v. Axel Walter, Darmstadt 2010, S. 266–301 (engl. Orig. 2003); vgl. zusammenfassend Christoph Demmerling u. Hilge Landweer (Hg.), *Philosophie der Gefühle. Von Achtung bis Zorn*, Stuttgart/Weimar: Metzler 2007, S. 7 ff.; aus kulturwissenschaftlicher Perspektive, mit Michel Foucault als leitendem Theoretiker von Modernität, vgl. ebenfalls zusammenfassend Johannes F. Lehmann, *Im Abgrund der Wut. Zur Kultur- und Literaturgeschichte des Zorns*, Freiburg:

Rombach 2012, v.a. S. 36ff., dort auch der Hinweis auf Herder und Tetens, mit denen im Zuge einer empirischen Psychologie die Aufwertung des Affekts als »Gefühl« neben »Denken« und »Wollen« beginnt.

[5] Vgl. Wassily Kandinsky, *Über das Geistige in der Kunst*, 3. Aufl., München: R. Piper & Co. 1912 (fotomech. Nachdr. bei Hanser), S. 10 (»Jedes Kunstwerk ist Kind seiner Zeit, oft ist es Mutter unserer Gefühle«); G.W.F. Hegel, *Werke in zwanzig Bänden, Bd. 13: Vorlesungen über die Ästhetik*, hg. v. Eva Moldenhauer u. Karl Markus Michel, Frankfurt/M.: Suhrkamp 1970, S. 74.

[6] Das Zitat stammt von Carrie Fisher, Meryl Streep greift es bei der Golden-Globe-Verleihung im Januar 2017 auf, kurz nach dem Wahlsieg von Donald Trump; zu Pegasus vgl. Theodor W. Adorno, *Gesammelte Schriften, Bd. 7: Ästhetische Theorie*, Frankfurt/M.: Suhrkamp 1970, S. 81.

[7] Diese Bedeutung des Begriffs übersehen jene Theoretiker, die sich ihm allein analytisch und intentionalistisch nähern. Da sich, so argumentieren sie, niemand in der Politik und der Wirtschaftswissenschaft »neoliberal« nennt und da sich in diesem Wort wie in einem Container sehr divergierende Anschauungen versammeln, besteht auch die Sache nicht, die er benennen soll (vgl. Martin van Hees et. al., *Neoliberalisme. Een politieke fictie*, Amsterdam: Boom 2014). Die Autoren nehmen nicht zur Kenntnis, dass der Begriff des Neoliberalismus vor allem eine *kulturell-politische* Bedeutung hat. Es geht, auf dem ökonomisch-politischen Hintergrund, der sich kritisch gegen den Keynesianismus und den sozialdemokratisch-»sozialistischen« Wohlfahrtsstaat richtet, um die Implementierung eines (diffusen) Bedeutungszusammenhangs, der auf eine bestimmte Lebensform zielt; vgl. dazu Wendy Brown, *Undoing the Demos. Neoliberalism's Stealth Revolution*, New York: Zone Books 2015, S. 20: »›Neoliberalism‹ (...) is a loose and shifting signifier«; vgl. auch René Boomkens, »Smile or Die! Over de toekomst van de cultuurwetenschappen«, Antrittsvorlesung an der Universität von Amsterdam am 16. Oktober 2015, in englischer Übers. als »Smile or Die! On the Future of Cultural Studies«, in: *Zeitschrift für Ästhetik und Allgemeine Kunstwissenschaft*, Bd. 61, Jg. 2016, H. 1, S. 45, Anm. 6.) Inzwischen hat der Term »Neoliberalismus« auch Eingang gefunden in die Sprache des Internationalen Währungsfonds (IWF), vgl. Jonathan D. Ostry, Prakash Loungani u. Davide Furceri, »Neoliberalism: Oversold?«, in: https://www.imf.org/external/pubs/ft/fandd/2016/06/ostry.htm.

[8] Vgl. Ewald Engelen, Rodrigo Fernandez u. Reijer Hendrikse: »How finance penetrates its other: a cautionary tale of the financialization of a Dutch university«, in: *Antipode*, Vol. 46, Nr. 4, 2014, S. 1083; *Vastgoedmarkt*, 13 mei 2015.

[9] Vgl. James M. Jasper: »Emotions and Social Movements: Twenty Years of Theory and Research«, in: *Annual Review of Sociology 37* (2011), S. 285–304.

[10] Thomas Bernhard, »Der Zorn«, in: Hanns-Geert Falkenberg (Hg.), *Die sieben Todsünden. 14 Essays*, München 1965, S. 86–88.

[11] Vgl. zusammenfassend Johannes F. Lehmann, *Im Abgrund der Wut. Zur Kultur- und Literaturgeschichte des Zorns*, Freiburg: Rombach 2012, S. 23 f.

[12] Ursprünglich ein Slogan des politischen Bloggers Ashley Morris, Professor für Computer Science in Chicago (en.wikipedia.org/wiki/Ashley_Morris_(blogger)).

[13] Aristoteles, *Rhetorik*, übers., mit Bibliographie, Erläuterungen u. Nachwort von Franz G. Sieveke, München: Fink 1995, S. 87; vgl. zusammenfassend Lehmann, *Im Abgrund der Wut*, a. a. O., S. 14, 37, 47 ff.; über die ersten Zeilen der Ilias in englischer Übersetzung vgl. Hayden Pelliccia, »The Art of Wrath«, in: *The New York Review*, Oct. 2017.

[14] Christa Wolf, *Kassandra*, Darmstadt u. Neuwied: Luchterhand 1986 (Orig. 1983), S. 93.

[15] Vgl. zur übersichtlichen und ausführlichen Interpretation wiederum Lehmann, *Im Abgrund der Wut*, a. a. O., S. 40 ff. u. 90 ff; zum heiligen Zorn vgl. Karl Hörmann, *Lexikon der christlichen Moral*, 2., überarb. Aufl., Innsbruck: Tyrolia Verlagsanstalt 1976, Sp. 1742 f., auch er mit Bezug auf Thomas' *Summa Theologica*.

[16] Vgl. die zusammenfassende Diskussion bei Christoph Demmerling u. Hilge Landweer (Hg.), *Philosophie der Gefühle. Von Achtung bis Zorn*, Stuttgart/Weimar: Metzler 2007, S. 287 ff.; Nussbaum, Strawson, Tugendhat und H. Schmitz sind ihre wichtigsten Gewährsleute; aus feministischer und afroamerikanischer Sicht vgl. Audre Lorde, »The Uses of Anger«, in: *Women's Studies Quarterly* 9.3, 1981, S. 278–285; Nick Bromell: »Democratic Indignation: Black American Thought and the Politics of Dignity«, in: *Political Theory* 41.2, 2013, S. 285–311. Empörung ist für Bromell der sicherste Beweis (»surest proof«) des Vorhandenseins menschlicher Würde.

[17] Girard entwickelt diese Hypothese aus der unverzichtbaren Funktion des Opfers, die eine Konsequenz der inneren Konflikte einer Gesellschaft ist, welche fundamental auf dem Mechanismus der Mimesis aufbaut, der Nachahmung der Anderen und den damit verbundenen Abgrenzungsproblemen voneinander, gesteigert zu Rivalitäten und Gefühlen wie Neid und Eifersucht, vgl. ders., *Das Heilige und die Gewalt*, Zürich: Benziger 1987 (franz. Orig. 1972).

[18] Vgl. Demmerling u. Landweer (Hg.), *Philosophie der Gefühle*, a. a. O., S. 33 ff.

[19] S. Martin Lüdke: »Das utopische Motiv ist eingeklammert: Gespräch mit dem Literatursoziologen Leo Löwenthal«, in: *Frankfurter Rundschau*, 17.05.1980; auf English publiziert als »The Utopian Motif in Suspension: A Conversation with Leo Löwenthal« (in: *New German Critique 38*, Spring-Summer 1986, übers. v. Ted R. Weeks).

[20] Dafür steht vor allem sein Essay *Versuch über die Befreiung*, Frankfurt/M.: Suhrkamp 1969.

[21] Vgl. Johann Wolfgang Goethe, *Götz von Berlichingen* (1773, 3. Akt): »Er

aber, sag's ihm, er kann mich im Arsche lecken!« Der historische Götz von Berlichingen (um 1480–1562) ist ein Ritter des fränkischen Reichs.

[22] Barbara Supp, »Die Mutbürger«, *Spiegel* Nr. 42/2010.

[23] Vgl. Aaron James, *Assholes. A Theory*, New York: Doubleday 2012, bes. S. 5, 23, 27; in deutscher Übersetzung erscheint das Buch 2014 im kleinen Rieman Verlag.

[24] Vgl. Harry Frankfurt, *On Bullshit*, Princeton u. Oxford: Princeton University Press 2005. Bullshit steht als *bluff* und *fake* in der Nähe von Fälschung, bloßer Imitation und Schwindel. Im Unterschied zum Lügner hat der *bullshiter* keinen Bezug zur Wahrheit und ist daher weitaus gefährlicher, denn man kann ihn nicht widerlegen. Kulturhistorisch zielt diese Kritik auf jenen einflussreichen Diskurs, der von Nietzsche angestoßen wird und sich unter dem Namen des Poststrukturalismus und der Postmoderne ausgebreitet hat. Politisch hat der *bullshiter* später in der Rhetorik der Trump-Administration Erfolg. Konsequenterweise hat James ein Nachfolgebüchlein vorgestellt: *Assholes. A Theory of Donald Trump*, New York: Doubleday 2016. – Vgl. auch Robert I. Sutton, *The No Asshole Rule. Building a Civilized Workplace and Surviving One That Isn't* (bei mehreren Verlagen, 2007). Das Buch richtet sich gegen Mobbing am Arbeitsplatz. Ein »Arschloch« oder einen *bully* (jemanden, der seine Macht missbraucht und andere tyrannisiert) bzw. einen *jerk* (Dummkopf, Trottel) erkennt man Sutton zufolge an den zwei Kriterien, ob man sich erstens nach einem Treffen mit einer Person bedrückt oder unterdrückt, in jedem Fall schlecht fühlt und ob das Verhalten dieser Person sich gegen Mitarbeiter und Mitarbeiterinnen richtet, die weniger Macht haben als sie selber. Menschen, Mitarbeiter und Mitarbeiterinnen, zu beschämen (*shaming*), ist eine der unangenehmen Verhaltensweisen dieser Person.

[25] »Nichts für Feiglinge.« Christine Dössel im Interview mit Claus Peymann, in: *Süddeutsche Zeitung* v. 1./2. Juli 2017.

[26] Hannes Hintermeier, »Immerzu hassen ist auch anstrengend«, Rezension zur Bernhard-Biographie von Manfred Mittermayer, in: *Frankfurter Allgemeine Zeitung* v. 30. Dez. 2015.

[27] Aristoteles, *Rhetorik*, a. a. O., S. 91.

[28] Bernie Sanders, »Stehen Sie nicht abseits: Demokratie ist kein Zuschauersport!«, in: *Blätter für deutsche und internationale Politik*, 62. Jg., H. 7/2017, S. 45; vgl. auch ders., *Our Revolution. A Future to Believe In*, London: Profile Books 2016, S. 185 ff. Sanders bezieht sich auf den globalen Vermögensbericht der Hilfsorganisation Oxfam im Jahre 2016/17.

[29] Vgl. George H. Mead, *Geist, Identität und Gesellschaft*, übers. v. Ulf Pacher, Frankfurt/M.: Suhrkamp 1973 (amerik. Orig. 1934), v.a. Kap. III: »Identität«.

[30] Vgl. Demmerling u. Landweer (Hg.), *Philosophie der Gefühle,* a. a. O., S. 223. – Für die Psychologie sind unter anderem Silvan Tomkins Forschungen aus den 1950er und 1960er Jahren relevant, die belegen, dass Scham und

»Interesse« (an anderen) essenziell miteinander verbunden sind; vgl. Eve Kosofsky Sedgwick u. Adam Frank (Hg.), *Shame and Its Sisters: A Silvan Tomkin Reader*, Durham, NC: Duke University Press 1995. Ebenso relevant seit den 1990er Jahren: Gershen Kaufman, *Shame: the Power of Caring*, Rochester: Schenkman Books 1992 (1st ed. 1983). – Die Frage, inwieweit Scham als eine angeborene Reaktionsweise zu gelten hat, ist demgegenüber sehr umstritten. Immerhin zeigen Untersuchungen mit blinden Sportlern, auch mit solchen, die blind geborenen sind, dass diese ebenfalls Schamreaktionen zeigen, die denen ihrer Mitstreiter gleichen, wenn sie einen Wettkampf verlieren (vgl. Jennifer Jacquet, *Is Shame Necessary? New Uses for an Old Tool*, Penguin Random House 2016, S. 39, mit Bezug auf Jessica L. Tracy u. David Matsumoto, »The Spontaneous Expression of Pride and Shame: Evidence for Biologically Innate Nonverbal Displays«).

31 Vgl. Jean-Paul Sartre, *Das Sein und das Nichts. Versuch einer phänomenologischen Ontologie*, Hamburg: Rowohlt 1976, S. 338 ff., bes. 348, 350; zur hegelianischen Interpretationslinie vgl. Axel Honneth, »Kampf um Anerkennung. Zu Sartres Theorie der Intersubjektivität«, in: Traugott König (Hg.), *Sartre. Ein Kongress*, Reinbek bei Hamburg: Rowohlt 1988, S. 73–83; kritisch dazu Judith Butler, *Kritik der ethischen Gewalt. Adorno-Vorlesungen 2002*, Berlin: Suhrkamp 2003.

32 John Rawls, *Eine Theorie der Gerechtigkeit*, übers. v. Hermann Vetter, Frankfurt/M.: Suhrkamp 1979, S. 479 u. 482, mit Bezug auf die psychologischen und psychoanalytischen Forschungen von William McDougall (bereits aus dem Jahr 1908) und Robert W. White (1963), ebenso mit Bezug auf Stanley Cavell in *Must We Mean What We Say?* (1969).

33 Vgl. Martha Nussbaum, *Upheavals of Thought. The Intelligence of Emotions*, Cambridge: Cambridge University Press 2003, S. 342 ff.; vgl. dies., *Hiding From Humanity. Disgust, Shame, and the Law*, Princeton, N.J.: Princeton University Press 2004.

34 Vgl. Stanley Cavell, *Must We Mean What We Say? A Book of Essays*, Cambridge: Cambridge University Press 1976, S. 286.; zum verheimlichenden Effekt der Scham vgl. auch Boris Cyrulnik, *Scham. Im Bann des Schweigens*, aus dem Französischen v. Maria Buchwald u. Andrea Alvermann, Hünfelden: Präsenz Kunst & Buch Verlag 2011 (franz. Orig. *Mourir de dire: La honte*, Paris: Édition Odile Jacob 2010).

35 Zum Empfinden von Scham in der griechisch-homerischen Antike vgl. Bernard Williams, *Shame and Necessity*, Berkeley: University of California Press 1993, v.a. Kap. IV; Douglas Cairns: *Aidos. The Psychology and Ethics of Honour and Shame in Ancient Greek Literature*, Oxford: Oxford University Press 1992; zur Veränderung des Schamempfindens in der abendländischen Kultur vgl. die klassische Studie von Norbert Elias, *Über den Prozess der Zivilisation. Soziogenetische und psychogenetische Untersuchungen*, Bd. II, Frankfurt/M.: Suhrkamp 1976 (bes. S. 398 f. u. 404); Elias vertritt die These,

dass im Prozess der Zivilisation die Schambereitschaft gestiegen sei und die Menschen sich heute eher als im Mittelalter schämten. Scham, eine Form der Angst (erst angesichts der Überlegenheit anderer, dann vor dem Liebes- und Achtungsverlust durch andere), wird demnach umso stärker, je mehr Fremdzwänge in Selbstzwänge verwandelt und die wechselseitigen Abhängigkeiten größer werden. Das geht einher mit der Verringerung der direkten Ängste vor Gewalt durch Andere und mit genauerer Beobachtung Anderer. – Innerhalb der europäisch-nordatlantischen Gesellschaftsform unserer Gegenwart ist zu beobachten, dass Scham mehr in den sozialen Schichten der Deklassierten und der Frauen anzutreffen ist (vgl. Sighard Neckel, *Status und Scham. Zur symbolischen Reproduktion sozialer Ungleichheit*, Frankfurt/M.: Campus 1991; Elspeth Probyn, *Blush. Faces of Shame*, Minneapolis u. London: University of Minnesota Press 2005); dazu passend als US-amerikanisches Beispiel: »›You Nothing But Trash‹: White Trash Shame in Dorothy Allison's Bastard Out of Carolina« (J. Brooks Bouson, in: *The Southern Literary Journal* 34/1, Sept. 2001, S. 101–123): Die hoch wettbewerbs- und erfolgsorientierte US-amerikanische Gesellschaft ist umgekehrt auch eine extrem schamphobische Gesellschaft, eine »shame based society«, in der Scham besteht über Scham (»shame about shame«, mit Bezug auf Kaufman, *Shame, the Power of Caring*, a. a. O., S. 32). – Aus kulturanthropologischer Sicht ist die These geläufig, dass nicht individualisierte Kulturen wie diejenige Japans und Chinas mehr schambasiert seien, während eine individualisierte Kultur wie die Europas oder Nordamerikas eher schuldbasiert sei (vgl. Jacquet, *Is Shame Necessary?*, a. a. O., S. 11, mit Bezug auf Ruth Benedict und Margaret Mead). Die These, die asiatische Kultur kenne keine individualistische Konzeption des Selbst, wird heute allerdings bezweifelt und überdies darauf hingewiesen, dass es in unterschiedlichen Kulturen unterschiedliche Personenauffassungen gibt (vgl. Maria-Sibylla Lotter, *Scham, Schuld, Verantwortung. Über die kulturellen Grundlagen der Moral*, Berlin: Suhrkamp 2012, S. 17). Gleichwohl muss man aber die Einführung des Gewissens im Sinne der je individualisierten Beziehung des Subjekts zu Gott als eine spezifisch westeuropäische Neuerung ansehen, die dem Gefühl der Schuld eine herausgehobene Bedeutung verleiht (vgl. ebd, S. 70, 112).

[36] Georg Simmel, »Die Großstädte und das Geistesleben«, in: ders., *Aufsätze und Abhandlungen 1901–1908, Bd. I*, Frankfurt/M.: Suhrkamp 1995, S. 121 u. 128; vgl. auch »Die beiden Formen des Individualismus«, a. a. O.

[37] Vgl. Walter Benjamin, »Das Kunstwerk im Zeitalter seiner technischen Reproduzierbarkeit«, in: ders., *Gesammelte Schriften. Bd. I.2: Abhandlungen*, Frankfurt/M.: Suhrkamp 1974, S. 443, 455.

[38] Noch einmal kann man hier auf Sartres Analyse verweisen; vgl. auch: »Exposure is the essence of shaming« (Jacquet, *Is Shame Necessary?*, a. a. O., S. 9). – Bloßstellung verweist semantisch auf körperliche Nacktheit. In der christlichen Kultur ist sie verbunden mit Scham. Als Adam und Eva der Ver-

suchung erlagen, vom Baum der Erkenntnis zu essen, »gingen beider Augen auf, und sie erkannten, dass sie nackt waren«. (Gen. 3,7).

39 Peinlichkeit ist im Vergleich mit Scham das schwächere Gefühl. Sie betrifft nicht die gesamte Person, sondern bezieht sich auf einen klar zu benennenden Fehler (jemand stolpert oder verschüttet eine Tasse Tee). Vor allem ist die Beziehung zum Publikum eine andere, denn im Falle der Peinlichkeit schwächt man das Gefühl der Scham ab durch kommentierende Gesten, also durch unmittelbares Handeln: man lächelt entschuldigend oder eingestehend, verdreht die Augen, zieht die Augenbrauen hoch, bewegt die Arme theatralisch, beißt sich schauspielernd auf die Finger etc. (vgl. Demmerling u. Landwehr, *Philosophie der Gefühle*, a.a.O., S 232ff.; Jacquet, *Is Shame Necessary?*, a.a.O., S. 38).

40 Theodor W. Adorno, *Minima Moralia. Reflexionen aus dem beschädigten Leben*, Frankfurt/M.: Suhrkamp 1979, S. 57; ders., »Offener Brief an Rolf Hochhuth«, in: ders., *Noten zur Literatur, Gesammelte Schriften, Bd. 11*, Frankfurt/M.: Suhrkamp 1974, S. 596; der Ausdruck *babbitt* ist übernommen vom gleichnamigen Roman Sinclair Lewis' aus dem Jahr 1922, in dem der Autor in satirischer Manier den Konformismus der damaligen US-amerikanischen Mittelschicht aufs Korn nimmt.

41 Vgl. Daniel Bell, *Die kulturellen Widersprüche des Kapitalismus*, übers. von I. Presser, Frankfurt/New York: Campus 1991 (amer. Orig. 1976); Robert N. Bellah et. al., *Gewohnheiten des Herzens. Individualismus und Gemeinsinn in der amerikanischen Gesellschaft*, übers. v. I. Peikert, Köln: Bund 1987 (amer. Orig. 1985); Gerhard Schulze, *Die Erlebnisgesellschaft. Kultursoziologie der Gegenwart*, Frankfurt/New York: Campus 1993; Kaspar Maase, *Grenzenloses Vergnügen. Der Aufstieg der Massenkultur 1850–1970*, Frankfurt/M.: Fischer 1997; Klaus Neumann-Braun (Hg.), *VIVA MTV! Popmusik im Fernsehen*, Frankfurt/M.: Suhrkamp 1999.

42 So der Politologe Christian Hacke über den früheren deutschen Außenminister Guido Westerwelle (*SPIEGELonline*, 23.4.2011; http://www.spiegel.de/spiegel/print/d-78145117.html).

43 Die beschämende Bestrafung (*shame punishment*) gehört im Kern nicht zum Rechtsstaat. Die USA kennen allerdings, seit den 1990er Jahren sogar zunehmend, andere Beispiele: Ladendiebe, die ein Bekennerschild tragen müssen; Menschen, die, weil sie ihre Nachbarn beleidigt haben, ein Schuld bekennendes Schild vor ihrem Haus aufstellen müssen; Steuerdelinquenten, die auf einer Website des Finanzministeriums bekanntgemacht werden (vgl. Jacquet, *Is Shame Necessary?*, a.a.O., S. 23; Jill Locke, *Democracy and the Death of Shame. Political Equality and Social Disturbance*, New York: Cambridge University Press 2016, S. 7f.).

44 Annette Simon, »Wut schlägt Scham: Das ›Wir sind das Volk‹ der AFD als nachgeholter Widerstand«, in: *Blätter für deutsche und internationale Politik*, 10/2019, S. 41–50.

[45] Benjamin Korn, »Mein 1968«, in: *Die Zeit*, Nr. 20 v. 9. Mai 2018.

[46] Richard Rorty, *Stolz auf unser Land. Die amerikanische Linke und der Patriotismus*, Frankfurt/M.: Suhrkamp 1999, S. 9; die deutsche Übersetzung akzentuiert weitaus deutlicher als das amerikanische Original (*Achieving Our Country. Leftist Thought in Twentieth-Century America*) die Begriffe »Stolz« und »Patriotismus«; vgl. auch Fintan O'Toole, »George Orwell's idea of a better England is stirring again today«, in: *The Guardian* vom 18. Juni 2017 anlässlich der beschämenden (*shameful*) Umstände, die zum Brand im Londoner Hochhaus Grenfell Tower führten: »Orwell always knew that English national pride had to start with a sense of shame – with anger at the ignominy of a society that treats some people's lives as worthless simply they do not have enough money to matter. (…) A nation that allows a Grenfell Tower to happen has lost the sense of shame without which there is no genuine national pride.« – Jürgen Manemanns engagiertes Plädoyer für ein demokratisches, plurales Wir anstelle eines »identitären« Wir, welches auf Assimilation und Exklusion alles Anderen und Fremden besteht, ist gut gemeint und daher wieder einmal das Gegenteil von gut, denn er bedient sich seinerseits der Exklusion, die er politisch und moralisch zu Recht verurteilt. Stolz und Zorn müssen ihm zufolge aus der demokratischen Gemeinschaft ausgeschlossen werden (vgl. *Demokratie und Emotion. Was ein demokratisches Wir von einem identitären Wir unterscheidet*, Bielefeld: transcript 2019).

[47] Vgl. Locke, *Democracy and the Death of Shame*, a. a. O., S. 5, 9, 11, 20.

[48] Vgl. Locke, *Democracy and the Death of Shame*, a. a. O., S. 3, 22 f.

[49] Vgl. aus den Sozial- und Politikwissenschaften: Jeff Goodwin, James Jasper u. Francesca Polletta (Hg.): *Passionate Politics. Emotions and Social Movements*, Chicago University Press 1994; Ansgar Klein u.a. (Hg.), *Masse – Macht – Emotionen. Zu einer politischen Soziologie der Emotionen*, Opladen 1999; George E. Marcus, *The Sentimental Citizen. Emotion in Democratic Politics*, The Pennsylvania State University Press 2002; Eva Illouz, *Gefühle in Zeiten des Kapitalismus. Frankfurter Adorno-Vorlesungen 2004*, Frankfurt/M.: Suhrkamp 2007; Rebecca Kingston (Hg.), *Bringing the passions back in. The emotions in political philosophy*, UBC Press 2008; Sharon R. Krause, *Civil passions. Moral sentiments and democratic deliberation*, Princeton University Press 2008. – Aus der Geschichtswissenschaft vgl. William Reddy, *The Navigation of Feeling. A Framework for the History of Emotions*, Cambridge 2001; Manuel Borutta u. Nina Verheyen (Hg.): *Die Präsenz der Gefühle. Männlichkeit und Emotion in der Moderne*, Bielefeld 2010; Jan Plamper, *Geschichte und Gefühl. Grundlagen der Emotionsgeschichte*, München: Siedler 2012.

[50] Vgl. Hoggett u. Thompson: »Toward a Democracy of Emotions«, in: *Constellations*, Vol. 9, No. 1, 2002, S. 106–126.; vgl. auch Anthony Giddens, *Beyond Left and Right. The Future of Radical Politics*, Cambridge: Polity Press 1994, S. 119 ff.

[51] Vgl. Martha Nussbaum, *Upheavals of Thought. The Intelligence of Emotions*, Cambridge: Cambridge University Press 2003, v.a. Kap. 1 u. 2.

[52] Vgl. Martha Nussbaum, *Political Emotions: Why Love Matters For Justice*, Harvard University Press 2013; dies., *Hiding From Humanity. Disgust, Shame, and the Law*, Princeton, N.J.: Princeton University Press 2004; dies., *Anger and Forgiveness: Resentment, Generosity, and Justice*, Oxford University Press 2016.

[53] Vgl. Martha Nussbaum, *The Fragility of Goodness. Luck and Ethics in Greek Tragedy and Philosophy*, Cambridge: Cambridge University Press 1986, S. 389.

[54] Vgl. Martha C. Nussbaum: *Not For Profit. Why Democracy Needs the Humanities*, Princeton University Press 2010, S. 29.

[55] Vgl. ebd., S. 30 f.

[56] Nussbaum, *Political Emotions*, a. a. O., S. 320 u. 326.

[57] Ebd., S. 344 u. 345.

[58] Ebd., S. 5 u. 9.

[59] Ebd., S. 142 u. 314; zu ihrer Analyse des Mitgefühls vgl. auch *Upheavals of Thought*, a. a. O., S. 297–454.

[60] Nussbaum, *Political Emotions*, a. a. O., S. 344 u. 345.

[61] Ebd., S. 15.

[62] Ebd., S. 380.

[63] Ebd., S. 382. – Was die Verletzlichkeit anbelangt, kann man hier eine berühmte Definition der Liebe anfügen, die Adorno formuliert hat: »Geliebt wirst du einzig, wo du schwach dich zeigen darfst, ohne Stärke zu provozieren.« (*Minima Moralia. Reflexionen aus dem beschädigten Leben*, Frankfurt/M.: Suhrkamp 1979, S. 255 (Aph. 122).

[64] Nussbaum, *Political Emotions*, a. a. O., S. 206, 207, 210, 212.

[65] Vgl. Erich Fromm, *Die Kunst des Liebens*, Frankfurt/M.: Ullstein 1977, S. 83 ff. (Kap. II.3.d).

[66] Vgl. dazu Angelika Krebs, *Zwischen Ich und Du. Eine dialogische Philosophie der Liebe*, Berlin: Suhrkamp 2015.

[67] Vgl. Julia Kristeva, *Geschichten von der Liebe*, übers. v. Dieter Hornig u. Wolfram Bayer, Frankfurt/M. 1989 (franz. Orig. 1983).

[68] Zum Begriff der Konstellation vgl. Theodor W. Adorno, *Gesammelte Schriften, Bd. 6: Negative Dialektik. Jargon der Eigentlichkeit*, Frankfurt/M.: Suhrkamp 2003, S. 164 ff.

[69] Vgl. die zusammenfassende Darstellung bei Henry W. Pickford, *Thinking with Tolstoy and Wittgenstein: Expression, Emotion, and Art*, Evanston, Illinois: Northwestern University Press 2016, S. 109; Peter McLaughlin u. Weyma Lübbe, Art. »Typus«, in: Jürgen Mittelstraß (Hg.), *Enzyklopädie Philosophie und Wissenschaftstheorie*, Bd. 4, Stuttgart/Weimar: Metzler 1996, S. 363.

[70] Vgl. Nussbaum, *Upheavals of Thought*, a. a. O., S. 472.

[71] Hannah Arendt, *Vita activa oder Vom tätigen Leben*, München/Zürich: Piper 1981 (amer. Orig.: *The Human Condition*, 1958), S. 52.

[72] Vgl. Tatjana Noemi Tömmel, *Wille und Passion. Der Liebesbegriff bei Heidegger und Arendt*, Berlin 2013, S. 202, bes. S. 214; vgl. Arendt, *Vita activa*, a. a. O., S. 52 f.

[73] Arendt, *Vita activa*, a. a. O., S. 51; zum politischen Kitsch vgl. Hannah Arendt, *Was ist Existenzphilosophie?*, Meisenheim: Anton Hain 1990, S. 11.

[74] See Tömmel, *Wille und Passion*, a. a. O., S. 193, 196.

[75] Zu Heidegger vgl. ebd., S. 120; zu Arendt vgl. S. 197 (»interesseloses Weltinteresse«) u. 323 (»die höchste Form der Anerkennung«), vgl. auch 330–331. – In ihrer Interpretation von »Anerkennung« schließt Tömmel sich Honneths primär hegelianischem Konzept von Anerkennung an. Stanley Cavells entsprechendes Konzept erscheint hier aber angemessener. Anerkennung meint nicht, dass ein Subjekt seine wahre Identität dadurch findet, dass es sich im Anderen erkennt, sei dies ein anderes Subjekt oder eine supersubjektive Entität wie die Gesellschaft, der Staat, die Geschichte oder das nicht-subjektive Feld der Natur. Anerkennung meint bei Cavell, dass (expressive) Äußerungen bei Anderen eine – egal welche – Reaktion hervorrufen, die positiv, indifferent oder negativ sein kann. Die Reaktion als solche ist wichtig, denn sie vermittelt eine nicht-epistemische Anerkennung der Person, auf die reagiert wird.

[76] Nussbaum, *Political Emotions*, a. a. O., S. 142 u. 314; zu ihrer Analyse des Mitgefühls vgl. auch *Upheavals of Thought*, a. a. O., S. 297–454.

[77] Vgl. Richard Rorty, *Stolz auf unser Land. Die amerikanische Linke und der Patriotismus*, a. a. O.

[78] Nussbaum arbeitet diese drei Modifikationen ihrer kognitivistischen Emotionstheorie im ersten Teil (»Need and Recognition«) von *Upheavals of Thought* aus; vgl. dazu auch Krebs, *Zwischen Ich und Du*, a. a. O., S. 199 ff.

[79] Vgl. Christiane Voss, *Narrative Emotionen. Eine Untersuchung über Möglichkeiten und Grenzen philosophischer Emotionstheorien*, Berlin: de Gruyter 2004, S. 184 ff., 194; vgl. dazu Krebs, *Ich und Du*, a. a. O., S. 207 ff.; zu Kant vgl. § 18 seiner *Kritik der Urteilskraft*; speziell zum Konzept einer narrativen Empathie vgl. Susanne Schmetkamp, »Narrative Empathie und der ethische Wert der Perspektiveneinnahme«, in: *Zeitschrift für Ästhetik und Allgemeine Kunstwissenschaft*, H. 63/1, Jg. 2018, S. 73 ff.

[80] Vgl. Martha Nussbaum, *Poetic Justice. The Literary Imagination and Public Life*, Boston: Beacon Press 1995, S. 5.

[81] Nussbaum, *Poetic* Justice, a. a. O., S. 91 u. 104.

[82] Ebd., S. 121, vgl. S. XVI, 82, 117 f. – Dass Empathie und Sympathie hier in eine enge Verbindung gebracht werden, ist zurückzuführen auf Smith, der *sympathy* als Mitgefühl für »any passion whatever« bei einer anderen Person begreift, während sie bei Nussbaum das Urteil einschließt, »that the other person's distress is bad«. Empathie definiert sie dagegen als »imaginative reconstruction of another person's experience, without any particular evalua-

tion of that experience« (*Upheavals of Thought*, a. a. O., S. 302 u. 303, Fußn. 11). Empathie ist also weder bloßes Wissen über den Zustand des Anderen, denn so ein Wissen kann man auch aus Informationen gewinnen, noch ist Empathie so etwas wie emotionale Ansteckung (*emotional contagion*), wie etwa im Falle des Lachens oder Hustens (fängt während der Theatervorstellung einer an zu husten, hustet bald der halbe Saal), denn Empathie erfordert eine Unterscheidung zwischen einem Selbst und dem Anderen und damit eine imaginative Positionsveränderung (vgl. Nussbaum, *Political Emotions*, a. a. O., S. 145 f.).

83 Vgl. Jack Russel Weinstein, »Kant and Smith on Imagination, Reason and Personhood«, in: *Kant and the Scottish Enlightenment*, ed. by Elizabeth Robinson u. Chris W. Surprenant, New York: Routledge 2017, S. 304 ff., hier S. 305.

84 Nussbaum, *Poetic Justice*, a. a. O., S. 74; vgl. *Upheavals of Thought*, a. a. O., S. 327.

85 Nussbaum, *Upheavals of Thought*, a. a. O., S. 464 ff., bes. S. 468.

86 Jürgen Habermas, *Auch eine Geschichte der Philosophie, Bd. 2: Vernünftige Freiheit. Spuren des Diskurses über Glaube und Wissen*, Berlin: Suhrkamp 2019, S. 228; zur Doppelperspektive auf das 18. Jahrhundert vgl. 215.

87 »Reason is, and ought only to be the slave of the passions …« (David Hume, *A Treatise of Human Nature*, ed. by David Fate Norton u. Mary J. Norton, Oxford University Press 2009, S. 266). Hume bezeichnet seine These mit einigem Understatement als »somewhat extraordinary«.

88 Ich übernehme sie von Gerhard Streminger, »Die Vernunft ist die Sklavin der Leidenschaften und soll es sein«, in: *Aufklärung und Kritik* 3/2011, S. 50–53.

89 Hume, *A Treatise of Human Nature*, a. a. O., S. 293.

90 David Hume, *Enquiries Concerning Human Understanding & Concerning the Principles of Moral*, reprinted from the 1777 edition with introduction and analytical index by L.A. Selby-Bigge, Oxford: Oxford University Press 1975 (3rd ed.), S. 172; zum Begriff »sentiment« vgl. Peter Jones, »Hume, David: Survey of Thought« und Mary Mothersill, »Hume, David: ›Of the Standard of Taste‹«, in: Michael Kelly (ed.), *Encyclopedia of Aesthetics*, Vol. 2, Oxford: Oxford University Press 1998, S. 428 u. 430.

91 Hume, *Enquiries*, a. a. O., S. 291, vgl. auch 289 f.

92 Ebd., S. 294.

93 Vgl. Mothersill, »Hume, David«, a. a. O., S. 428 f.

94 Vgl. Jones, »Hume, David«, a. a. O., S. 427; Jones hat mit dem Buch *Hume's Sentiments: Their Ciceronian and French Context* (1982) eine ausführliche Studie dazu vorgelegt.

95 Vgl. Gerhard Streminger, *David Hume. Sein Leben und sein Werk*, Paderborn: Schöningh 1995, S. 352 f. u. 453.

96 Die Relevanz der phänomenologischen Evidenztheorie der Wahrheit

anerkennt auch Apels transzendentalpragmatische Konsenstheorie, vgl. Karl-Otto Apel, »Fallibilismus, Konsenstheorie der Wahrheit und Letztbegründung«, in: Forum für Philosophie Bad Homburg (Hg.), *Philosophie und Begründung*, Frankfurt/M.: Suhrkamp 1987, S. 126 ff.

97 Vgl. zum Folgenden David Hume, »Of the Standards of Taste«, in: *David Hume. Selected Essays*, ed. with an introd. and notes by Stephen Copley and Andrew Edgar, Oxford University Press 1998, S. 140 ff.

98 Hume, »Of the Standards of Taste«, a. a. O., S. 149.

99 Vgl. Jones, »Hume, David: Survey of Thought«, a. a. O., S. 427.

100 Vgl. Jürgen Habermas, *Der philosophische Diskurs der Moderne. Zwölf Vorlesungen*, Frankfurt/M.: Suhrkamp 1985, S. 16: »Die Moderne kann und will ihre orientierenden Maßstäbe nicht mehr Vorbildern einer anderen Epoche entlehnen, *sie muss ihre Normativität aus sich selber schöpfen*. Die Moderne sieht sich, ohne Möglichkeiten der Ausflucht, an sich selbst verwiesen.«

101 Hume, *Treatise*, a. a. O., S. 234.

102 Diese These arbeitet Doris Bachmann-Medick heraus: *Die ästhetische Ordnung des Handelns. Moralphilosophie und Ästhetik in der Popularphilosophie des 18. Jahrhunderts*, Stuttgart: Metzler 1989, S. 247, 249, 254. Ihre damit verbundene These, dass die Konzeption der Sympathie bei Hume einen »ästhetischen Kern« habe, folgt allerdings zu schnell dem Muster des ästhetischen Fundamentalismus. – Zu Hume als Wegbereiter des Naturalismus vgl. Habermas, *Auch eine Geschichte der Philosophie*, a. a. O., S. 231.

103 Hume, *Treatise*, a. a. O., S. 248.

104 Amy Coplan u. Peter Goldie, »Introduction«, in: dies. (Hg.), *Empathy. Philosophical and Psychological Perspectives*, Oxford University Press 2014 (or. 2011), S. XI; dort auch, mit Verweis auf Adam Smith, das Beispiel des Seiltänzers; zu den langjährigen Forschungen des Entwicklungspsychologen Martin Hoffman vgl. S. XXV; zu neurowissenschaftlichen Diskussion der »Spiegelneuronen« vgl. S. XXIXf.: Spiegelneuronen erklären, auf welche Weise wir die Gefühle anderer beinahe spontan erfahren können, ohne bewusste Überlegung oder Einbildungskraft; zur Unterscheidung zwischen *low-level* und *high-level* bzw. zwischen basalen und anspruchsvolleren Formen der Empathie in der gegenwärtigen Diskussion vgl. zusammenfassend auch Susanne Schmetkamp, »Narrative Empathie und der ethische Wert der Perspektiveneinnahme«, in: *Zeitschrift für Ästhetik und Allgemeine Kunstwissenschaft*, H. 63/1, Jg. 2018, S. 73 ff.

105 Vgl. David Hume, »Of Tragedy«, in: ders., *Selected Essays*, ed. with an introd. and notes by Stephen Copley u. Andrew Edgar, Oxford University Press 1998, S. 126 ff.; vgl. auch Bachmann-Medick, *Die ästhetische Ordnung des Handelns*, a. a. O., S. 259.

106 Hume, *Treatise*, a. a. O., S. 371; *Ein Traktat über die menschliche Natur*, auf der Grundlage d. Übers. v. Theodor Lipps neu hgg. v. Horst D. Brandt, Hamburg: Meiner 2013, S. 669; zur einmaligen Nennung vgl. Jack Russel

Weinstein, »Kant and Smith on Imagination, Reason and Personhood«, in: *Kant and the Scottish Enlightenment*, a. a. O., S. 304 ff., hier S. 305.

107 Habermas, *Auch eine Geschichte der Philosophie*, a. a. O., S. 291; vgl. auch Streminger, *David Hume*, a. a. O., S. 342 ff.

108 Vgl. Barbara Stollberg-Rilinger, *Europa im Jahrhundert der Aufklärung*, Stuttgart: Reclam 2000, S. 77 ff., 86 ff., 114 ff.

109 Streminger, *David Hume*, a. a. O., S. 347; zu überzeugenden Argumenten des philosophischen Egoismus vgl. Jens Kulenkampff, *David Hume*, München: Beck 1989, S. 114 ff.

110 Habermas, *Auch eine Geschichte der Philosophie*, a. a. O., S. 275 u. 288.

111 Vgl. Terry Eagleton, *Ästhetik. Die Geschichte ihrer Ideologie*, Stuttgart/Weimar: Metzler 1990, S. 44.

112 David D. Raphael, *The Impartial Spectator. Adam Smith's Moral Philosophy*, Oxford: Clarendon Press 2007, S. 12.

113 Vgl. Jerome B. Schneewind, *The Invention of Autonomy. A History of Modern Moral Philosophy*, Cambridge University Press 1998, S. 388, mit Bezug auf Athol Fitzgibbons, *Adam Smith's System of Liberty, Wealth and Virtue*, Oxford: Clarendon Press 1995; vgl. auch Jesse Norman, *Adam Smith. What He Thought, and Why it Matters*, Penguin 2019, bes. S. 294 f.

114 Vgl. Bachmann-Medick, *Die ästhetische Ordnung des* Handelns, a. a. O., S. 272, mit Verweis auf Lauren G. Wispé, Art. »Sympathy and Empathy«, in: *International Encyclopedia of the Social Sciences*, Vol. 15, 1968, S. 441–447.

115 Adam Smith, *The Theory of Moral Sentiments*, in: *The Works of Adam Smith, Vol. I*, Nachw. Dugald Stewart, London 1812, S. 2.

116 Adam Smith, *Essays on Philosophical Subjects*, hg. v. Dugald Stewart, Memphis/USA 2012, S. 74. Smith ist überdies der Meinung, dass die Gefühle, welche die Musik am besten nachahmen oder darstellen kann, diejenigen sind »which unite and bind men together in society: the social, the decent, the virtuous« (S. 73). Er verweist dabei auf Georg Friedrich Händel. Zweifelsohne ist diese Meinung aber stark zeitgebunden.

117 Schneewind, *The Invention of Autonomy*, a. a. O., S. 388.

118 Vgl. Smith, *The Theory of Moral Sentiments*, a. a. O., S. 3 u. 5; Königin Elisabeth II. spricht in ihrer Rede während der Coronavirus-Krise 2020 von »fellow-feeling« als einem englischen Charakterzug (https://www.bbc.com/news/uk-52176209 – 5. April 2020).

119 Smith, *The Theory of Moral Sentiments*, a. a. O., S. 7; zur deutschen Übersetzung, vorgelegt von Walther Eckstein 1926, vgl. *Theorie der ethischen Gefühle*, hg. v. Horst D. Brandt, Hamburg: Meiner 2010, S. 10.

120 Smith, *The Theory of Moral Sentiments*, a. a. O., S. 26; vgl. zum (kognitiven) Vorrang der Imagination auch Raphael, *The Impartial Spectator*, a. a. O., S. 15.

121 Smith, *The Theory of Moral Sentiments*, a. a. O., S. 189–190.

122 Ebd., S. 193.

[123] Vgl. Eric Schliesser, *Adam Smith: Systematic Philosopher and Public Thinker*, Oxford: Oxford University Press 2017, S. 142.

[124] Smith, *The Theory of Moral Sentiments*, a. a. O., S. 32.

[125] Paul Bloom, »Against Empathy«, in: *Boston Review*, Sept. 10, 2014, S. 1–11, hier S. 6, mit Verweis auf Charles Goodman, *Consequences of Compassion* (2009) (http://www.bostonreview.net/forum/paul-bloom-against-empathy).

[126] Smith, *The Theory of Moral Sentiments*, a. a. O., S. 27.

[127] Vgl. Boris Voigt, »Musikästhetik für den Homo Oeconomicus. Adam Smith über Gefühle, Markt und Musik«, in: *Zeitschrift für Ästhetik und Allgemeine Kunstwissenschaft*, H. 58/1, Jg. 2013, S. 97–120, hier S. 99 f.

[128] Smith, *The Theory of Moral Sentiments*, a. a. O., S. 249.

[129] Zit. in: Raphael, *The Impartial Spectator*, a. a. O., S. 38.

[130] Vgl. Jan Horst Keppler, *Adam Smith and the Economy of the Passions*, Routledge: New York u. London 2010; vor allem Fonna Forman-Barzilai, *Adam Smith and the Circles of Sympathy. Cosmopolitanism and Moral Theory*, Cambridge University Press 2010: Die Autorin arbeitet die Wurzeln von Smiths Theorie in der Stoa heraus sowie die Analogie zwischen marktwirtschaftlichem Handel und moralischer Gerechtigkeit. Mit Judith Shklar versucht sie allerdings zu zeigen, dass der Abscheu vor Grausamkeit vielmehr als Mitgefühl die Minimalbedingung sei für eine kosmopolitische Einstellung. – Raphael ist der Meinung, dass das Konzept des unparteiischen Betrachters aus psychologischen Gründen zu »kompliziert« sei, um realisierbar zu sein. Denn man müsse sich vorstellen, ein nicht involvierter Zuschauer zu sein, der sich auf der nächsten Stufe vorstellt, wie es ist, sich in den involvierten Handelnden, also ihn selbst als Handelnden, hineinzuversetzen und sich zu fragen, ob die Gefühle, deren Erfahrung er sich vorstellt, also von denen er sich vorstellt, wie sie sich wohl anfühlen, sich zu denen verhalten, die er tatsächlich erfährt (vgl. *The Impartial Spectator*, a. a. O., S. 51 f.).

[131] Ernst Tugendhat, *Vorlesungen über Ethik*, Frankfurt/M.: Suhrkamp 1993, S. 295 f., zur »Ergänzung« vgl. S. 301; vgl. ähnlich Karsten R. Stueber: Die Verpflichtung zur Unparteilichkeit kann man als eine implizite Verpflichtung unserer alltagspsychologischen Praxis verstehen, in der wir versuchen, die Gründe zu verstehen, weshalb Menschen in einer bestimmten Situation auf eine bestimmte Weise handeln, und für diesen Akt des Verstehens ist Empathie nötig (»Fremdverstehen und Fremdbewerten«, in: *Information Philosophie*, H. 2/2017, S. 18–35, hier S. 33 f.).

[132] Vgl. Coplan/Goldie, »Introduction«, a. a. O., S. IX-XXXI.

[133] Vgl. Luc Boltanski, *Distant Suffering: Morality, Media and Politics*, Cambridge University Press 1999; Jacques Rancière, *The Emancipated Spectator*, transl. by Gregory Elliott, London: Verso 2008; Jeffrey Edward Green, *The Eyes of the People: Democracy in the Age of Spectatorship*, Oxford University Press 2010.

[134] Mit seiner Konzeption des »anomalen Monismus« argumentiert Davidson dafür, dass es in gewisser Hinsicht keinen Unterschied gibt zwischen Natur und Freiheit, Körper und Geist. Ein einzelnes mentales Ereignis (*token*) ist immer mit einem entsprechenden physischen Ereignis, die bewusste Empfindung von Schmerz also mit einem entsprechenden körperlich-physischen Ereignis identisch. Aber während alle Empfindungen von Schmerz qua Token zu dem Typ »Schmerz« gehören, gibt es eine entsprechende Typisierung nicht auf der Ebene von körperlich-physischen Ereignissen. Die in der analytischen Philosophie gebräuchliche Unterscheidung zwischen *token* und *type* ermöglicht also in diesem Zusammenhang Einheit und Unterschied im Verhältnis von Körper (neuronalen Ereignissen) und Geist. – Strawson hält in seinem Buch *Freedom and Resentment* (1962) den Bereich der determinierten Natur und des nicht-determinierten Handelns gleichermaßen für legitim, indem er ihnen zum einen die objektivierende und zum anderen die teilnehmende Perspektive zuordnet, nach der wir Menschen einerseits in ihren kausalen Bedingtheiten beobachten und wir andererseits auf sie als Teilnehmer in der sozialen Welt reagieren. Zu Spinoza macht Strawson kurze Ausführungen in *Analysis and Metaphysics. An Introduction to Philosophy* (Oxford 1992). – Vgl. dazu Michael Hampe, Ursula Renz, Robert Schnepf, »Einleitung: Spinozas *Ethica ordine geometrico demonstrata*«, in: Hampe/Schnepf (Hg.), *Baruch de Spinoza – Ethik*, Berlin, Akademie 2006, S. 1–17.

[135] Baruch de Spinoza, *Die Ethik nach geometrischer Methode dargestellt*, übers. u. mit Anmerkungen v. Otto Baensch, mit einer Einl. v. Rudolf Schottlaender u. einer Bibliographie v. Wolfgang Bartuschat, Hamburg: Meiner 1994, S. 110.

[136] Ebd., S. 118 (Lehrs. 6, Teil III).

[137] Ebd., S. 125 f. (Lehrs. 16 u. 17, Teil III).

[138] Martin Saar, *Die Immanenz der Macht. Politische Theorie nach Spinoza*, Berlin: Suhrkamp 2013, S. 283, mit Verweis auf Wolfgang Bartuschat, *Spinozas Theorie des Menschen*, Hamburg 1992; Christof Ellsiepen, »Die Erkenntnisarten«, in: Hampe/Schnepf (Hg.), *Baruch de Spinoza – Ethik*, a. a. O., S. 133–150; Moira Gatens, »Spinoza's Hard Path to Freedom«, *Spinoza Lecture Amsterdam*, Assen: Van Gorcum 2011.

[139] Vgl. Spinoza, *Die Ethik*, a. a. O., S. 230 (Lehrs. 46, Teil IV), 280 (Lehrs. 20, Teil V); Nussbaum, *Upheavals of Thought. The Intelligence of Emotions*, Cambridge: Cambridge University Press 2001, S. 500 ff.

[140] Eine Formulierung aus Spinozas *Politischem Traktat*, zitiert in: Saar, *Die Immanenz der Macht*, a. a. O., S. 297.

[141] Spinoza, *Die Ethik*, a. a. O., S. 153 (Teil III, Lehrsatz 50, Anm.), 172 (Teil III, Def. d. Affekte 13).

[142] Ebd., S. 170 (Def. d. Affekte 6, Teil III).

[143] Vgl. Susan James, »Narratives as the Means to Freedom: Spinoza on the Uses of the Imagination«, in: Yitzhak Y. Melamed u. Michael A. Rosenthal

(eds): *Spinoza's Theological-Political Treatise: A Critical Guide*, Cambridge: Cambridge University Press 2010, S. 250–267.

144 Vgl. Gabriele Dürbeck, *Einbildungskraft und Aufklärung. Perspektiven der Philosophie, Anthropologie und Ästhetik um 1750*, Tübingen: Max Niemeyer 1998; Horst-Michael Schmidt, *Sinnlichkeit und Verstand. Zur philosophischen und poetologischen Begründung von Erfahrung und Urteil in der deutschen Aufklärung*, München: Fink 1982; vgl. dazu zusammenfassend Volkhard Wels, »Zur Vorgeschichte des Begriffs der ›kreativen Phantasie‹«, in: *Zeitschrift für Ästhetik und Allgemeine Kunstwissenschaft*, Jg. 2005, H. 50/2, S. 199–226; bezogen auf die Ablösung des ontologischen Paradigmas der Antike vgl. Hans Blumenberg, »›Nachahmung der Natur‹. Zur Vorgeschichte des schöpferischen Menschen« (1957), in: ders., *Wirklichkeiten in denen wir leben. Aufsätze und eine Rede*, Stuttgart: Reclam 1981, S. 55–103.

145 Gilles Deleuze, *Unterhandlungen 1972–1990*, aus dem Franz. v. Gustav Roßler, Frankfurt/M.: Suhrkamp 1993, S. 197.

146 Friedrich Nietzsche, *Die fröhliche Wissenschaft*, in: *Kritische Studienausgabe, Bd. 3*, hg. v. Giorgio Colli u. Mazzino Montinari, München/Berlin: dtv/de Gruyter 1988, S. 570 (Aph. 341).

147 Friedrich Nietzsche, *Also sprach Zarathustra*, in: *Kritische Studienausgabe, Bd. 4*, hg. v. Giorgio Colli u. Mazzino Montinari, München/Berlin: dtv/de Gruyter 1988, S. 272 f. u. 276 (»Der Genesende«).

148 Gilles Deleuze, *Nietzsche und die Philosophie*, aus dem Franz. v. Bernd Schwibs, München: Rogner & Bernhard 1976, S. 54.

149 Vgl. Carlo Rovelli, *Die Ordnung der Zeit*, aus dem Ital. v. Enrico Heinemann, Hamburg: Rowohlt 2018, S. 58 ff.

150 Todd May, *Gilles Deleuze. An Introduction*, Cambridge: Cambridge University Press 2005, S. 26, mit Bezug auf Gilles Deleuze/Felix Guattari, *Was ist Philosophie?*, aus dem Franz. v. Bernd Schwibs u. Joseph Vogl, Frankfurt/M.: Suhrkamp 1996, S. 69.

151 Gilles Deleuze, *Henri Bergson zur Einführung*, Hamburg: Junius 1989, S. 78 f.

152 Nietzsche, *Also sprach Zarathustra*, a. a. O., S. 179 (»Von der Erlösung«).

153 Blumenberg, »›Nachahmung der Natur‹«, a. a. O., S. 70 f.

154 May, *Gilles Deleuze*, a. a. O., S. 116.

155 Paul Patton, *Deleuzian Concepts: Philosophy, Colonization, Politics*, Stanford: Stanford University Press 2010, S. 161.

156 Vgl. ebd., S. 157 f., 176 ff.

157 Deleuze/Guattari, *Was ist Philosophie?* A.a.O., S. 36, vgl. 11, 169 f.; zur Verteidigung von Deleuze in dieser Hinsicht, vor allem gegen Philippe Mengue, *Deleuze et la question de la démocratie*, Paris: L'Harmattan 2003, vgl. Patton, *Deleuzian Concepts*, a. a. O., S. 178 ff.

158 Deleuze/Guattari, *Was ist Philosophie?*, a. a. O., S. 5; Gilles Deleuze, *Ne-*

gotiations, aus dem Franz. v. Martin Joughin, New York: Columbia University Press 1995, S. 170.

[159] Deleuze/Guattari, *Was ist Philosophie?*, a. a. O., S. 126.

[160] Ebd. S. 131; vgl. Patton, *Deleuzian Concepts*, a. a. O., S. 154; Patton teilt allerdings nicht den ästhetisch-ethischen, unter anderem auch von Foucault eingenommenen Blick auf Deleuze' politische Philosophie, vgl. S. 146, 167.

[161] Deleuze, *Nietzsche und die Philosophie*, a. a. O., S. 103.

[162] Herbert Marcuse, *Versuch über die Befreiung*, Frankfurt/M.: Suhrkamp 1969, S. 44.

[163] Vgl. Norbert Frei, *1968. Jugendrevolte und globaler Protest*, München: dtv 2017, S. 9 ff., 130 ff.

[164] Deleuze/Guattari, *Was ist Philosophie?*, a. a. O., S. 191.

[165] Ebd., S. 75, vgl. 135 f., 234, 240, 247.

[166] Ebd., S. 258 ff.; vgl. zu dieser Thematik ausführlicher Josef Früchtl, »Artistic Research: Delusions, Confusions and Differentiations«, in: *Eidos. A Journal for Philosophy of Culture*, Vol. 3, nr. 2, S. 124–134.

[167] Vgl. zusammenfassend Henry W. Pickford, *Thinking with Tolstoy and Wittgenstein: Expression, Emotion, and Art*, Evanston/Illinois: Northwestern University Press 2016, S. 110 ff.; zu Deleuze vgl. Simone Bignall/Sean Bowden/Paul Patton (Hg.), *Deleuze and Pragmatism*, New York & London: Routledge 2017.

[168] Vgl. wiederum zusammenfassend Pickford, *Thinking with Tolstoy and Wittgenstein*, a. a. O., S. 117 ff.; vgl. auch Maxwell Bennett/Daniel Dennett/Peter Hacker/John Searle, *Neuroscience and Philosophy: Brain, Mind, and Language*, New York: Columbia University Press 2007.

[169] Vgl. noch einmal zusammenfassend Pickford, *Thinking with Tolstoy and Wittgenstein*, a. a. O., S. 120 f.

[170] Deleuze/Guattari, *Was ist Philosophie?*, a. a. O., S. 249 u. 250.

[171] G.W.F. Hegel, *Werke in zwanzig Bänden, Bd. 13: Vorlesungen über die Ästhetik*, hg. v. Eva Moldenhauer u. Karl Markus Michel, Frankfurt/M.: Suhrkamp 1970, S. 60; zur maßgeblichen Definition der Kunst vgl. S. 151.

[172] Ebd., S. 51.

[173] Theodor W. Adorno, *Gesammelte Schriften, Bd. 7: Ästhetische Theorie*, Frankfurt/M.: Suhrkamp 1970, S. 82; vgl. dazu Josef Früchtl, »Zu den Kategorien des Hässlichen, des Schönen und der Technik«, erscheint in: Anne Eusterschulte/Sebastian Tränkle (Hg.), *Theodor W. Adorno: Ästhetische Theorie*, De Gruyter: Berlin/Boston 2021.

[174] Vgl. Helmut Böttiger, *Celans Zerrissenheit. Ein jüdischer Dichter und der deutsche Geist*, Berlin: Galiani 2020, S. 26, 38, 84.

[175] Hegel, *Vorlesungen über die Ästhetik*, a. a. O., S. 70.

[176] Ebd., S. 73.

[177] Ebd., S. 74 f.

[178] Vgl. Stephen Houlgate, *Freedom, Truth and History: An Introduction to*

Hegel's Philosophy, London u. New York 1991; Juliane Rebentisch, *Die Kunst der Freiheit. Zur Dialektik demokratischer Existenz*, Berlin: Suhrkamp 2012. – Eine eigenständige Reaktualisierung Hegels legt Axel Honneth in seinem Buch *Das Recht der Freiheit. Grundriß einer demokratischen Sittlichkeit* (Berlin: Suhrkamp 2011) vor. Er begreift die Verwirklichung der sozialen Freiheit als einen wechselseitigen Prozess zwischen demokratischer Politik, ökonomisch-marktwirtschaftlichem Handeln und persönlichen Beziehungen. Ästhetische Elemente spielen hierbei zwar eine Rolle, aber keine entscheidende (vgl. dazu Josef Früchtl, »Ästhetische und soziale Freiheit: Differenz in der Einheit«, in: Magnus Schlette (Hg.), *Ist Selbstverwirklichung institutionalisierbar? Axel Honneths Freiheitstheorie in der Diskussion*, Frankfurt/New York: Campus 2018, S. 191–206).

179 Zum Fehlschluss dieser und ähnlicher Behauptungen vgl. Stephen Bungay, *Beauty and Truth. A Study of Hegel's Aesthetics*, Oxford University Press 1987, S. 83.

180 Vgl. Wolfgang Welsch, *Unsere postmoderne Moderne*, Weinheim: VCH 1988, S. 14 ff., 17 ff.

181 Vgl. Martin Warnke, »Beschreibung von Dienstverhältnissen«, in: *Frankfurter Allgemeine Zeitung* v. 15. Juli 1998.

182 Heinz Dieter Kittsteiner, »Die Geschichte nach dem Ende der Kunst«, in: *Merkur*, 52. Jg. (1998), H. 4, S. 304.

183 Arthur C. Danto, *Die philosophische Entmündigung der Kunst*, aus dem Englischen von Karen Lauer, München: Fink 1993, S. 144 u. 145.

184 Vgl. Arthur C. Danto, *Kunst nach dem Ende der Kunst*, aus dem Englischen von Christiane Spelsberg, München: Fink 1996, S. 17; zu den Termini »posthistorisch« und »postnarrativ« vgl. a. a. O., S. 22, 23; *Die philosophische Entmündigung der Kunst*, a. a. O., S. 109, 112, 141.

185 Zur Kritik an Danto vgl. auch Martin Donougho, »Art and History: Hegel on the End, the Beginning, and the Future of Art«, in: Stephen Houlgate (ed.), *Hegel and the Arts*, Evanston, Illinois: Northwestern University Press 2007, S. 199 ff.; Jay M. Bernstein, »Freedom from Nature? Post-Hegelian Reflections on the End(s) of Art«, in: Houlgate, *Hegel and the Arts*, a. a. O., S. 216 ff.; Bernstein kontrastiert Dantos Reflexion mit derjenigen Adornos und gibt letzterer einen deutlichen Vorzug.

186 Danto, *Kunst nach dem Ende der Kunst*, a. a. O., S. 15.

187 Ebd., S. 16 f.; Danto, *Die philosophische Entmündigung der Kunst*, a. a. O., S. 144; vgl. auch S. 139 f., 142.

188 Vgl. Jürgen Habermas, »Drei normative Modelle der Demokratie«, in: ders., *Die Einbeziehung des Anderen. Studien zur politischen Theorie*, Frankfurt am Main: Suhrkamp 1996, S. 277–292.

189 Richard Rorty, *Eine Kultur ohne Zentrum. Vier philosophische Essays*, Stuttgart: Reclam 1993, S. 5.

190 Vgl. auch Donougho, »Art and History«, a. a. O., S. 183 ff.

[191] Vgl. Ludwig Siep, »Vernunftrecht und Rechtsgeschichte. Kontext und Konzept der Grundlinien im Blick auf die Vorrede«, in: ders. (Hg.), *G.W.F. Hegel, Grundlinien der Philosophie des Rechts*, Berlin: Akademie Verlag 1997, S. 5–29. – Demgegenüber stellt Klaus Vieweg in seiner materialreichen Biografie *Hegel. Der Philosoph der Freiheit* (München: Beck 2019) den Philosophen nachdrücklich als Verehrer der Französischen Revolution und als Theoretiker einer demokratischen Republik heraus.

[192] Vgl. Edmund Burke, *Vom Erhabenen und Schönen*, übers. v. Friedrich Bassenge, eingel. u. hgg. v. Werner Strube, Hamburg: Meiner 1989, S. 41, 76f.

[193] Vgl. Luc Ferry, *Der Mensch als Ästhet. Die Erfindung des Geschmacks im Zeitalter der Demokratie*, Stuttgart/Weimar: Metzler 1992; Terry Eagleton, *Ästhetik. Die Geschichte ihrer Ideologie*, Stuttgart/Weimar: Metzler 1994; vgl. in beiden Büchern auch die Darstellung von Hume, Burke und Kant.

[194] Hegel, *Vorlesungen über die Ästhetik*, a. a. O., S. 205; zum teleologischen Wahrheitskonzept vgl. Robert Wicks, »Hegel's aesthetics: An overview«, in: Frederick C. Beiser (Hg.), *The Cambridge Companion to Hegel*, Cambridge University Press 1993, S. 348–377.

[195] Vgl. Frederick Beiser, *Hegel*, New York/London: Routledge 2005, S. 298ff., 333.

[196] Vgl. Mario Perniola, »Abenteuer des Ekels. Zwischen Ästhetik und Politik, Geschmack und Demokratie«, in: *Lettre International*, H. 40 (1998), S. 32–34.

[197] Hegel, *Vorlesungen über die Ästhetik*, a. a. O., Bd. 13, S. 80 u. 81.

[198] Hegel (Jenaer Realphilosophie), zit. in: Shlomo Avineri, *Hegels Theorie des modernen Staates*, Frankfurt/M.: Suhrkamp 1976, S. 137. Als modern stellt Avineri Hegel heraus, weil dieser für die Widersprüche der von ihm analysierten bürgerlichen Gesellschaft eingestandenermaßen keine ausreichende Lösung parat hält (vgl. a. a. O., S. 185, 282).

[199] Vgl. Christoph Menke, *Tragödie im Sittlichen. Gerechtigkeit und Freiheit nach Hegel*, Frankfurt/M.: Suhrkamp 1996.

[200] G.W.F. Hegel, *Werke in zwanzig Bänden, Bd. 14: Vorlesungen über die Ästhetik*, hg. v. Eva Moldenhauer u. Karl Markus Michel, Frankfurt/M.: Suhrkamp 1970, S. 138, 235 u. 236. – Die Dialektik der Autonomie betont auch György Márkus, »Vom Ende der Kunst. Hegels These und ihre Bedeutung für die Moderne«, in: *Lettre International*, H. 40 (1998), S. 38, 40f.

[201] Márkus, »Vom Ende der Kunst«, a. a. O., S. 44. Das Ende der Werkästhetik, das aus dieser Darstellung von Márkus folgt, lässt sich aber, auch bei Márkus selbst, nicht nur als Neubeginn der (von Kant eingeleiteten) Rezeptions-, sondern auch der (romantischen) Produktionsästhetik deuten, denn der Künstler besitzt jetzt mehr denn je die Freiheit, sich von der Mimesiskonzeption und damit von der Bindung an eine Vorstellung von Realität, die es zu »entdecken« gälte, loszulösen, um stattdessen Realitäten zu »erschaffen«. – Zu den Hegel-Zitaten vgl. *Vorlesungen über die Ästhetik*, a. a. O., Bd. 13, S. 24 u.

25; zur Frage nach der Kunst vgl. ders., *Vorlesungen über die Ästhetik*, a.a.O., Bd. 14, S. 223.

202 Hegel, *Vorlesungen über die Ästhetik*, a.a.O., Bd. 13, S. 140.

203 Hegel, *Vorlesungen über die Ästhetik*, a.a.O., Bd. 14, S. 234 u. 237 f.

204 Hegel, *Werke in zwanzig Bänden, Bd. 15: Vorlesungen über die Ästhetik*, hg. v. Eva Moldenhauer u. Karl Markus Michel, Frankfurt/M.: Suhrkamp 1970, S. 130 f.

205 Hegel, *Vorlesungen über die Ästhetik*, a.a.O., Bd. 14, S. 19. – Wicks erklärt »Menschlichkeit« (*humanity*) daher zu einem obersten Prinzip der Hegel'schen Ästhetik, vgl. »Hegel's aesthetics: An overview«, a.a.O., S. 360. – Der »Humanus« findet sich auch, als Kern der Weltreligionen und Weltweisheit, in Goethes epischem Fragment »Die Geheimnisse«, entstanden in den Jahren 1784/85. Das Fragment schildert eine alle Religionen umfassende Bruderschaft, die für die Anschauung steht, dass in allen Religionen Wahrheit sei, die letztlich auf den Namen der Humanität höre (vgl. dazu Erich Trunz, Nachwort zu »Die Geheimnisse«, in: *Goethes Werke. Hamburger Ausgabe in 14 Bänden, Bd. II: Gedichte und Epen*, München: Beck 1981, S. 705–710). Ob Hegel dieses Fragment Goethes gekannt hat, ist nicht mit Sicherheit nachweisbar, aber eine Kenntnis ist doch wahrscheinlich (vgl. Henning Ottmann, »Die Rose im Kreuz der Gegenwart«, Sektionsvortrag beim XXII. Hegel-Kongress der Internationalen Hegel-Vereinigung vom 26.-29. August 1998 in Utrecht).

206 Herbert Schnädelbach, »Hegels Lehre von der Wahrheit«, in: ders., *Philosophie in der modernen Kultur. Vorträge und Abhandlungen 3*, Frankfurt am Main: Suhrkamp 2000, S. 77.

207 Innerhalb der zeitgenössischen Diskussion der Kunstkritik, die zu einem großen Teil bestimmt ist durch die sogenannte postmodernistische Skepsis gegen Urteile und Beurteilung, gegen die Haltung festzustellen, was gut oder schlecht ist, schließe ich mich erfreut den wenigen Theoretikern an, die überzeugt sind, dass Kant stets noch ein nützlicher Ausgangspunkt ist, vgl. Thierry de Duve, *Kant after Duchamp*, Cambridge/Mass.: MIT Press 1996; Stephen Melville, *Art as a Philosophical Context*, New York/London: Routledge 1996.

208 Zitiert in: Michael Schreyach, Art. »Newman, Barnett«, in: *Encyclopedia of Aesthetics*, hg. v. Michael Kelly, 2nd ed., S. 496–499, hier S. 499; es gibt auch eine eher persönliche Version: »Aesthetics is to me like ornithology must be for the birds«, zit. in: Paul Mattick, »Aesthetics and Anti-Aesthetics in the Visual Arts«, in: *The Journal of Aesthetics and Art Criticism*, Vol. 51, No. 2, Spring 1993, S. 253–259, hier S. 253.

209 Vgl. Jacques Rancière, »The Aesthetic Revolution and its Outcomes. Emplotments of Autonomy and Heteronomy«, in: *New Left Review* 14/2002, S. 133–151.

210 Jacques Rancière, *Das Unvernehmen. Politik und Philosophie*, Frankfurt/M.: Suhrkamp 2002, S. 101.

[211] Immanuel Kant, *Kritik der Urteilskraft. Werkausgabe Bd. X*, hg. v. Wilhelm Weischedel, Frankfurt/M.: Suhrkamp 1974, S. 124 (B 18, § 6).

[212] Ebd., S. 130 (B 25, § 8); dort auch: das ästhetische Urteil »sinnet nur jedermann diese Einstimmung an«.

[213] Ebd., S. 156 (B 63, § 19).

[214] Ebd., S. 157 (B 64, § 20).

[215] Ebd., S. 257 (B 202 f., § 50).

[216] Vgl. dazu auch Dieter Henrich, *Aesthetic Judgment and the Moral Image of the World*, Stanford University Press, 1992, S. 51 f.

[217] Kant, *Kritik der Urteilskraft*, a. a. O., S. 279 (B 233 f., § 56).

[218] Mein Vorschlag hat Ähnlichkeiten mit einem Modell ästhetischer Wertschätzung, das in der psychologisch-neurowissenschaftlichen Ästhetik ausgearbeitet worden ist, vgl. Helmut Leder/Benno Belke/Andries Oeberst/Dorothee Augustin, »A model of aesthetic appreciation and aesthetic judgements«, in: *British Journal of Psychology*, 95 (2004), S. 489–508. Eine ästhetische Erfahrung und das dazugehörende Urteil baut sich diesem Modell zufolge aus fünf Stufen auf, die allerdings nicht hierarchisch zu verstehen sind, sondern *Feedback*-Schleifen zwischen ihnen erlauben und sogar fordern. Die ersten beiden Stufen (*perceptual analyses* und *implicit memory integration*) stellen nicht bewusste Verarbeitungen von Wahrnehmungen vor, von Strukturmerkmalen wie Symmetrie, Kontrast, Ordnung etc. und Merkmalen, die bereits Kunsterfahrung voraussetzen (zum Beispiel den Prototypus einer Madonna oder einer romantischen Landschaft). Auf der dritten Stufe (*explicit classification*) erfolgt eine Klassifikation nach Stil und Inhalt eines Werks, die abhängig ist vom jeweiligen Erfahrungs- und Bildungsgrad. Stufe vier (*cognitive mastering*) mündet in ein erfolgreiches Verständnis des Werks, das auf der Stufe fünf (*evaluation*) bewertet wird. – Zum Unterschied zwischen Affekt und (verbalisierbarer, also bewusster) Emotion vgl. auch Jerome Kagan, »A Conceptual Analysis of Affect«, in: Theodor Shapiro/Robert N. Emde (Hg.): *Affect: Psychoanalytic Perspectives*, Madison: International Universities Press 1992, S. 109–129.

[219] Der durch Darwin vorgegebene Begriff der Erfahrung ist allerdings spezifisch für Lebewesen (*life creatures*), vor allem für den Menschen, sofern sie mit Bewusstsein ausgestattet sind, speziell Zeitbewusstsein. Eine Erfahrung – Dewey betont sie als »eine« Erfahrung, als das, was eine Erfahrung zu einer typisierenden macht – ragt heraus aus dem, was vor und nach ihr ist. Eine Erfahrung ist gerichtet auf die Gegenwart in ihrer Besonderheit (vgl. John Dewey, *Art as Experience*, New York: Perigee Books 1980, S. 18 u. 36, vgl. auch S 13–14, 55).

[220] Vgl. Dewey, *Art as Experience*, a. a. O., Kap. 1 u. 3, vor allem S. 13–14, 19, 55; vgl. auch Ava Noë: *Strange Tools: Art and Human Nature*, New York: Hill & Wang 2015; Noë spricht von »secondary order practices«, die »first order practices« wie Gehen, Tanzen, ein Gespräch führen usf. erkunden (S. 29 f.)

221 Jürgen Habermas, *Theorie des kommunikativen Handelns, Bd. 1*, Frankfurt/M.: Suhrkamp 1981, S. 41 f. u. 45. Habermas verwendet den Begriff der Authentizität hier auch zur Qualifizierung des ästhetischen Urteils, wie das im Übrigen Adorno und Wellmer ebenfalls tun (vgl. Albrecht Wellmer, *Zur Dialektik von Moderne und Postmoderne. Vernunftkritik nach Adorno*, Frankfurt/M.: Suhrkamp 1985, S. 35 f.). In seinen späteren Schriften verwendet Habermas diesen Begriff allerdings spezifisch für den ethischen Diskurs (vgl. ders., »Vom pragmatischen, ethischen und moralischen Gebrauch der praktischen Vernunft«, in: ders., *Erläuterungen zur Diskursethik*, Frankfurt/M.: Suhrkamp 1991, S. 100–118. Den Begriff der Stimmigkeit übernehme ich wiederum von Adorno und Wellmer, vgl. Wellmer, *Zur Dialektik von Moderne und Postmoderne, a. a. O., S.* 32.

222 Vgl. Jürgen Habermas, *Der philosophische Diskurs der Moderne. Zwölf Vorlesungen*, Frankfurt/M.: Suhrkamp 1985, S. 16.

223 John Dewey, *Kunst als Erfahrung*, Frankfurt/M.: Suhrkamp 1988, S. 377 (Kap. XIV).

224 In ihrem Buch *Authentisch leben? Erfahrung und soziale Pathologien in der Gegenwart* (Frankfurt/M.: Campus 2011) hat Eva Parthe einen entsprechenden Vorschlag vorgelegt. Ihre These lautet, dass die Menschen einer westlich-modernen Gesellschaft, um authentisch leben zu können, ästhetische, in dem von Habermas übernommenen, Heidegger'schen Sprachgebrauch: »welterschließende« Erfahrungen machen können müssen. Nur so lasse sich nämlich das Eigene des Selbst bestimmen. Das ethische Problem des gelingenden Lebens setzt insofern ein ästhetisches Gelingen voraus. Beides hat aber auch eine politische Voraussetzung, nämlich eine bestimmte, normativ gefasste Struktur der Öffentlichkeit.

225 Habermas, »Vom pragmatischen, ethischen und moralischen Gebrauch der praktischen Vernunft«, a. a. O., S. 111.

226 Chantal Mouffe, *Über das Politische. Wider die kosmopolitische Illusion*, übers. v. Niels Neumeier, Frankfurt/M. 2007; Mouffe spricht davon, dass der Antagonismus »sozusagen ›sublimiert‹« werden muss (S. 31). Sie hat sich auch speziell dem Thema von Kunst und Demokratie gewidmet: »Art and Democracy: Art as an Agonistic Interaction in the Public Sphere«, in: *Open: Art as Public Issue*, Vol. 14 (2008), S. 6–15.

227 Jürgen Habermas, »›Das Politische‹. Der vernünftige Sinn eines zweifelhaften Erbstücks der Politischen Theologie«, in: ders., *Nachmetaphysisches Denken II. Aufsätze und Repliken*, Berlin 2012, S. 253 u. 254.

228 Vgl. Jürgen Habermas, »Drei normative Modelle der Demokratie«, in: ders., *Die Einbeziehung des Anderen. Studien zur politischen Theorie*, Frankfurt/M.: Suhrkamp 1996, S. 283 ff.

229 Vgl. dazu in der pragmatistischen Tradition Sidney Hook, »Democracy as a Way of Life«, in: John N. Andrews/Carl A. Marsden (Hg.), *Tomorrow in the Making*, New York: McGraw-Hill Book Company 1939, S. 31–46; William

R. Caspary, *Dewey on Democracy*, Cornell University Press 2000; Robert B. Westbrook, *Democratic Hope. Pragmatism and the Politics of Truth*, Cornell University Press 2005; für die westdeutsche Nachkriegsgeschichte vgl. Till van Rahden, *Demokratie. Eine gefährdete Lebensform*, Frankfurt/New York: Campus 2019.

230 Paul Hoggett/Simon Thompson: »Toward a Democracy of Emotions«, in: *Constellations*, Vol. 9, No. 1, 2002, S. 106–126; zu Giddens vgl. S. 107, Anm. 2.

231 Ebd., S. 114.

232 Ebd., S. 120–121.

233 Ebd., S. 116.

234 Vgl. Robin Celikates/Stefan Gosepath: *Grundkurs Philosophie. Band 6: Politische Philosophie*, Stuttgart: Reclam 2013, S. 195–202; mit Habermas müsste man als fünftes Modell das »republikanische« hinzufügen, vgl. ders., »Drei normative Modelle der Demokratie«, a. a. O., S. 277 ff.

235 Eine neuere, höchst anregende Diskussion dieser Frage unterbreitet Angelika Krebs in ihrem Buch *Zwischen Ich und Du. Eine dialogische Philosophie der Liebe* (Berlin: Suhrkamp 2015). Ausgehend von Max Schelers und Edith Steins phänomenologischen Analysen entwickelt sie die These, dass geteiltes Fühlen durch geteiltes Handeln getragen wird. Ein Schuldgefühl zu teilen heißt dann, dass zwei Personen ein gemeinsames Werturteil fällen (›Was wir getan haben, ist falsch‹), dass sie gemeinsam an einer Wiedergutmachung arbeiten und gemeinsam auch das Gefühl mitsamt der verknüpften Empfindungen (Nervosität, Magenkrämpfe) begreifen (vgl. a. a. O., S. 14 f., 110). Geteilte Handlungen sind dabei keine Zusammensetzungen aus individuellen Handlungen. Gemeinsam spazieren zu gehen oder mit jemandem zu tanzen, etwa einen Walzer, ist ein Vorgang, der die individuellen Personen zu einer Gruppenpersonalität zusammenführt. »Ein Walzer wird ebenso von zwei Tänzern getanzt wie von einem Paar«, und er ist »keine Zusammensetzung aus zwei Halbwalzern« (S. 172). Die These, dass die Kunst als (im wörtlichen Sinn) Mitteilung von Gefühlen ermöglicht, Gefühle zu teilen, bedeutet dann, dass die ästhetische Erfahrung analog zu geteiltem Handeln begriffen werden muss. Ein Gedicht lesen ist wie ein gemeinsamer Spaziergang, einen Walzer tanzen oder Fußball spielen: ein sich Abstimmen mit dem Anderen (dem Text) und dem gemeinsamen Ziel (Sinn zu geben).

236 Vgl. Kant, *Kritik der Urteilskraft*, a. a. O., S. 156 (B 63, § 18).

237 Theodor W. Adorno, *Gesammelte Schriften, Bd. 7: Ästhetische Theorie*, Frankfurt/M.: Suhrkamp 1970, S. 171 f.

238 Adorno, ebd., S. 251.

239 Vgl. Judith Butler, *Das Unbehagen der Geschlechter*, Frankfurt/M.: Suhrkamp 1991, S. 209 ff.